江西科技师范大学2014年出版资助基金项目
The Funded Projects of JiangXi Science & Technology Normal University Published in 2014

价值网竞争优势
COMPETITIVE ADVANTAGE OF VALUE NETWORK

袁青燕 著

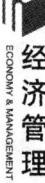

经济管理出版社
ECONOMY & MANAGEMENT PUBLISHING HOUSE

图书在版编目（CIP）数据

价值网竞争优势/袁青燕著. —北京：经济管理出版社，2015.8
ISBN 978-7-5096-3851-4

Ⅰ.①价⋯　Ⅱ.①袁⋯　Ⅲ.①企业竞争—研究　Ⅳ.①F270

中国版本图书馆 CIP 数据核字（2015）第 147409 号

组稿编辑：申桂萍
责任编辑：梁植睿
责任印制：黄章平
责任校对：赵天宇

出版发行：经济管理出版社
　　　　　（北京市海淀区北蜂窝 8 号中雅大厦 A 座 11 层　100038）
网　　址：www.E-mp.com.cn
电　　话：(010) 51915602
印　　刷：三河市延风印装有限公司
经　　销：新华书店
开　　本：720mm×1000mm/16
印　　张：14
字　　数：235 千字
版　　次：2015 年 8 月第 1 版　2015 年 8 月第 1 次印刷
书　　号：ISBN 978-7-5096-3851-4
定　　价：49.00 元

·版权所有　翻印必究·
凡购本社图书，如有印装错误，由本社读者服务部负责调换。
联系地址：北京阜外月坛北小街 2 号
电话：(010) 68022974　　邮编：100836

前　言

　　进入21世纪，随着世界经济一体化步伐加快，企业经营日益国际化、顾客需求不断增加、国际互联网的冲击及产品生命周期的缩短，使得企业发展面临新的经济形态的考验，必然带来价值创造方式的变化。企业价值的创造不仅取决于企业自身的努力，也取决于其与上下游企业和客户的关系，在这种背景下价值网理论应运而生，并以其独特的价值创造方式成为战略管理领域研究的热点。虽然近年来有关价值网研究的创新点不断涌现，但研究的系统性、深入性及实践应用性都还不够，无论是作为一种新的管理理论还是作为一种战略管理工具，价值网的理论研究体系仍有待于完善。尤其是价值网的价值创造及竞争优势机理的研究方面，虽然国内外学者从不同的角度进行了探讨，但在研究的深度、系统性和可操作性上还远远不够，缺乏有说服力的解释。对价值网的价值创造和竞争优势形成机理的研究，有利于解释价值网成为新型战略模式的原因，丰富该领域的研究。

　　本书从价值网的演进逻辑和形成动因出发，采取总—分—总的研究思路，前两章采用层次分析法对价值网竞争优势的构成要素进行了分类，进而系统分析了价值网竞争优势的形成过程。第三章至第七章基于层次分析结果，从价值网竞争优势的构成要素出发，具体分析价值网竞争优势的形成机理。第八章以自组织理论、协同机制理论为基础，对不同竞争优势构成要素之间的协同机制进行分析，研究价值网的不同竞争优势来源是如何通过协同机制来获取竞争优势的。在结论部分，对研究成果进行总结，对研究的不足及今后的研究方向进行展望。价值网由多个节点组成，本书主要是研究核心企业的竞争优势，研究的是制造型企业。

　　本书的研究结论如下：

　　（1）价值网竞争优势主要有五大来源，十个方面。为了厘清不同构成因素在价值网竞争优势中的重要性程度，本书引入层次分析法对主要构成因素的重要性进行评价。根据专家意见，取权重大于0.20的因素为价值网竞争优势的最重要的构成因素，确定的因素共有十个，通过聚类分析将十个最重要的构成因素分为五大类，即分工与柔性生产、竞争与合作、资源有效配置及资源共享、知识流动与技术创新、利益相关者战略与顾客忠诚。

（2）价值网分工与柔性生产是企业价值网竞争优势的来源之一，是价值网竞争优势形成的基础。价值网的本质，是在专业化分工的生产服务模式中，在相应的治理框架下通过一定的价值传递机制，由价值链上的企业及其利益相关者组合在一块，帮助成员企业实现战略目标，并为顾客创造价值。价值网分工是一种以顾客价值为导向的经济行为，推动网络组织内部的"企业基因"重组，为价值网采用大规模定制生产方式奠定了基础，推动了网络组织内部市场的形成，有利于组织网络保持竞争活力，从而增强竞争优势。同时，价值网是一个柔性体系，在价值网中，柔性生产能够通过经营链低成本和差异化的兼顾、经营链的快速反应与速度经济优势以及柔性化的组织结构与柔性管理等方面，使客户资源网、企业内部网和供应合作网的合作更加紧密，帮助价值网企业确立竞争优势。

（3）竞争与合作是价值网获取和保持竞争优势的重要保证。价值网中企业与企业间的基本关系就是竞争与合作关系，企业价值网络既是合作型组织也是竞争型组织，价值的创造是由成员企业之间的竞争与合作共同完成的，成员企业创造价值的能力借由有效的竞争得到切实提升，而成员企业的能力转化为价值网络的竞争优势则是依靠成员企业的合作来实现的，从而最大限度地、更好地创造和实现顾客价值。价值网络中的竞争与合作的战略目标就是创造竞争优势，通过合作寻找机遇，通过竞争保持活力，有效的合作战略将使企业价值网络能够充分发挥每一位成员企业的潜力、知识和经验。

（4）资源有效配置及资源共享是促进价值网竞争优势形成的重要动力。企业价值网是一组资源的组合，其并非是单一存在的，不同资源及组织间具有资源结构的差异和资源的互补性，实现"1+1>2"效应的前提就是具有互补性关系的资源能够有效组合在一起。成员企业通过关系网络实现了资源配置方式的"握手"，有助于培养价值网的竞争优势。此外，价值网竞争优势的获取实际上是成员企业跨组织进行资源共享的结果，其涵盖了能力、知识及信息等多方面，资源共享是价值网竞争优势的根本来源，也是价值网创造价值的根本途径。

（5）价值网络中的知识流动与技术创新是一个相互作用、互相影响的动态过程，成员企业通过网络组织内部的知识流动实现了知识的充分共享，能降低获取知识与技能的获取成本，同时有助于网络组织的创新，提高生产效率。

（6）利益相关者战略与顾客忠诚是价值网竞争优势形成的重要推动力。企业价值网络是实现利益相关者价值的途径，利益相关者的价值增值过程离不开价值网这一特殊环境，是在与企业传递价值过程中发生的，往往是通过一个或几个价值增值环节进行价值传递而实现的。关系营销的核心就是成员企业与顾客之间的关系问题，其最终目的是培养顾客忠诚，通过与顾客建立、维护和强化（包括中止）这种关系来向顾客提供高质量、高价值的产品或服务，在提高顾客满意和塑造顾客忠诚进而获得竞争优势的实践中，扮演着十分重要的角色。

（7）价值网竞争优势是多种竞争优势构成要素在协同机制下共同促成的，价值网络内部不同竞争优势构成要素的协同机制依竞争优势来源的不同，其构成可划分为资源配置与共享协同机制、竞争与合作协同机制、分工与柔性生产协同机制、知识流动与技术创新协同机制、利益相关者战略与顾客忠诚协同机制。基于系统的视角来描述价值网络系统的协同机制，其本身就具有系统层次的复杂性，并且价值网的协同机制因竞争优势的构成要素不同也由不同维度的协同机制构成，单个维度的协同机制其本身也作为复杂的系统，与组织网络内部各竞争优势构成要素相互作用、互相影响，同时通过自组织的非线性作用推动价值网络获取竞争优势。

目 录

第一章 绪论 ... 1

一、研究背景和意义 ... 1
  （一）研究背景 ... 1
  （二）研究意义 ... 2

二、研究问题 ... 3

三、研究思路和框架结构 ... 6
  （一）研究思路 ... 6
  （二）研究框架结构 ... 7

四、研究方法 ... 7

五、主要预期的创新点 ... 9

第二章 价值网文献回顾、展望与理论模型构建研究 ... 10

一、价值网文献回顾与展望 ... 10
  （一）价值网概念的界定 ... 10
  （二）价值网特征的研究 ... 13
  （三）价值网运行模型的研究 ... 14
  （四）价值网与其他组织形式的比较研究 ... 16
  （五）价值网竞争优势的研究 ... 22
  （六）研究述评 ... 28

二、价值网的基本理论介绍 ... 29
  （一）价值网的演进逻辑 ... 29
  （二）价值网形成的动因 ... 33

三、价值网竞争优势的理论模型构建 ·· 37
  （一）价值网与价值链下竞争优势来源的差别 ····················· 37
  （二）价值网下的竞争优势的构成要素 ······························ 44
  （三）价值网的竞争优势形成的理论模型 ···························· 55

第三章 价值网竞争优势来源之一：价值网分工与柔性生产 ············ 58

一、分工理论与价值网分工 ·· 58
  （一）分工理论的演变 ·· 58
  （二）分工的基本形式 ·· 61
  （三）价值网分工 ·· 64

二、价值网的分工特性与竞争优势的形成 ······································ 68
  （一）价值网的分工特性 ··· 68
  （二）价值网分工与价值网竞争优势的形成 ························ 70

三、价值网的柔性生产与竞争优势的形成 ······································ 74
  （一）柔性生产的内涵 ·· 74
  （二）柔性生产系统下的企业竞争优势 ······························ 75

第四章 价值网竞争优势来源之二：竞争与合作 ··························· 81

一、竞争与合作简述 ·· 81
二、价值网中的竞争 ·· 83
  （一）模块设计竞争 ·· 83
  （二）标准的竞争 ·· 86
  （三）模块生产的竞争 ·· 87
三、价值网中的合作 ·· 88
  （一）产品生产设计合作 ··· 89
  （二）研发合作 ··· 91
四、价值网中的竞争与合作的博弈分析 ··· 92
  （一）模型的建立和求解 ··· 92
  （二）价值网企业合作竞争策略分析 ································ 100
五、价值网中的竞争合作与竞争优势 ··· 103

第五章　价值网竞争优势来源之三：资源有效配置及资源共享 106

一、企业资源简述 106
　（一）企业资源基础理论的基本思想 106
　（二）企业资源的主要内容 107

二、价值网中的资源配置方式、效率与价值创造机理 109
　（一）资源学派对资源配置和价值创造的讨论 109
　（二）关系建立思想与关系租的创造 110
　（三）价值网中的资源配置与价值创造 111

三、价值网中的资源共享机制与价值创造机理 114
　（一）价值网中的信息资源共享与价值创造 116
　（二）价值网中的知识资源共享与价值创造 117
　（三）价值网中的能力资源共享与价值创造 124

第六章　价值网竞争优势来源之四：知识流动与技术创新 128

一、知识流动与技术创新简述 128
　（一）价值网络中的知识流动 129
　（二）价值网络中的技术创新 132

二、价值网中的知识流动与企业核心能力 134
　（一）价值网中的知识流动的动力机制和主要模式 134
　（二）从知识流动方向看价值网竞争优势的演化 135

三、价值网中的技术创新与企业核心能力 138
　（一）企业价值网络与技术创新的耦合性 138
　（二）企业价值网络中的技术创新与竞争优势的关系 139

第七章　价值网竞争优势来源之五：利益相关者战略与顾客忠诚 146

一、基于价值网的利益相关者战略与竞争优势 146
　（一）利益相关者的内涵 146
　（二）基于利益相关者战略的关系营销 147
　（三）利益相关者价值在价值网中的增值与传递 149

二、基于价值网的顾客价值与顾客忠诚 ················· 154
    （一）顾客忠诚的内涵 ····························· 155
    （二）顾客价值概念的引入 ························· 157
    （三）顾客价值动态性对价值网竞争优势的影响 ····· 158
    （四）顾客价值创造与价值网竞争优势 ············· 162

第八章 价值网竞争优势构成要素的协同机制研究 ········ 166

一、价值网协同机制生成的自组织演化分析 ············· 166
    （一）价值网协同机制生成的自组织特性 ··········· 166
    （二）价值网协同机制生成的序参量演化分析 ······· 169
二、价值网协同机制建立的逻辑分析 ··················· 173
    （一）价值网协同机制建立的逻辑架构 ············· 173
    （二）价值网五维协同机制的生成框架 ············· 174
三、价值网五维协同机制耦合作用关系分析 ············· 178
    （一）资源配置与共享协同机制的耦合作用分析 ····· 178
    （二）知识流动与技术创新协同机制的耦合作用分析 · 180
    （三）竞争与合作协同机制的耦合作用分析 ········· 181
    （四）分工与柔性生产协同机制的耦合作用分析 ····· 182
    （五）利益相关者与顾客忠诚协同机制的耦合作用分析 · 183

第九章 结论与展望 ······························· 184

一、研究结论 ····································· 184
二、研究展望 ····································· 187

附录一 调查问卷 ································· 189

附录二 企业技术创新调查问卷 ····················· 191

参考文献 ······································· 196

后　记 ··· 212

第一章 绪 论

一、研究背景和意义

(一) 研究背景

进入 21 世纪,组织的竞争环境受外部环境变化的影响,已经并且依然在发生着深刻的变化。全球性竞争的日益加剧、企业经营的日益国际化、新兴技术的日益兴起和迅速发展及不断变化的市场,导致企业和组织价值创造的方式也发生了根本性变化,一些新的价值创造方式不断涌现出来。顾客日益需求的个性化与多样化、科学技术发展的日新月异与升级换代的加速、产品生命周期的缩短等,使企业原有的相对稳定并具有可测性的市场和技术环境发生了巨大变化,日益复杂多变并充满不确定性的动态竞争环境逐渐取代了以往相对稳定的静态竞争环境,导致竞争优势的形成机理也发生了相应的变化。

在高度动态、充满不确定性的生存环境中,企业价值的创造不但受自身条件的制约,更受制于企业与客户和上下游企业的关系。1998 年,亚德里安·J. 斯莱沃斯基(Adrian Slywotzky)等出版了《利润区》(*Profit Zone*),首次提及了价值网的概念,但当时并未对概念进行专门性界定。2000 年,大卫·波维特(David Bouet)等在所著的《价值网》中指出,跨国公司可借由有效的管理和经营网络提升全球竞争力,这种网络被苏珊·博尔格(Suzanne Berger)定义为价值网络,这是学术界最早提出企业价值网的运营模式。根据大卫·波维特的观点,价值网由企业内部网、供应合作网和顾客资源网三大子网组成,三大子网通过共享系统与合作机制等联结成一体化系统，不但有效地提高了企业内部的合作效率和生产效益，减少了企业与供应商之间的信息不对称，同时能对顾客的不确定性需求进行快速反应，大大提高了价值网企业面向市场的快速反应能力。自此，价值网以其独特的价值创造方式，成为战略管理领域研究的热点。

当前，理论界关于价值网的研究尚处于探索阶段，国内外学者、专家围绕价值网的本质、价值网的结构及其管理、节点价值链的选择、价值网的网络模型、价值网动态竞争优势的培育及价值网在各行业的实证研究等方面开展了探讨与研究，形成了相对丰富的研究成果。虽然不同学者的研究视角、研究方法等各有特色且有一定差距，但结果皆表明在动态竞争环境下价值网已逐渐成为企业获取竞争优势的最有效的运营模式之一。综观这些研究可以看出，大部分关于价值网的研究都是基于产业经济学的视角出发的，关于价值网竞争优势是如何形成的，其形成的机理如何等还缺乏系统的探讨。目前，价值网的竞争已经是一个不争的事实，如何顺应时代的潮流及价值网竞争的要求，如何形成、采取何种模式形成价值网竞争优势却是一个不断更新变化、与时俱进的议题，这一问题不但直接关系到企业的生存与发展，也关系到一国的经济与社会发展。这客观上要求企业应清晰价值网竞争优势的形成机理，理顺价值网竞争优势的来源并制定针对性的竞争战略，以不断挖掘和创造新的竞争优势，在复杂化且高度不确定性的动态竞争环境中超越企业市场、产品结构的表面竞争，把握环境动态变化下不变的规律性本质，最终确立企业动态竞争优势的来源，并培养价值网竞争优势。

问题的关键在于：

（1）在不确定和复杂的环境下，价值网企业竞争优势的构成因素有哪些？

（2）不同竞争优势来源的形成机理是什么？

这是本研究的命题之所在，也是价值网企业在动态竞争环境中构建通往战略前景彼岸的桥梁所必须解决的核心问题，也是本书致力于探讨的主要问题。

（二）研究意义

自价值网的概念被提出以来，价值网就以其独特的价值创造方式成为战略管理领域研究的热点。目前，围绕价值网所开展的研究工作主要有以下六方面：

（1）价值网的基础理论研究，包括什么是价值网、价值网的本质及构建条件等。

（2）价值网与其他非网络化组织的区别，主要围绕网络化的根本动力和网络与组织收益增长及组织成长方式之间的联系等问题展开的研究。

（3）价值网与其他网络组织的区别研究，如价值网与供应链、价值链、企业集群、企业生态系统等的区别。

（4）价值网的价值创造及形成机理研究，有些学者从经济学理论角度分析了价值网的价值创造是源于交易成本的降低、专业化分工所形成的范围经济和规模经济；有些学者从管理协调的角度来分析，认为价值创造源于对价值网企业的管理，特别是知识管理；有些学者则从资源配置角度分析了价值创造的来源。

（5）结合行业的实践研究，探讨具体行业中价值网管理模式的构建。

（6）对价值网关系管理进行研究，总结了价值网企业之间的关系模型、不同伙伴关系类型和管理关系。

从现有的研究成果来看，虽然关于价值网的研究视角不断拓展，但研究的系统性、深入性及实践研究仍有待于进一步完善。无论是作为战略管理工具，还是作为一种新的管理理论而言，价值网理论体系目前仍不成熟。特别是关于价值网竞争优势形成机理的研究，虽然有部分学者就其竞争优势的来源进行过探讨，但研究视角比较单一、综合性不强，且多以宏观研究为主，量化研究缺乏，研究的深入和系统性都远远不够。因此，对价值网的价值创造和竞争优势研究，有利于解释价值网成为新型战略模式的原因，丰富该领域的研究。

国家之间的竞争很大程度上要依靠产业之间的竞争，而产业竞争的载体是企业（Porter，1985）。通过揭示企业价值网的价值创造及竞争优势的形成机理，对于帮助我国企业寻找竞争优势的来源，加快实施国际化战略，提高国际化分工地位，增强企业竞争力和产业竞争优势等，都具有较强的现实意义。

二、研究问题

时代的变革导致组织外部环境发生巨变，推动着现代组织竞争由价值链竞争向价值网竞争的转变。以往对价值链竞争优势形成机理的相关解释已经不适应于价值网竞争优势的构建，顺应时代发展需要、明晰价值网竞争优势的来源并探究其形成机理,有利于解释价值网成为新型战略模式的原因。

为此,本书围绕如下三个基本问题展开论述:

第一,什么是"价值网"?

价值网仅仅是组织网络内部相关利益者简单组合而成的一种网状结构,抑或是组织网络生存与发展的关键?是竞争优势形成的一个过程,抑或是竞争优势形成的必然条件?这就需要从本体论的角度对这一问题作出回答。与此同时,我们需要探讨价值网的基本内涵、相关特征、演进逻辑与形成动因等。

第二,"价值网竞争优势的形成"何以可能?

"价值网竞争优势的形成"何以可能的问题要解决的是价值网络内部的竞争优势是在什么动因(或因素)的推动下建立的。也就是说,价值网竞争优势形成的可能来源在哪里?不同竞争优势来源如何推动价值网竞争优势的形成?

第三,"价值网竞争优势来源"如何形成竞争优势?

该部分要涉及的问题是,价值网竞争优势形成过程中,不同竞争优势来源是基于何种协同关系共同推动价值网竞争优势形成的?价值网竞争优势如何体现在具体的组织网络中?

在上述三个问题的基础上,本书主要从以下几个方面进行研究:

(1)回顾价值网及价值网竞争优势的相关研究成果。对价值网及价值网竞争优势理论研究成果的回顾,不仅能够向我们展示研究的发展历程,更重要的是为我们的进一步研究提供了坚实的基础。其中,关于价值网与其他组织形式的比较研究,让我们清晰理解了不同阶段人们所关注的重点与难点,及时地总结历史研究的经验与教训。

纵向的历史研究是对于价值网的形成进程而言的,这一研究是立足于战略行为理论的视野来展开的。对一个问题的认识,纵向的研究只能说是一个维度,要想全面和透彻地透视价值网还必须从横向的共时性的其他学科的角度来加以分析。因而,该研究又引入了合作博弈理论、社会网络理论、关系营销学理论、心理契约理论等,这些也为该研究提供了理论支撑。这种综合方法的审视,使我们明白价值网及其竞争优势的形成是战略理论研究中必须思考的问题,同时跨学科的比较还从方法论的角度给我们的研究开辟了更广阔的空间。

(2)分析价值网竞争优势的来源究竟有哪些。理论来源于实践,又指导着实践,遵循着"从实践中来到实践中去"的法则,本研究当然也不例外,所以,了解价值网竞争优势的来源究竟有哪些是竞争优势形成机理研究展开的源泉和动力。

价值网竞争优势的研究尽管是一个在现代企业战略理论变革下所提出的问题,但人们对它的关注(可能是隐性的或显性的)伴随着供应链管理思想和战略管理理论的不断深入就产生了。对价值网竞争优势来源的考量,不外乎企业内生性优势、企业外生性优势两个方面。本书所探讨的价值网的竞争优势属于一种持久的竞争优势,来源于组织的内部,是组织通过变革而产生的。竞争优势的构成要素有很多方面,通过对文献的梳理,本书将价值网竞争优势构成的要素分成资源类与能力类两大类,并初步遴选出13种价值网竞争优势构成要素,采用层次分析法对价值网竞争优势构成要素进行复选,进而通过聚类分析对复选得到的价值网竞争优势和竞争来源进行归类,这是本研究的核心和关键。

(3)分析价值网竞争优势是如何形成的(竞争优势机理)。要解决"价值网竞争优势是如何形成的"这一问题,首先我们要做的工作就是要明确"价值网不同竞争优势来源"是一个什么性质的问题。对它的定位直接关系到整个价值网竞争优势的形成。如果仅仅把价值网不同竞争优势来源简单地看作价值网竞争优势形成的一个环节的话,就有可能忽视它应有的地位和价值。我们应该从更高的角度来对其进行定位,价值网不同竞争优势来源应该融贯于价值网竞争优势形成的始终,关系到价值网络的生存和发展。因而,可以认为,没有价值网不同竞争优势来源就没有真正意义上的竞争优势。价值网络竞争优势的形成是一个比较复杂的过程,我们力图从理论的高度进行分析。首先对价值网主要竞争优势来源——分工与柔性生产、竞争与合作、资源有效配置及资源共享、知识流动与技术创新、利益相关者战略与顾客忠诚进行系统分析,进而分析价值网中不同竞争优势影响因素形成竞争优势的内生机理及协同机制。弄清楚了上述问题,我们基本上就可以掌握价值网竞争优势形成的机理了。

三、研究思路和框架结构

（一）研究思路

本书以"价值网竞争优势"为研究命题，研究思路为：

1. 对价值网的演进逻辑、形成动因及组织性质的研究

首先，介绍国内外学者对于价值网概念及其本质的研究情况，总结价值网所具有的特征及价值网与其他组织模式的区别之所在，从价值链→价值星系→价值网的演进逻辑，全面分析价值网的形成机理及形成动因。随着竞争环境的快速变化，交互式竞争战略模式悄然兴起，在这一背景下构建一个由利益相关者构成的价值生成、分配、转移和使用的关系和结构，从而完成对传统集合型价值链的解构、整合和重构，形成价值网。在这一过程中，企业价值的增值不再固定于价值链的某一节点或某一系列活动，形成利益相关者的价值星系。

2. 对价值网的竞争优势来源及构成要素的研究

在阐述价值链下的竞争优势和价值网下的竞争优势来源区别的基础上，通过文献研究法得出价值网竞争优势的构成要素，并引入层次分析法对主要构成因素的重要性进行评价，最后根据专家意见，确定价值网竞争优势的最重要的10个构成因素，将采用聚类分析将其分为五大类，即分工与柔性生产、竞争与合作、资源有效配置及资源共享、知识流动与技术创新、利益相关者战略与顾客忠诚。

3. 对价值网的竞争优势及其形成机理的研究

主要从分工与柔性生产、竞争与合作、资源有效配置及资源共享、知识流动与技术创新、利益相关者与顾客忠诚培养等方面分析价值网的竞争优势及其形成机理，研究价值网分工的特点及竞争优势形成的作用机制。

分析价值网的分工特性与价值网竞争优势的形成，阐明了价值网企业能将组织内各要素有机结合起来，根据环境变化适时地进行战略调整，实现柔性生产，及时满足消费者需求，进而增强组织核心竞争能力，获取市场竞争优势；对价值网中的成员企业间的竞争与合作的背景环境、主要内容和基本形式进行分析，运

用合作博弈理论对价值网竞合机制进行分析,阐明竞合战略在价值网竞争优势形成中的作用及重要性;分析价值网中的资源共享机制及学习和沟通过程,显示企业内部资源的配置效率借由上述机制和过程可以得到有效提升,同时实现了内外资源配置的统一。价值网不仅可以进行有形资源的配置,还可以实现对以智力资本为代表的无形资源的配置。对价值网的知识流动和技术创新进行分析,价值网为知识流动和技术创新提供了网络平台,同时它的组织特性又有利于促进知识流动和技术创新,提升分工水平,推动网络组织升级,化解经营风险,从而增强价值网的竞争优势;价值网的本质是在专业化分工的生产服务模式下,具有异质性和独特核心资源的企业与利益相关者有效联结,通过企业与顾客、竞争者、供应商、分销商、影响者及其他利益相关者之间的互动过程能有效满足顾客需求,共同创造顾客价值,培育顾客忠诚,从而给企业带来竞争优势。

(二)研究框架结构

通过对研究思路的阐述可以看出,本研究遵循"总—分—总"的思路,首先对价值网的演进逻辑、形成动因及组织性质进行系统研究,在此基础上从价值网竞争优势的具体来源分析其竞争优势的形成机理,最后以自组织理论、协同机制理论为基础,对不同竞争优势构成要素之间的协同机制进行分析,研究价值网不同竞争优势构成要素如何通过协同机制来获取竞争优势。

本书的研究技术路线如图 1-1 所示。

四、研究方法

本研究属于交叉学科的研究范畴,既涉及经济学、管理学、营销学的理论和方法,还包括社会学中的部分概念和方法。具体来说,对价值网竞争优势的分析所涉及的理论包括交易成本理论、合作博弈理论、社会网络理论、关系营销学理论、心理契约理论、战略行为理论等。在具体研究方法的应用上,主要采用以下研究方法:

(1)规范分析与实证分析。规范分析往往涉及理论框架的构建,而实证研究

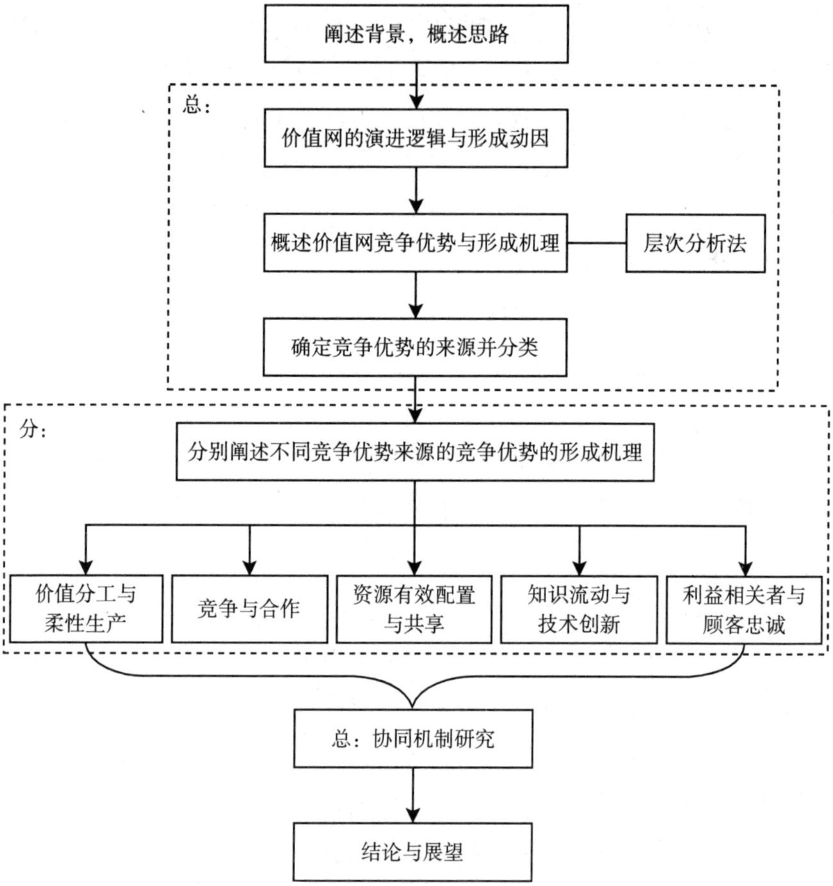

图 1-1 本书的研究技术路线

就可以采用案例分析。本书以规范分析为主,实证分析为辅,从理论上揭示基于价值网的企业竞争优势形成机理。

(2)定性分析与定量分析。从质的规定性方面对价值网的形成机理、演进逻辑、构成要素与组织属性及其竞争优势来源进行定性分析。定量分析主要采用层次分析法对价值网的竞争优势构成要素进行评价,将非量化指标转化为可量化的指标体系,最终确定价值网竞争优势来源的五个方面十大要素。

五、主要预期的创新点

本书的创新点主要有三个方面：

（1）基于层次分析法和聚类分析，从复杂的影响因素中遴选出对价值网竞争优势影响较大的要素。企业价值网竞争优势是由诸多因素共同制约的，不同因素在价值网竞争优势形成过程中的影响程度不一，本书通过文献挖掘遴选出了一些主要的竞争优势影响因素，基于层次分析法将价值网竞争优势的不同影响因素置于其载体中进行研究，总结出主要的10种影响因素并实现了科学分类，使研究结果更加易于操作，这在研究方法上具有一定的创新性。

（2）价值网是一个复杂的系统，成员企业之间存在竞争与合作并存的复杂逻辑关系，相关利益者之间重复博弈的均衡结构就是价值网的状态。本书根据价值网的非线性拓扑结构，引入博弈理论，基于博弈理论构建起供应商和集成商间的两阶段动态博弈模型，对价值网内部各成员企业间存在的竞争与合作关系进行分析探讨，这在理论上具有一定的创新性。

（3）分析价值网中不同竞争优势影响因素形成竞争优势的内生机理及协同机制。本书以自组织理论、协同机制理论为基础，通过构建价值网的序参量演化方程，对价值网协同机制生成的自组织演化机理进行了深入分析。这将拓展现有的基于不同竞争优势来源的价值网竞争优势内生机理的研究，并进而影响形成机制、实现路径和政策体系，这在研究内容上具有一定创新性。

第二章 价值网文献回顾、展望与理论模型构建研究

一、价值网文献回顾与展望

(一) 价值网概念的界定

我国学者将 Value Net 和 Value Network 分别翻译成价值网和价值网络,其实两者在概念上没有区别,只是翻译上的不同而已。为了概念界定的统一性,本书将英文的 Value Net 和 Value Network 及中文的"价值网"和"价值网络"都统一表述为价值网。

1. 国外学者对价值网的定义

虽然国外关于价值网的研究起步较早,成果也相对丰富,诸多学者都对价值网的概念进行过界定,但迄今为止尚未形成权威统一的概念。

其中,最早提出价值网概念的是全球最大的人力资源管理咨询公司美世人力资源咨询公司的高级顾问亚德里安·J. 斯莱沃斯基等。1998 年,他在其著作《利润区》中提出,市场高度竞争、国际互联网的冲击及顾客需求多样性的变化等,使企业的生存与发展都发生了巨大变化,因竞争环境的变化企业应在事业设计上进行相应变革,将传统的供应链以价值网取代。[①] 2000 年,学者大卫·波维特在其著作《价值网》一书中,在深化价值链和供应链的基础上明确了价值网的概念,

---

① [美] 亚德里安·J.斯莱沃斯基,大卫·J.莫里森,劳伦斯·H. 艾伯茨等. 发现利润区——战略性企业设计为您带来明天的利润 [M]. 凌晓东等译. 北京:中信出版社,2002.

指出"价值网以快速响应顾客需求为目标,将低成本、有效率的制造与顾客的多样化、个性化甚至其他苛刻要求相连接,在产品配送方面避开了传统成本高昂的分销层而采取数字信息快速配送;直接与价值网成员企业、合作伙伴和供应商等组成的动态生态系统连接,可快速交付定制方案。"① Lambert 等则指出, "价值网结合了进步的供应链管理思想和战略管理理论,是一种以顾客为核心,以满足顾客所需要的可靠、便利、速度与定制服务为目标的价值创造体系。"② Sriniras 等认为,"价值网是由价值链各节点上的成员企业所形成的动态的价值流动和拓扑空间的网络,在价值网络内部成员企业遵循共同的规则,有一定的共同属性。"③根据组织的观点,相对于静态性的价值链而言价值网具有显著的动态性,这种动态性特点使价值在网络组织内部不断流动且具有较强的灵活性,在保持高质量、低成本的同时还有效提高了产品导入市场的速度,大大压缩了反应时间,从而有助于价值的创造。Zott C. 等认为,"价值网借助或依靠媒体技术,将时空中的顾客或相互独立的客户有效联系起来,是那些可用价值网络模型描述的企业的缩写"。④ Tulluri S.和 Baker R.C. 在研究高效业务流程联盟的数量框架时,将价值网定义为一些相互独立的企业或商业过程的暂时联合,这些企业基于自身的核心能力在不同的领域(如设计、制造、销售等)为企业联盟效益最大化共享力量。⑤ Grainer R.和 Metes G. 在研究外包业务时将价值网定义为:价值网是一个领导型企业和其他组织在内部或外部形成的联盟,这个联盟能在非常短的时间内建立起某种特定的竞争能力。⑥

2. 国内学者对价值网的定义

国内关于价值网的研究起步较晚,但随着价值网竞争优势的日益凸显,其研究也逐渐丰富起来,目前国内关于价值网的界定也未有统一的概念。

---

① [美] 大卫·波维特,约瑟夫·玛撒,R.柯克·克雷默.价值网 [M]. 仲伟俊,钟德强,胡汉辉译. 北京:人民邮电出版社,2001.

② Douglas M. Lambert, Terrance L.Pohlen. Supply Chain Metrics [M]. International Journal of Logistics Management, Vol.12, Issue 2001.

③ Sriniras S., Wu Z., Chen C. M., et al.. Dominant Effects of RET Receptor Misexpression and Ligand-independent RET Signaling on Ureteric Bud Development [J]. Development, 1999, Apr. 126 (7): 1375–1386.

④ Zott C., Amit R., Massa L.. The Business Model: Recent Developments and Future Research [J]. Journal of Management, 2011, 37 (4): 1019–1042.

⑤ Tulluri S., Baker R.C..A Quantitative Framework for Designing Efficient Business Process Alliance [J]. International Conference on Engineering Management and Control, IEMC, 1996.

⑥ Grainer R., Metes G.. Has Outsourcing Gone too Far [J]. Business Week, 1996, April.

其中，李垣、刘益认为"价值网是一种价值生产、转移、分配与使用的关系及其结构，是由价值网内利益相关者相互影响而形成的，其基本构成要素有六种，包括制度与规则、资源选择、效用体系、价值活动、信息联系和市场格局"。① 价值网有效地扩大了资源的价值影响，优化和改进了价值识别体系，同时提高了组织联系的紧密程度。吴海平等认为"价值网是指因价值创造方式的网络化而导致的网络化，从而使成员企业为一个共同客户创造价值而联结成的特殊的网络组织。"② 可见，价值网的本质是在相应的治理框架中，采用一定的价值传递机制，在专业化分工的生产服务模式下，将价值链上不同节点企业或利益相关者联结在一起共同为顾客创造价值。迟晓英认为，价值网是一个特殊的网络组织，是一种特殊的机制创造系统和价值创造模式，具有异质性资源的企业通过核心资源的集成，有助于价值网络内部的企业优势互补，通过有效的合作机制共同创造更大的价值，所有成员企业通过合作，并经由数字化网络相互关联而形成了一种新的价值创造模式。③ 胡大立指出，价值网是网络经济中的一个重要概念，是一种价值生成、分配、转移和使用的关系及其结构，它是由利益相关者之间的相互影响而形成的一种特殊的价值创造体系。价值网以顾客价值为核心对原有价值链进行了重构，打破了传统价值活动中顺序分离的机械模式，也突破了传统价值链的线性思维。④ 苟昂、廖飞认为，价值网是商业生态系统的一种具体表现形式，是一种新的网络形态，这种网络形态是动态变化的企业内部网络与企业网络连接后所形成的，供应商、员工和顾客等各利益相关者是价值网的重要节点，具有动态匹配和自我调节的能力。在价值网中，企业被定位为一个开放的体系，利益相关者被置于系统内部，而不是外生变量。⑤

3. 对价值网定义评述

综上所述，虽然国内外不同学者基于不同视角对价值网概念进行了界定，但迄今仍未形成统一的界定。综观这些研究可以看出，各观点皆认为客户价值是价值网的最终出发点，其最终目的是通过合作创造共同的顾客价值。通过对相关学

---

① 李垣，刘益. 基于价值创造的价值网络管理（Ⅰ）：特点与形成[J]. 管理工程学报，2001（4）：38-41.
② 吴海平，宣国良. 价值网络的本质及其竞争优势[J]. 经济管理·新管理，2004（24）：11-17.
③ 迟晓英. 价值网及节点价值链的系统研究[D]. 上海：上海交通大学博士学位论文，2003.
④ 胡大立. 基于价值网模型的企业竞争战略[J]. 中国工业经济，2006（9）：87-93.
⑤ 苟昂，廖飞. 基于组织模块化的价值网研究[J]. 中国工业经济，2005（2）：66-72.

者概念的分析，本书作者将价值网定义为：价值网是成员企业以顾客价值为核心，基于团体内部的合作机制和数字化网络所联结起来的新价值创造模式，是对传统价值链解构、整合和重构所形成的一种新的价值创造体系。

（二）价值网特征的研究

价值网特征的研究是价值网理论研究体系的重要组成部分，有助于我们了解价值网与以往价值链、产业链的区别与不同。

关于价值网的特征，Suzanne Berger 认为，对资源能力的研究范畴逐渐由企业内部拓展到企业的外部，这就是价值网的基本特征之所在。① 大卫·波维特等认为，价值网与价值链、企业生态系统有明显的区别，有其独有的特征：①"以顾客为核心"是其最主要的特征；②系统化协调合作，价值网是一个增值网络，是由成员企业、顾客、供应商、竞争对手等利益相关者所共同构成的，通过信息共享、有效合作、资源优化配置及统一的评价体系等，共同为顾客创造价值并实现利益最大化；③高度敏捷性，价值网中敏捷的生产、信息流和分销设计有效提高了对市场响应的敏捷性，使成员企业能对顾客需求、供应商网络再造、快速增长等做出快速响应；④快速流动，价值网内部的订单—交货循环迅速，有效降低了库存，同时实现了快速、方便、可靠的交货；⑤数字化，电子商务是价值网交易的重要形式，信息流、技术流和物流的高灵敏度和快速流动使主体间的交易成本和交易时间都大大降低。② 胡大立认为，价值网的特征是以顾客价值为核心的，将顾客纳入企业价值创造体系中，及时捕捉顾客的需求，通过数字化的关系网络来协调网络内的企业、客户及供应商的活动，从而快速高效地满足网络成员和消费者的需要。③

综上所述，虽然不同学者阐述问题的角度不同，但皆认为价值网有其独有的特征，特别是以顾客价值为核心等得到了众多学者的认同。

---

① Berger S.. How We Compete: What Companies Around the World are Doing to Make It in Today's Global Economy [M]. Random House LLC, 2005.
② [美] 大卫·波维特，约瑟夫·玛撒，R. 柯克·克雷默.价值网 [M]. 仲伟俊，钟德强，胡汉辉译.北京：人民邮电出版社, 2001.
③ 胡大立.基于价值网模型的企业竞争战略 [J]. 中国工业经济, 2006（9）：87-93.

（三）价值网运行模型的研究

在关于价值网特征的研究中已指出，价值网的本质特征是以顾客价值为核心对原有价值链进行重构所形成的一种新的价值创造体系，各利益相关者在关注自身价值的同时也关注与其他节点的联系，形成价值创造的系统作用。当前，价值网的运行模型主要有 David Bovet 模型、Prabakar & David 模型、Nalebuff & Brandenburger 模型三种，下文对这三种主要运行模型进行详细分析。

1. David Bovet 模型

大卫·波维特等提出了价值网的环形结构模型，① 这一模型是由价值网内部供应商、顾客、相关业务单位等利益相关者共同构成的，如图 2-1 所示。其中，顾客处于价值网环形结构的中心位置，通过存取顾客信息、培养关系从而具备对顾客需求敏锐的捕捉能力，并将顾客需求信息以数字化方式传递给价值网内其他伙伴。在环形结构中，不同顾客群的优先权、服务需求与组织内部的信息流、材料流路径相连。此外，供应商网络也受价值网的管理，从而能使供应商低成本、快速地运行，供应商与顾客之间是一种共存、交互作用的增值关系。

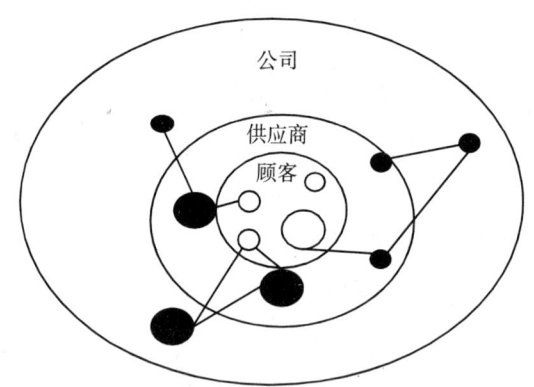

图 2-1 David Bovet 模型

2. Prabakar & David 模型

2001 年，Prabakar Kathandaraman 和 David T. Wilson 在《未来的竞争：价值创造》中提出了一种新的价值网模型，引入了核心能力、优越的顾客价值及相互

---

① ［美］大卫·波维特，约瑟夫·玛撒，R.柯克·克雷默.价值网 [M]. 仲伟俊，钟德强，胡汉辉译. 北京：人民邮电出版社，2001.

关系有关价值创造的三个核心概念，揭示了价值网所需的核心能力类型及组合关系受顾客需求类型及实现方式等的制约（见图2-2）。①

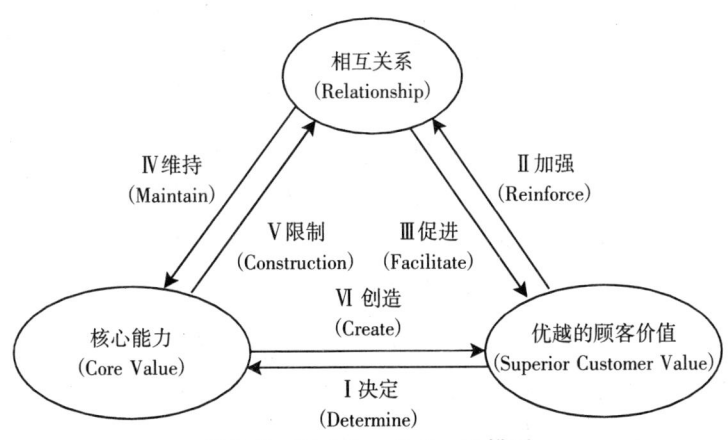

图 2-2 Prabakar & David 模型

其中，核心能力是价值网成员企业合作关系建立的基础，是价值网生存和发展的关键环节，直接限制（Ⅴ）和制约着成员企业相互关系的质量，换言之，成员企业间的关系受单个企业核心能力质量与专有性的影响。在关系网络中，核心能力弱的企业被核心能力强的企业所控制，而核心能力强、能掌握关键能力的企业在价值网的关系网络中占据优势主导地位。成员企业合作关系的稳固程度与核心能力的重要性程度呈显著的正相关关系，同时两者之间也存在正强化反馈回路，在回路中维持（Ⅳ）、限制互为前馈和反馈；并且，在价值创造过程中各成员企业均着力于自身核心能力的提升，从而以维系成员企业之间的关系，而提升的核心能力又作用于关系网络，使合作更加紧密，同时创造（Ⅵ）了优越的顾客价值，换言之，成员企业的核心能力直接决定了价值网价值创造的程度及顾客价值的品质。核心能力的水平、组合与类型等受顾客价值需求的制约，不同领域核心能力的关键程度、组合等的合理性越强，价值网越用以创造顾客所需的价值。同时，顾客需求程度越高，对于成员企业核心能力提升的刺激越强，进而激发成员企业创新的积极性以实现价值网目标。优越的顾客价值决定了价值网成员企业的核心能力（Ⅰ），同时也可以加强与成员企业之间的相互关系（Ⅱ），决定了价值

---

① 卢泰宏，周懿瑾，何云. 价值网研究渊源与聚变效应探析 [J]. 外国经济与管理，2012（1）：65-73.

网是一种基于顾客价值的新型价值创造体系,在价值网中顾客对创造价值的满意评价会强化成员企业合作的紧密程度,提高它们之间的合作质量。此外,成员企业通过合作机制等连接成一种动态、有机的相互关系,价值网中顾客价值的促进(Ⅲ)就是借由供应商、顾客、互补者与竞争者等利益相关者的相互关系完成的,价值的创造和实现程度与相关关系的质量息息相关。加强(Ⅱ)与促进(Ⅲ)之间存在正强化反馈回路,互为前馈和反馈。顾客价值借由成员企业的相互联系而实现,同时强化了这种相互关系并促进了顾客价值向更深层次的发展,并维持价值网核心能力的动态均衡(Ⅳ)。为了巩固在价值网中已获得的优势地位,成员企业需要不断加大对核心能力的投入以强化这种动态平衡。

价值网模型的三个核心概念存在着动态的互动影响,其两两之间还存在着动态的正反馈联系。图2-2显示出三个核心概念之间存在Ⅱ→Ⅳ→Ⅵ和Ⅰ→Ⅴ→Ⅲ两条反馈回路,且皆以顾客价值为起点,能鲜明地体现出价值网的运行模式。

3. Nalebuff & Brandenburger 模型

Nalebuff 和 Brandenburger 基于博弈论理论,提出了"合作创造价值"的价值网模型。[①] 他们认为,在开发一个企业策略时,供应商、客户、竞争者和互补者对企业产生影响,并绘制企业博弈图(见图2-3)。该价值网模型使人们对价值创造的关注从内部的价值活动转向更广阔意义上的所有商业活动参与者之间的关系,突破了传统公司仅仅利用供应商提供的材料生产产品并同其他生产商竞争以获得顾客的观点,而转向组织间合作与企业利润之间的关系,更强调企业间的合作竞争。企业处在一个由利润相关者共同构成的价值网络中,在这个价值网络中,是参与者之间的共同努力实现了企业的价值创造和利润实现,价值创造受供应商、客户、竞争者和互补者四个核心组织成分的影响。

(四) 价值网与其他组织形式的比较研究

1. 价值网与价值链的比较研究

价值链理论是由管理学大师迈克尔·波特于1985年提出的,并用以解释价值网的形成原理。根据波特的价值链理念,企业设计、生产、销售、配送等一系列

---

① Nalebuff, Brandenburger. Managing Reuse in Manufacturing System Modeling and Design: A Value Net Approach [J]. Computer Integrated Manufacturing, April–May, 2004, Vol.17, No.3.

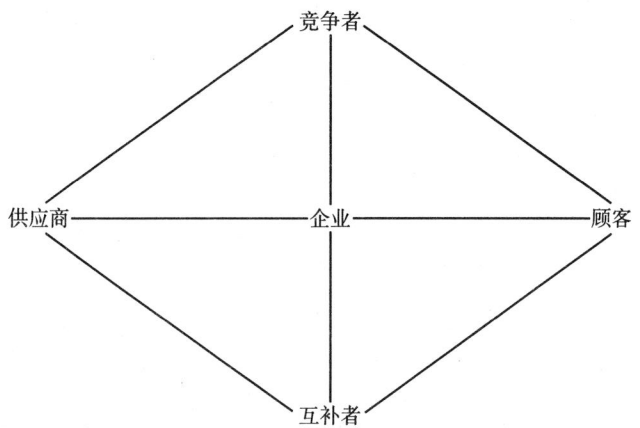

图 2-3 Nalebuff & Brandenburger 价值网模型（企业博弈）

过程中的集合体就是企业价值链。① 可见，企业价值链是由价值创造过程中的一系列活动构成的，可划分为基本活动与辅助活动两大类。前者是指产品从设计、生产、后勤到配送、销售等过程中的各种活动，后者则包括各种采购、研发、计划、人事、财务、售后等各种辅助活动。波特认为，并不是每个企业活动都可以创造价值，只有某些特定的"战略环节"才真正创造价值，企业保持竞争优势的关键就是在这些环节上取得和保持优势。基于价值链来分析核心竞争力，其本质就是要从组织的资源状态出发，强化对关键环节的关注与培育以获得其核心竞争力，从而帮助企业巩固获得的竞争优势。随着企业理论的不断深化，价值链理论的内涵也不断拓展。新价值链理论指出，企业的发展已经由重新创造价值取代了以往单纯的增加价值。② 在价值链系统中，共同价值是由不同经济活动单元的协同作用创造的，价值的定义也得到了拓展，新产品与服务之间的动态转化取代了传统新产品自身的物质转化。与波特把"实现企业利润"作为最终目标不同的是，海恩斯（Peter Hines）认为顾客对产品的需求是价值链生产过程的起点，利润是副产品；海恩斯还把原材料供应和顾客纳入价值链系统中，而波特的价值链则只包含那些与生产行为直接相关的成员。随着科学信息技术的日新月异及价值链理论的不断发展，一些新的观点不断涌现。1995 年，杰弗里·雷鲍特（Jefferey F.Rayport）和约翰·斯维奥克拉（John J.Sviokla）在传统价值链理论的基础上提出

---

① [美] 迈克尔·波特. 竞争优势 [M]. 陈小悦译. 北京：华夏出版社，1997.
② 余东华. 模块化企业价值网络——形成机制、竞争优势与治理结构 [M]. 上海：格致出版社，2008.

了"虚拟价值链"的观点（见图2-4）。① 根据虚拟价值链的观点，任何一个企业的竞争环境都可以划分为"市场场所"（Market Place）和"市场空间"（Market Space）两类，前者是一个有形资源世界，包括产品的设计、生产、采购与销售等，其价值链由价值增值过程中的一系列线性作业构成的；后者则是由信息构成的虚拟世界，包括信息收集、整理、筛选与分配等。价值链是非线性的（有潜在的输入输出点），通过不同价值链开展价值创造活动，可见其价值创造过程是不同的。20世纪90年代，全球商品链理论（Global Commodity Chain，GCC）的提出使价值链理论的研究视野得到了极大拓展。② 2003年，Humphrey和Sturgeon在全球商品链和价值链理论的基础上提出了"全球价值链理论"，③ 指出全球价值链是为实现产品或服务价值而连接在一起的全球性跨企业网络组织，涉及采购、生产、运输与分销、售后服务、回收处理等整个价值创造的过程，更能反映价值链的空间分离和全球空间再配置之间的关系。

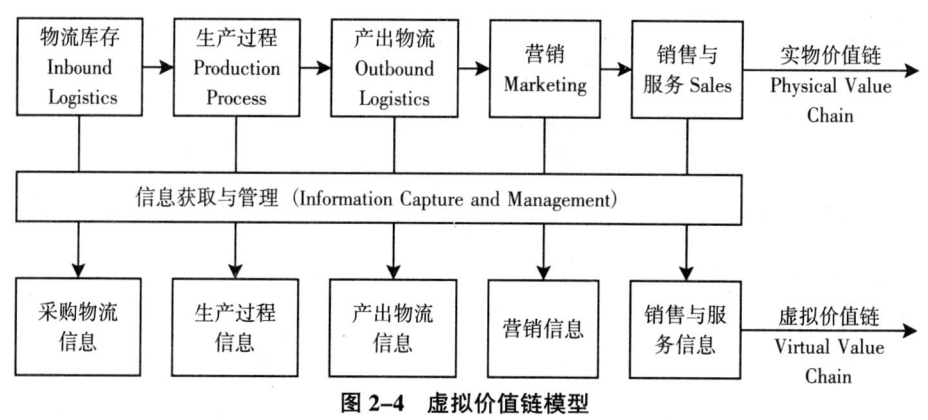

图2-4 虚拟价值链模型

自价值网理论提出以后，关于价值链与价值网的区别与联系日益被广大学者所关注，并逐渐形成了相对丰富的研究成果。

相关研究如：李殿伟认为，价值链与价值网存在本质上的区别，价值链关注供应、生产的环节，目的是降低成本、提升生产效率，企业与供应商是对立的交

---

① Jeffrey F. Rayport, John J.Sviokla. Exploiting the Virtual Value Chain [J]. Harvard Business Review, Sep.–Dec., 1995.
② Gereffi G.. International Trade and Industrial Upgrading in the Apparel Commodity Chains [J]. Journal of International Economics, 1999 (48).
③ Humphrey, J. Sturgeon. The Governance of Global Value Chain: An Analytic Framework [EB/OL]. http://www.ids.ac.uk/globalvaluechain/.

易关系；价值网以顾客为核心，其最终目的是为顾客创造所需的最大价值，并致力于供应商等合作伙伴关系的改善，以有效提升整个网络成员企业共同效率。[①] 马帅认为，价值链与价值网存在结构上、顺序上和形成方式上的区别，如表 2-1 所示。[②] 价值链是链状结构，是顺序的活动；价值网则是网络结构，是同时发生或平行的过程。价值网是通过价值网成员企业价值链的有机集成形成的，换言之，构建价值网的基本元素是价值链模型。张继林认为，价值网思想与价值链思想有本质的区别。其中，价值链不同环节的主体是按照产品或服务的生产流程而有效联结起来的，具有明显的线性次序，资源与能力的组织方式具有显著的条块分割式特点，虽然这种方式能通过不同节点企业的合作有效提高价值创造效率，但价值实现流程中各环节间的相互联系也被割裂了；价值网基于价值创造最优的视角，有效协调价值活动主体间的关系并重新安排价值活动，将价值链上连续的价值活动分离开来，实现了各个环节的集成和并行，实现了价值创造方式的网络化。价值网是闭合的，价值流的起点与终点体现得并不明显，资源与能力的组织方式是网络化的，价值网各个环节之间均能直接联系。在组织结构上，价值链和价值网分别是层级式组织结构和网络状组织结构。[③]

表 2-1 从价值链向价值网的转化

项目	价值链	价值网
环境	静态的	动态的
焦点	具体行业	与其他行业合作伙伴连结
价值创造形式	独立的，自身能力的杠杆作用	基于合作伙伴能力的杠杆作用
关系类型	小的合作	很强的合作
基础设施的集成	有限集成	全部集成
基础设施的推力	成本驱动	价值驱动
利润焦点	增加自身利润	增加所有合作伙伴的利润
成本焦点	考虑自身成本	考虑所有成本
知识的杠杆作用	在企业内部	跨越所有节点
资源方法	保护	共享

---

① 李殿伟. 基于价值网理论的电信企业商业模式研究 [D]. 天津：天津大学博士学位论文，2007.
② 马帅. 价值网价值创造的数量分析 [D]. 北京：中国石油大学硕士学位论文，2007.
③ 张继林. 价值网络下企业开放式技术创新过程模式及运营条件研究 [D]. 天津：天津财经大学博士学位论文，2009.

毛蕴诗和王华在对波特提出的价值链分析模式局限性探讨的基础上，提出了基于行业边界模糊的分析模式，对价值链和价值网这两种分析模式的背景、经济解释进行了比较研究，如表2-2所示[①]。

表2-2 价值链与基于行业边界模糊的价值网分析模式的比较

对比要素	价值链	价值网
时代背景	20世纪80年代以前	20世纪90年代末
经济特征	资源经济	知识经济、信息与网络化
行业边界界定	可按业务活动的纵向延伸界定	业务活动不仅纵向延伸，并向其他方向扩展而难以界定
扩展方式	行业内的一体化	行业内的一体化、跨行业的多元化
可实施策略	集团协作、战略联盟、纵向一体化等方式	纵向一体化、虚拟企业、更广泛的战略联盟、网络化等方式
经济理论解释	交易成本理论	交易成本理论、范围经济性、网络经济性、速度经济性
分析范式含义	S-C-P分析范式、波特五力模型、相关或无关多元化	对S-C-P分析范式、波特五力模型、多元化的冲击

2. 价值网与供应链的比较研究

供应链问题的系统研究始于20世纪60年代初期，很多学者一致认为Jay Forrester是供应链设计之父，其分配系统中的很多理论成为现代供应链设计原则的理论基础。[②] 就目前对供应链的定义方面，大多数国内外学者从供应链的结构和流程运作两个方面进行描述。Stevens认为，供应链是从供应商开始，利用分销渠道最终到达用户手中的价值增值过程。[③] Turner认为，供应链是从原材料供应商开始经过一系列复杂阶段到最终顾客等整个过程的连接。[④] Lee将供应链定义为，产品或服务生产、流通全过程中相关利益者组成的网络。[⑤]

关于价值网与供应链的比较研究，也是价值网研究的重要组成部分之一，此

---

① 毛蕴诗，王华. 基于行业边界模糊的价值网分析模式——与价值链模式的比较 [J]. 中山大学学报（社会科学版），2008（1）：151-161.

② 艾上钢. 供应链嵌入性结构及合作关系研究 [D]. 武汉：武汉理工大学博士学位论文，2005.

③ Stevens G. C.. Integrating the Supply Chain [J]. International Journal of Physical Distribution and Materials Management，1989（8）：26.

④ Turner J.R..Integrated Supply Chain Management：What's Wrong with This Picture? [J]. Journal of Industrial Engineering，1993（12）：52.

⑤ Lee H. L., Billington C.. Material Management in Decentralized Supply Chains [J]. Operations Research，1993，41（5）.

方面的研究如：大卫·波维特[1]指出，传统的供应链是技巧性的，企业生产或提供完全相同的产品/服务，通过分销渠道将产品推向市场，材料按顺序在供应链中缓慢地流动（见图2-5），不稳定的信息流是沿着供应链向后传递的，使供应与需求很难匹配，为防止供应中断，增加库存及流动资金，降低了企业利润。与此相反，价值网以顾客价值为核心，通过对顾客信息的及时捕捉和快速反应来创造竞争优势，不但关注价值，还关注与利益相关者共同创造价值。

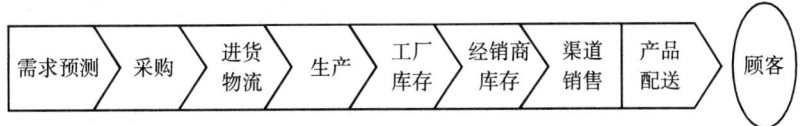

图 2-5 传统供应链

程巧莲认为，供应链与价值网的区别集中在客户化、系统化、快捷化及数字化程度上（见表2-3）。[2]在供应链中客户是被动的产品接受者，企业与供应商是交易关系；价值网的源头是客户，通过数字信息通道将客户需求及时传递给厂商与供货商，企业与供应商这种亲密合作关系使价值网对客户需求变化、循环迅速的订单—交货或供应商/客户网络再造有敏捷、快速流动与可伸缩的响应。

表 2-3 供应链与价值网的区别

区别要素	供应链	价值网
形态	顺序的线性结构	交互的网络结构
价值主体	核心企业	所有成员
与供应商的关系	交易关系	合作关系
数字化结果	信息共享程度低	信息共享程度高
业务重点	以企业生产为核心	以客户需求为核心
对客户需求的响应	延迟，交货不及时	快速响应

近年来，随着价值网研究的深入，部分学者开始关注集群、企业生态系统与价值网之间的比较研究。相关研究如：胡斌、邵汝军和刘健辉对价值网、集群和企业生态系统进行了比较，总结了三种模式在六个方面的特征区别。一是在地理

---

[1] [美] 大卫·波维特，约瑟夫·玛撒，R. 柯克·克雷默. 价值网 [M]. 仲伟俊，钟德强，胡汉辉译. 北京：人民邮电出版社，2001.

[2] 程巧莲. 从供应链到价值网的企业制造能力演化研究 [D]. 哈尔滨：哈尔滨工业大学博士学位论文，2009.

位置的重要性方面,从集群到价值网再到企业生态系统,对地理位置的强调从强到弱,价值网可能是地方的也可能是全球的,不强调地方性问题,生态系统则直接否认了地理位置的作用,而集群的前提就是位置集中。二是竞争与合作方面,价值网是一个合作结构,只有选择成员时成员企业间才存在竞争关系,而企业生态系统导致竞争与合作同时存在,群内激烈的竞争是集群成功的基础。三是行业的观念方面,行业是分析集群的一个工具,价值网成员被视为来自不同的行业,企业生态系统拒绝行业的观念。四是知识的创造与分享方面,集群中激烈的竞争限制了分享知识和合作创造知识的意愿,在价值网中共享的知识可能局限于运营信息,而相互连接和命运共享是企业生态系统的关键元素。五是控制权方面,在一个集群中所有成员彼此相当独立,没有哪个企业能控制整个集群,而在价值网中,某个核心企业比其他成员企业更具有控制权,然而在企业生态系统中控制权是分散的。六是创新战略方面,集群以模仿创新为主,在价值网中以自主创新为主,在企业生态系统中以合作创新为主。①②

(五) 价值网竞争优势的研究

关于价值网竞争优势的研究,因研究视角的不同可以将此方面的研究归纳为如下五类,下文分述之。

1. 从资源和能力角度研究价值网竞争优势

诸多研究明确指出,资源和能力是价值网竞争优势的重要来源之一。

例如蒋琰认为,价值网具有自组织系统的开放性、动态性和不可逆性等诸多特征,并能够自主自发地从无序到有序,从低级有序向高级有序演化,这些特征对于资源的自主配置具有重要意义。首先,价值网拓展了企业资源的配置方式并有效沟通了内外环境,实现了资源配置由企业内部向价值网络内部的转变,提高了企业内部资源的培育配置效率,还可以利用关系网络中的信息资源,促进企业选择更适宜的资源进行配置,实现了企业内外资源配置的统一,提高了资源的配置效率。其次,价值网借助信息、知识共享等机制拓展了企业资源配置的范围,使资源配置由传统的有形资源配置拓展到无形资源配置。最后,价值网的自组织

---

① 胡斌,邵汝军.集群、价值网和企业生态系统的特征比较研究[J].科技管理研究,2006(11):52-55.

② 刘健辉.商业生态系统与种群和价值网络的比较分析[J].黑龙江对外经贸,2006(12):63-64.

特性使企业无须外界特定指令而能自行组织、自行创生、自行演化，使资源的自我柔性配置成为可能，尤其是可以根据资源配置的需要，随时通过网络的传递、扩散等功能对资源进行调整。①

李海舰和聂辉华认为，无论是企业网络理论还是资源基础理论，都无法单独解释企业价值网竞争优势的来源，唯有将两者结合起来才能给出合理的解释。作者认为，价值网合作性的外部环境、难以替代和不可模仿的价值起源，是价值网竞争优势的来源之一。价值网成员企业的核心能力是构成网络体系竞争力的来源，而有效的网络体系则是企业竞争力的关键，核心能力的集大成与最高态就是网络体系。②

王伟从企业基因重组角度探讨了价值网的内涵，指出价值网的价值创造源于能力要素分解。现代企业间的联合摒弃了传统的以业务单元和供应合同为主的做法，企业间的联系是建立在成员企业能力要素的基础上。能力要素驱动型价值网络是不同组织能力要素的最优组合，能够最大化地发挥资源和能力的潜力。基于能力要素的企业战略有两种，即基于单个能力要素和价值链能力要素组合战略，多数企业是将两种战略并用，把自己的核心能力要素与其他企业的核心能力要素连接起来形成价值网络。③

综上所述，能力与资源是企业价值网内部不可获取的因素，资源是价值网竞争优势形成的基础，而能力是促进价值网竞争优势形成的关键，两者都是价值网竞争优势的重要来源之一，在价值网中扮演着重要角色。

2. 从知识角度研究价值网竞争优势

随着价值网竞争优势研究的丰富，有不少学者从知识角度探讨了价值网竞争优势的来源。相关研究如：

张亚娜认为，价值网络型企业竞争优势来源于两方面，一是内生性优势（核心知识与能力的整合）；二是外生性优势（核心知识与能力的协同）。从内生性优势看，对于任何企业而言其核心知识与能力的增长都是借助于网络组织内部资源共享机制、学习与沟通机制，通过持续学习和不断创新来实现的，这一过程是总量积累的路径依赖过程。从外生性优势看，价值网企业的核心知识与能力的协同

---

① 蒋琰. 基于关系的资源配置：企业价值网络 [J]. 预测, 2005 (2)：25-28.
② 李海舰, 聂辉华. 论企业与市场的相互融合 [J]. 中国工业经济, 2004 (8)：26-35.
③ 王伟. 基于企业基因重组理论的价值网络构建研究 [J]. 中国工业经济, 2005 (2)：58-65.

反映在三个层面。首先是战略层，波特认为低成本与差异化是企业竞争优势的两个重要来源，企业只能追寻其中的一种战略，任何企业采用"脚踏两只船"战略都会导致经营无效率。但是在价值网中，网络组织融合了众多具有不同核心资源与能力的企业，且由于协同作用的存在使得价值网具备了融合不同战略的能力，通过采用按订单生产、零库存来降低成本，同时通过个性化、差异化的生产来实现顾客的满足。其次是资源层，以协同为基础的价值网突破了单个企业无法单独获得企业建立竞争优势所需资源的制约，使企业可以获得所需的各项有效资源，提高了网络资源配置的效率。最后是价值链层，就单个企业而言，其竞争优势来自于价值链某个或某些战略环节，然而其他环节上的低效率却影响了企业的整体竞争力。价值网是由不同组织能力要素的最优组合，企业在关注共同顾客价值的同时也在关注自身的核心能力，能通过自身价值链层面的高效率而有效提高整体价值链的效率。①

周煊认为，价值网是异质资源和核心能力的最有效集合，是一种独特的管理平台，这一平台的作用体现在三个方面。首先，价值网是核心能力和异质资源的强化平台。在价值中，每个成员企业都从事自己最擅长的业务活动，从而有利于自身核心能力的提升。价值网提供了网络成员企业相互学习和技术创新所需的知识交流平台，不仅通过相互学习可以获取新知识、增强自身的核心能力，而且技术创新还可以进一步强化原有的核心能力和异质资源。其次，价值网是核心能力和异质资源的调整平台。价值网可以根据外部环境和客户需求的变化，通过吸收新成员和剔除老成员来及时调整所需的核心能力和异质资源。最后，价值网是核心能力和异质资源的保护平台。一方面，在价值网中，核心企业与成员企业生死与共的利益关系，使得网络成员之间彼此信任，共同防止核心能力的外泄；另一方面，价值网的竞争力是一种整体协作能力，根植于特有的网络成员、网络结构和网络关系之中，对价值网竞争优势的获取需要复制整个网络，提高了模仿的难度，从而对价值网的核心能力和异质资源起到保护作用。②

周煊还指出，知识管理是价值网竞争优势的内生源泉。源于知识管理的价值网竞争优势效应主要体现在以下几方面：一是网络经济效应，是指网络结构能够

---

① 张亚娜.价值网络型企业竞争优势来源研究[J].新西部（下旬）（理论版），2011（Z1）：74.
② 周煊.企业价值网络竞争优势的内生性阐释：知识管理[J].商业经济与管理，2006（2）：28-31.

带来经济利益的扩张，这种扩张是以组合数而不是以正比例关系随网络成员数目增加的。二是规模经济效应。由于价值网内部的分工合作，每一个网络成员专攻本身所擅长的业务活动，致力于自身核心能力的提高，能够使学习曲线下降得更快，有效降低生产成本。同时，价值网能够联合大家的力量吸引更多的客户，业务量增加，使单个成员的规模经济扩大。三是风险对抗效应，价值网能有效抵抗外部风险和降低内部风险。通过营建价值网，企业的整体实力和资源得到极大的增强，增加了企业抵抗外部风险的能力。价值网中供应商、企业与客户之间的合作关系降低了内部交易中的信用风险与违约风险。四是黏滞效应，也称为锁定效应。价值网充分了解客户个性化需求，让客户享受到定制化的"一站式"服务，进而产生依赖性，提高客户的转换成本，进而提高客户忠诚度。五是速度效应。价值网使生产运营各环节得以同时进行，大大提高了整体响应速度，为顾客节约了宝贵的时间。①

李鹏从知识视角出发分析了价值网竞争优势的构建，指出人力资本、结构资本和市场资本是构成企业智力资本的三个维度，它们共同构成了企业的智力资本价值网络，在整个网络中人力资本既是知识流出的出发点也是目的地。在这种相互连续的知识转移和转化中，知识得到共享和创新，使企业的知识库不断扩充，带动了智力资本的更新升级和企业价值的增值。②

综上所述，知识的转移、转化以及知识与价值网内部其他相关因素的相互作用、融合等为价值网竞争优势的建立奠定了基础。价值网可以通过内部核心知识和能力的总量积累，并通过外部核心知识与能力的协同创造竞争优势。

3. 从管理协调角度研究价值网竞争优势

在现有文献对价值网的研究中，从管理协调角度分析价值网构成及竞争优势的来源，也是理论研究的重要分支之一。

张弘认为，价值网竞争优势不是单一的，主要包括三个方面，即专业化优势、范围经济优势和管理优势，其中成员企业以及其自身的核心资源和能力关注价值网的某一环节，在充分发挥专业化优势的基础上共同关注顾客价值的实现，有助于显著提高专业化效率。由于成员企业将内部的价值链延伸、分解和网络

---

① 周煊. 企业价值网络竞争优势研究 [J]. 中国工业经济, 2005 (5): 112-118.
② 李鹏. 企业智力资本价值网络的分析 [J]. 价值工程, 2007 (11): 32-35.

化,有助于实现范围经济优势;同时,由于价值网络体系的构建和有效管理,实现了成员企业之间的有效合作、充分共享、高度协同与优势互补,显著改善和提升了价值网整体效率,使网络组织具备了管理优势。张弘进一步指出,价值网的竞争优势主要来源于成员企业的核心能力与价值网的整合能力两个方面,价值网竞争优势的构建与培育必须围绕上述两个方面进行,可以通过整合将企业能力转化为具体的能力,包括成员企业的模块化能力、网络远景能力、网络管理能力及关系管理能力等。在组织网络内部,价值网的效率和运行成本受模块化程度的影响,模块化是价值网络的基础单元,也直接决定着价值网络中价值的创造过程;网络远景能力有助于帮助成员企业技术捕捉网络结构中的价值与机会,是管理网络体系的一种核心能力;网络管理能力则是价值网络内部对其他成员企业资源、活动能力的利用和协调能力,直接关系到组织网络体系管理水平的高低及成员企业收益率的大小;关系管理能力则是指成员企业对利益相关者(既包括合作者也包括竞争者)之间关系的处理能力。①

综上所述,采用全新的价值管理理念、方法帮助成员企业与其他企业之间优势互补、信息共享、高度协同,是成为成员企业谋求竞争优势的重要手段。

4. 从模块化角度研究价值网竞争优势

作为价值网的组织基础,组织的模块化被认为是价值网获取竞争优势的另外一个重要来源,模块化能力日益受到学者的关注和重视。

此方面的相关研究如:余东华、芮明杰提出,随着信息技术的不断发展与广泛应用,传统集合型价值链在价值模块化的基础上,经过解构、整合和重建等一系列操作最终形成了模块化价值链,具备了差异化竞争优势。在共同的界面标准内,不同的模块化价值链与不同企业的价值模块交叉融合和连接贯通,形成了企业的价值网络。价值网将具有异质性资源的不同企业的核心资源和能力要素集合于价值网这样一个无形的网络平台上,实现了对成员企业优势资源和技术创新成果的充分共享,有效提高了价值网的整体效率,提高了成员企业对抗风险的能力和核心竞争能力。此外,基于模块化的价值网络把市场机制和竞争机制引入网络组织内部,有效降低了组织成本和生产成本,并通过供应链管理使成员企业共享模块化经济。企业价值网络是组织柔性生产系统,能够更快地适应环境变化,迅

---

① 张弘. 基于价值网络的企业竞争优势来源与构建[J]. 湖南社会科学,2007 (5):111-113.

捷地制造出消费者个性化需求的产品。此外，价值网络通过自组织方式能有效推动组织的技术创新，增强自身的适应能力、创造力、竞争力和自生能力。另外，价值网成员表现出较强的网络外部性，有助于企业之间能力要素的互动与调整，可以优势互补，促进技术创新。①

江积海和龙勇认为，价值网的组织基础就是组织的模块化，价值网的运行成本、效率、价值创造和创新的过程等都受模块化成本的影响。模块化内的战略要素、结网过程和动态能力的创租分别实现价值网的资源效率、过程效率和市场效率。②

苟昂、廖飞则认为，价值网是一种特殊的商业生态系统表现形式，其基础是价值链，其基础单元则是模块化。在价值网中，模块能力（包括产品职能和组织模块化）是经营能力的具体体现，企业活动借由组织模块化而得到了有效优化，决策速度得到了切实提升。此外，不同模块之间的联结就是关系，签订合约能力则是价值网关系管理能力的具体体现，模块的联结、价值的交换、转移和创造等受关系可靠性、效率等的影响。③

李平、狄辉认为，模块化在重构产业组织结构的同时，也重构着产业的价值链，导致产业价值在不同模块间的转移与重新分配。④

综上所述，价值网的特殊性导致组织网络内部会形成不同层次、不同职能的组织模块，这些组织模块构成了价值网的组织基础。价值网要创造竞争优势，必须致力于构建组织网络内部的模块化能力。

5. 从锁定效应研究价值网竞争优势

当前，关于价值网与竞争优势的研究主要聚集在它们之间的正向关系上，然而戴晓天发现，价值网与竞争优势并不存在必然的联系。价值创造过程的非线性循环往复，导致了价值网中存在着无形的锁定效应，将企业长期锁定在竞争优势或竞争弱势的地位，呈现整体演进和衰亡两种相反的演化趋势，引发了正面锁定和负面锁定两种权变结果，并最终引发竞争优势持续增强和持续衰减，导致强者

---

① 余东华，芮明杰. 基于模块化的企业价值网络及其竞争优势研究 [J]. 中央财经大学学报，2007 (7)：52-57.
② 江积海，龙勇. 基于模块化和动态能力的价值网结网机理研究 [J]. 科技管理研究，2009 (1)：135-138.
③ 苟昂，廖飞. 基于组织模块化的价值网研究 [J]. 中国工业经济，2005 (2)：66-72.
④ 李平，狄辉. 产业价值链模块化重构的价值决定研究 [J]. 中国工业经济，2006 (9)：71-77.

恒强、弱者愈弱的两极分化局面，并且主要通过运营效率和技术创新两条路径作用于价值网的竞争优势。① 卢福财、胡平波指出，在全球价值网络体系中，中国企业的利润空间因受到跨国公司的各种挤压而大幅压缩，其价值长期以来一直处于一种低端状态，长此以往形成了"低端锁定"。所谓低端锁定，是指在跨国公司利用其核心能力来约束无核心能力的企业的知识创造与企业能力的提升，迫使其在全球价值网络体系中长期处于价值创造的低端地位，从而保证跨国公司长期获得高额的垄断利润。他们从企业间微观能力差异的视角，构建了低端锁定博弈模型，就跨国公司与中国公司之间的差异进行了分析，指出在跨国公司的技术封锁与监控下，中国公司很难实现有效的价值升级；并且突破低端锁定的关键是需要不断地进行创新活动，提升企业能力并最终获得核心能力，但中国企业仅仅依靠自身难以实现突破低端锁定。②

可见，在价值网中锁定效应是普遍存在的，这种存在也是导致价值网竞争优势发生转移的重要因素。

（六）研究述评

本章从价值网概念的界定、价值网特征的研究、价值网运行模型的研究、价值网与其他组织形式的比较研究、价值网竞争优势的研究五个方面对价值网及其竞争优势的相关理论进行了概述。

通过分析本章认为，价值网是成员企业以顾客价值为核心，基于团体内部的合作机制和数字化网络所联结起来的新价值创造模式，是对传统价值链解构、整合和重构所形成的一种新的价值创造体系。从诸多学者对价值网概念的阐述中可以看出，价值网有其独有的特征，"以顾客为核心"是其最主要的特征。在价值网运行模型的研究中，重点对 David Bovet 模型、Prabakar & David 模型、Nalebuff & Brandenburger 模型这三种模型进行了比较分析，并对价值网与价值链、供应链等其他组织形式作了比较研究，并对价值网竞争优势的研究现状进行了概述。通过分析笔者认为，价值网是一种新的价值创造方式，以其独特的价值

---

① 戴晓天. 价值网络的价值创造、锁定效应及竞争优势的关系研究 [D]. 成都：电子科技大学硕士学位论文，2006.

② 卢福财，胡平波. 全球价值网络下中国企业低端锁定的博弈分析 [J]. 中国工业经济，2008（10）：23-32.

创造方式,成为战略管理领域研究的热点。近年来,价值网的研究范围得到了极大的拓展,从早期关于价值网本质、结构、节点价值链选择、网络模型等方面的研究,逐步拓展到价值网竞争优势的培育、价值网在各行业的实证研究等方面,研究成果不断丰富。虽然不同学者的研究视角、研究方法等各有特色且有一定差距,但结果皆表明在动态竞争环境下价值网已逐渐成为企业获取竞争优势的最有效的运营模式之一。综观这些研究可以看出,目前关于价值网的研究虽然呈现出研究范围逐步拓展的良好趋势,但迄今关于价值网竞争优势的系统研究还比较匮乏。

目前,价值网竞争已是一个不争的事实,如何顺应时代的潮流及价值网竞争的要求,采取何种模式形成价值网竞争优势却是一个不断更新变化、与时俱进的议题。显然,理论研究的不足会直接影响价值网竞争优势的获取,因此强化价值网竞争优势形成机理的研究,具有重要的理论价值与现实意义。

二、价值网的基本理论介绍

(一)价值网的演进逻辑

从价值网的形成过程来看,对其演进逻辑的阐释要从价值链理论入手。近些年来,随着新经济时代的到来,企业为提升竞争力开始采取的合作战略将各自的供应链连接起来,从而将不同价值链转变为企业间的价值星系,进而演变成为利益相关者的价值网,包括供应商、顾客、提供商、渠道伙伴及竞争者等。也就是说,价值网是对价值链核心能力的集成所获得的网络组织,其形成的雏形即为价值星系。传统的集合型价值链经过裂变、分解等模块化的过程,在新的某一界面上形成符合界面标准、兼容性强且可重复利用的价值模块,并在一定的标准和规则下重新整合最终形成了价值星系。价值星系将具有异质性资源的不同企业的核心资源和能力要素集合起来,产生协同效应,通过不同组织模块之间的有机合作、有效沟通、竞争与创新等最终形成了企业价值网。

可见,价值网的演进路径为价值链→价值星系→价值网,如图2-6所示。

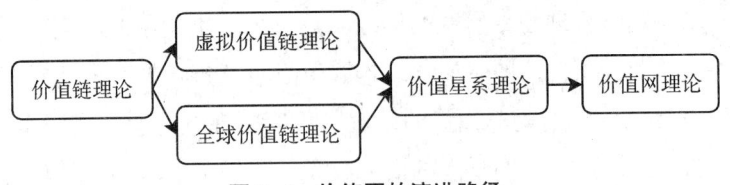

图 2-6 价值网的演进路径

1. 价值链理论

关于价值链的系统理论,在文献综述部分已经进行了专题探讨,在此仅作简单的总结,其发展历程及不同阶段的特点不再赘述。

价值链的发展历经传统价值链(以迈克尔·波特、彼得·海恩斯为代表)、虚拟价值链(以 Jefferey F.Rayport、John J.Sviokla 为代表)和全球价值链(以 Humphrey、Sturgeon 为代表)三个阶段,这三个阶段贯穿了价值链的产生与发展的全过程,迄今已进入全球价值链时代。不同的价值链发展阶段皆有成型的理论提出,代表了当时价值链理论发展的最高水平。笔者认为,不同阶段的价值链理论既有其优势所在,也存在一定的局限性。其中,波特的传统价值链理论对于企业价值活动、企业从价值活动中可能获得的竞争优势以及企业与相关利益者之间可能的联结等的分析是基于企业观点进行的。随着价值链研究的深入,价值链理论得到了不断完善和补充,但研究焦点依旧集中在对产品导向的制造业中,对客户价值创造缺乏系统的探讨,以客户为导向的行业研究非常缺乏。当前,随着信息技术的发展、网络经济时代的来临,企业价值链的营商环境已经进入网络经济时代,传统价值链理论的局限性日益凸显,归纳起来主要有如下方面:一是线性思维,注重分析,忽视综合与交互行动,价值链业务的开展建立在对上下游可选择企业进行竞争性分析基础上,其最终目的是产生低成本和差异化。在组织内部价值链强调资源配置效率,但忽视价值链不同节点企业的交互和综合行动,很难适应快速变化的环境。二是静态地看待竞争,忽视创新和资源的价值创造,价值链强调竞争关系,企业利用经济选择权(Economic Option)实现自身价值的最大化,导致企业价值分析过程中忽视创新。三是注重资源的单向配置,忽视价值系统中因素的多重影响,价值链理论认为组织内部的资源分配是单向的,下游企业依据需求通过支付费用获得上游组织的资源。此外,价值链理论过分强调竞争与威胁,未考虑企业间的合作可能带来的机会,而现代企业的竞争不是单个企业的竞争,而是群体的竞争,需要从利益相关者的全局出发构建一个战略网络,将价值生产、分配、转移纳入其中,强调企业间的合作与协调。①

2. 价值星系

诺曼和拉米雷兹(Normann and Ramirez,1993)提出了价值星系(Value Constelations)的概念,将企业看成类似行星一样的价值创造系统。价值星系是包括供应商、商业伙伴、同盟者、顾客等在内的众多利益相关者组成的共同创造价值的系统。在系统中,因组合方式导致成员企业的角色与关系都发生了变化,通过角色与关系的重塑及协同关系共同创造价值。该系统以网络为基础,实现了技术与知识的交流,推动厂商与顾客的关系重新组合,成员企业共创价值、共享成果,形成了横向、纵向交织的网状形态,如星系四周密布网状价值链的价值星系。价值星系是一个资源共享的系统,每一个价值星系成员都可以扮演资源调度员的角色,从而满足某一客户或某一客户群的需求而获得利益。

罗珉认为,价值星系是一个介于市场与企业之间的中间组织,是一个引力集合体,涵盖的对象非常复杂,如成员企业、顾客、合作伙伴、供应商与分销商等。在价值星系中,存在一个占据核心地位的"恒星"企业,该企业具备较强的吸引力,能够吸引其他"行星"(成员企业)在自组织运转的基础上围绕该恒星运转。虽然模块化的"行星"企业可能具有专有技术或专利技术所形成的技术与知识优势,或者具备某种特定的优势,例如规模优势、劳动力优势、资本优势、区位优势、资源优势等,但这些优势通常需要围绕在"恒星"企业所组成的组织体系中才能得到充分发挥。如将这些"恒星"企业排除在以"恒星"企业为核心的组织体系之外,则增大生产者剩余只能沦为空谈。此外,"恒星"企业对"恒星"企业产生积极的耦合效应,在价值星系的价值创造能力作用下得到充分发挥。一般而言,无论是作为模块制造商的"恒星"企业还是作为系统集成商的"恒星"企业,其价值创造过程中所采用的模块化构件都是相同的,依靠标准化界面的松散耦合来确定市场的"规则",这也是"恒星"企业获取收益的根本法则。②

价值星系理论从系统的角度发展了传统的价值链理论,将价值链的概念从企业内部拓展到了企业之间,把企业之间的关系看成价值创造系统,注重企业对整

---

① 李垣,刘益. 基于价值创造的价值网络管理(I):特点与形成 [J]. 管理工程学报,2001 (4):38-41.
② 罗珉. 价值星系:理论解释与价值创造机制的构建 [J]. 中国工业经济,2006 (1):80-89.

个价值系统的管理和各个企业在价值系统中的定位。

3. 从价值链到价值网

价值链思想开创了局部竞争优势的先河,对传统价值链的集成可形成低成本竞争优势（如精益制造）,对价值链的分解可形成差异化优势（如灵活制造）。然而随着竞争环境向不确定性和复杂性的方向演变,企业单单依靠低成本或差异化竞争优势无法获取持久性的领先地位,必须将低成本和差异化竞争优势融合发展。因此,企业必须打破传统价值链思想的线性思维,用网络的思维看待价值链的分解与集成,并最终融合为价值网。价值网形成的条件包括以下几点:①

(1) 价值活动界限的模糊性及联系的网络化。在传统价值链线性思维的模式下,下游价值链接受上游供应商投入后产生增加价值。当生产流程变为顾客需求拉动型后,企业不再局限于供应商、企业和客户所构成的界限明晰的三方价值链,而是以网络的视角,将分属于不同参与主体的价值活动整合成为客户创造价值的不同模式,为顾客提供差异化和解决方案的网络路径。从集合的角度来看,价值链是价值网的一个子集,它反映了价值增值及传递的过程,并最终体现为顾客创造价值的模式。同时,价值链又是价值活动的连接方式及途径,反映了企业在价值链上的相互关系。在价值网的视角下,任何一种可行的连接都可以构成一条价值链,并且这种连接的方式及途径呈几何级增长,从而极大地拓展了价值创造的可选模式。

(2) 产品或服务本身要求价值链的网络化集成。在传统的价值链模式下,制造商只需要关注制造本身即可,无须与顾客直接接触。然而,在超强竞争和客户需求多样性的竞争格局下,企业仅仅提供单一产品或服务的模式很难在市场中获利,越来越多的产品和服务不得不打破单一性的概念,而是提供套餐甚至是定制化的解决方案,这从客观上要求价值链环节不能再以一种模式连接,使得价值创造模式产生由产品推动向顾客需求拉动的转变,同时企业与顾客保持紧密的接触。

(3) 信息技术对价值链向价值网的整合产生了推动作用。信息技术导致产业的分解与融合,使很多产业实现升级的同时出现分离与融合。如物流从传统的企业内勤和后勤活动中分离出来,手机付费业务实现了金融业和电信业的融合。传

---

① 吴海平. 基于动态竞争优势的价值网理论研究——"入世"后我国企业的价值链调整 [D]. 上海:上海交通大学博士学位论文, 2003.

统的价值链只是产业链的一部分,在产业链上发生纵向联系,但产业链交叉融合形成网络结构时,价值链相应地转变成了价值网络。此外,信息技术推动了知识和资源的共享,尤其当不同的价值链环节的企业共同为同一客户提供产品或服务的时候,很容易实现知识与资源的共享。当两条价值链共享某一环节时结点就出现了,当共享的环节数量达到两个时,网络就形成了,且随着共享环节的增多,价值链的网络化程度也就越高。因此,价值活动的界限模糊性和联系的网络化颠覆了价值链的线性思维。在此基础上,产品或服务的网络化集成特性推动了价值链出现网络化的可能。信息技术的发展所导致产业间的分离与融合以及知识与资源的共享,使得价值链向价值网模式演变。

(二) 价值网形成的动因

1. 价值网形成的外部环境

(1) 经济全球化为价值网的形成营造了市场环境。自20世纪80年代以来,随着各国政府管制的放松,国际贸易迅速增长,产品、服务、资本、信息和技术的全球性流动打破了国家和地区之间的壁垒,世界经济的相互依赖程度进一步加深,经济全球化趋势进一步加强。经济全球化使得原先被隔离的市场空间由于开放而导致竞争者成倍增加,从而使竞争的强度急剧增大,势必带来经营不确定性和复杂性的增加。面临全球化竞争的强大压力,跨国企业纷纷采取战略联盟,将局部最优系统整合重组以寻求整体功能最大化,这种战略合作有力地促进了企业全球网络化。另外,经济全球化还促进了国际劳动分工的深化和细化,分工越深越细,企业间结成网络组织的需求也越紧迫。价值网是在细化分工的基础上产生的一种合作型组织,能够应对经济全球化带来的挑战。同时,企业参与构建价值网,也是应对国内外竞争,巩固市场地位,增强竞争优势的战略举措。

(2) 信息技术及电子商务的发展为价值网的形成奠定了技术基础。随着计算机及互联网的应用,在全球范围内引发了信息技术创新浪潮。信息技术变化的结果带来了价值增值方式的变化,① 如图2-7所示。

---

① 迟晓英. 价值网及节点价值链的研究 [D]. 上海:上海交通大学博士学位论文, 2003.

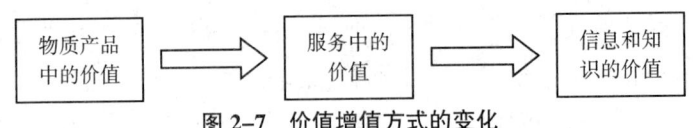

图 2-7 价值增值方式的变化

随着计算机辅助设计（CAD）、信息管理系统（MIS）、物资需求计划（MRP）、集成制造系统（CIMS）、企业资源计划（ERP）、计算机辅助制造（CAM）等系统的运用，大大提高了企业在产品开发、产品制造、企业管理等方面的效率，劳动力在制造环节的需求减少，推动了企业价值的增值。在信息时代，将信息与知识融入商品中是实现价值增值的关键。当服务经济转变为信息经济时，电子商务就表现出显著优势，通过对信息流、物流和资金流的有效集成，将利益相关者融合在一起，[①] 加强了企业之间的合作，扩大了企业的边界。越来越多的企业通过归核化战略将精力和资源集中到核心业务以培育并强化企业的核心竞争力。企业以自身的核心业务参与网络组织的分工，形成企业价值网。因此，电子商务与互联网被认为是企业价值网形成的技术基础。

（3）客户价值导向成为价值网组织模式的战略重点。随着卖方市场向买方市场的快速转变，客户需求表现为多样化、个性化、方案化、主体化和即时化，新型组织模式就是要满足客户这些行为模式的变化来赢得利益。一是更多的选择机会。在信息时代，获取信息的渠道很多，客户的选择机会增加了，并且信息搜寻成本降低了，这意味着变更供应商成本的降低。客户能以较低的成本寻求到多个供应商，货比三家，从中选出最为满意的供应商。二是个性化的服务。现代企业制胜的要点是赢得顾客，能吸引、维系客户的关键在于能否满足客户提出的更高要求，这种要求不仅是体现在价格上，而且是体现在差异化、个性化上的服务。三是简捷方便的"一揽子"服务。信息时代时间和精力的机会成本比以往更大，客户只想与交付"一揽子"服务和快速响应的公司打交道。为了满足这种简捷方便的"一揽子"服务，企业在专注自己核心价值活动的同时，还必须充分地整合整个供应流程，并且提供绝对准确的兑现时间表。此外，价值网采取大规模定制化生产方式，在满足低成本要求的同时提供个性化和差异化的产品和服务。通过对网内各成员企业的能力要素的整合提供综合化的服务和做到积极快速地响应客户需求。

---

① 凌晓东. 企业价值网的形成与模型分析 [J]. 世界科学，2007（8）：37-40.

(4) 组织范式和组织理论的演进为价值网的形成转换了思维观念。20 世纪 90 年代以后，随着知识经济时代的来临和新经济的兴起，催生了企业组织结构和经营模式的变革。企业内部组织结构的变迁经历了三个阶段：即"二战"前的 U 型结构、"二战"后的 M 型结构及现在的网络型结构。随着组织范式的转换，出现了新的组织理论，新组织理论认为，组织是一个不断与外部环境发生作用的自组织系统和自组织过程，行为个体和单个组织只有在环境、背景的关系中才能够得以生存、定义、描述和认识（罗珉等，2005）。在新的组织范式下，不宜再用集合（Set）和链条（Chain）这两种线性思维来描述组织，而是应用枢纽（Hubs）和网络（Webs）概念来描述组织，并兴起了对网络组织的理论研究的热潮。网络组织中各企业之间实质上是一种价值互补关系，网络成员在优势互补的基础上，形成了一条跨企业、跨行业甚至跨地区的价值链，保证各成员企业都能通过增加价值来获得整体的竞争优势。组织范式的演进转变了人们关于组织的传统思维观念，为价值网的形成创造了外部条件。价值网是一种新型的网络组织范式，通过对各个成员企业的能力要素的集合实现整体利益最大化。

(5) 竞争与合作思想为价值网的形成提供了经营理念基础。随着网络经济的发展，使得企业的经营理念发生了巨大的转变，追求开放的互利合作，放弃狭隘的自利竞争，竞争方式从"对抗的竞争"演变为"合作的竞争"，"合作双赢"成为现代企业经营理念的主流。通过合作来实现知识、信息资源的共享，降低技术研发的风险和费用，最终实现"双赢"的目的。"在竞争中求合作，在合作中促竞争"的这种经营理念为价值网的形成提供了理论基础。

2. 价值网形成的内部驱动因素

价值网中节点企业以自己的优势资源参与价值网的分工，集中在各自独特的价值创造活动上来形成价值网，是一种通过获取网络资源或者网络利益而追求最大化利益的理性行为。获取网络资源或网络利益是节点企业加入价值网的最大驱动因素，这些因素包括：

(1) 共享优势资源。随着企业经营环境的日趋复杂性和动荡性，市场对企业提出的要求越来越高，资源需求的多样性和稀缺性之间的矛盾日益明显。没有哪一家企业能够拥有全部优势资源，但是每一个企业都具有相对优势资源。为了应对市场竞争，满足顾客需求，越来越多的企业通过借用企业外部的资源来弥补自身资源的不足，实现内外资源的优势互补，巩固和提高市场地位，获取市场竞争优势，在这种背景下，价值网应运而生。价值网是对传统价值链的核心能力要素的解构与整合形成的网络组织，是产业分工与协作发展和演化的产物。各具资源优势的企业联合起来参与价值网的构建，利用核心专长去完成相应的任务，相互补充，共享优势资源，产生"新木桶效应"，以各个局部最优实现总体最优。

(2) 构建企业竞争优势。近年来，随着知识经济的兴起和经济全球化的发展，企业之间的竞争更加激烈，企业为了保持或是获得持久的竞争优势，纷纷采取"归核化战略"，即放弃非核心业务、集中主要精力构建企业核心能力的战略。企业通过将精力集中于自己专长的生产领域，而将其他非专长业务外包给那些在该领域具有专长的企业，这一过程就形成了价值网，并且在这一过程中，领导企业本身和其他成员企业通过生产各自具有专长的部分，能够在某一领域实现自我积累创新，强化自己的专长，进一步巩固自己的核心能力。

价值网能产生更大的市场需求，使得对分工深化、细化的产品和服务的潜在需求量也相对增加，进而增加各合作厂商的产量需求。产量的提高能够获得规模经济，并且由于各成员企业能够专精于某一环节的生产，带来学习曲线的提高。网络效应是通过集聚经济效应、联合行动效应和制度效应来实现的。

(3) 创造网络协同效应和获取准超额利润。网络协同效应是通过合作产生的"1+1>2"的效应，使网络的整体价值远远大于各成员的价值总和，具体包括财务协同效应、经营协同效应、技术协同效应和管理协同效应。通过对各网络成员、各环节、各要素的功能耦合机制和能力整合，共享资源，加快知识流动和技术创新，获取准超额利润。准超额利润是指比单独经营时获得更多的利润或收益部分。对于节点企业而言，准超额利润等于参加价值网获得的收益与单独经营时的收益之差；对整个价值网而言，准超额利润等于各节点企业合作运营获得的收益之和与各节点企业不合作经营收益之和的差。

(4) 促进知识学习与创新能力。在知识经济时代，知识学习和创新能力是企业的战略性资源，学习和创新能力是以知识资源为基础的，谁拥有的知识资源越多、越关键，谁的竞争优势就越明显。然而对于单个企业而言，知识存量和技术创新潜力总是有限的，仅靠自身资源与日益强大的竞争对手相抗衡显得越来越力不从心，以自身的知识资源为基础参与构建价值网可以使资源在企业之间进行优化和迅速组合，并能够适应市场的变化，做出快速响应。

价值网作为一种高度柔性、敏捷性、动态性和学习性特征的新型组织模式，具有资源的快速组合能力。针对不断变化的市场环境，能够动态重组组织结构，迅速实现知识资源在组织之间的有效集成和动态开发，促进组织学习和技术创新。

（5）降低市场风险。在日益复杂性和动荡性的市场环境下，价值网企业通过充分利用外部资源来减少单一企业的投资风险。价值网是一种高度柔性的敏捷制造体系，具有动态适应性，能够实施动态管理、快速调配资源，满足日趋多样化和个性化的需求，从而有效降低市场风险。

三、价值网竞争优势的理论模型构建

（一）价值网与价值链下竞争优势来源的差别

随着全球经济一体化趋势的日益明显，市场需求个性化特征的日渐凸显和需求速度的不断加快，以及企业所面临的技术条件、管理条件等的日新月异和企业竞争环境的快速变化，使企业间的活动区域和范围得到了极大的拓展，相互关系更为复杂和密切，企业之间的竞争日趋激烈。企业竞争环境的不断变化，使原本一些相对稳定的关联方式和产业结构等发生了很大变化，使企业的经营处于一种动态变化的环境之中，企业面临的不确定性及不稳定因素增加，对企业竞争产生了较大影响。在此等环境中，获取动态竞争优势已成为当今社会的核心焦点，也成为企业竞争中共同的追逐目标和经营中亟待解决的问题。[①] 这种竞争是多层次的对抗状态，其展开的核心是处于动态发展变化之中的动态竞争优势群。任何试图在竞争中立足的企业，都必须以动态的眼光审视企业现状及未来的发展趋势，选择一种最佳的运营模式，帮助企业适应未来竞争带来的挑战。

根据迈克尔·波特的基本价值链模型，传统价值链强调通过资源配置实现低成本、差异化，所倡导的是一种线性思维模式，注重顺序分析，忽视相互作用。

---

① 宋波，徐飞，伍青生. 企业战略管理理论研究的若干前沿问题 [J]. 上海管理科学，2011（3）：43-51.

然而，企业价值链中的联系不是单向的，既有价值链条之间的相互作用，也有价值链条内部企业间的相互作用，如此便形成了一个价值网络。特别是在企业经营的不确定性和复杂性等条件日益明显的大环境中，传统价值链模式忽视了企业价值系统中的多重影响因素，只注重资源的单向配置，思维局限，屏蔽了事物本来的多样性联系，很难获得动态竞争优势。价值网是一种新的战略思维组合，是一种新型的业务模式，它的出现打破了传统价值链价值活动顺序分离及线性思维的机械模式，成为21世纪企业获取竞争优势的最佳模式。由于价值网是用网络的思维看待价值链的分解与集成，因而价值链与价值网竞争优势的形成是有一定差异的，在了解价值网竞争优势的形成机理之前，有必要厘清价值链与价值网竞争优势的来源。

1. 价值链下竞争优势的来源

价值链作为一个整体，其竞争优势来源于价值活动本身、价值链内部和外部联系三个方面。①

（1）价值活动本身。价值活动本身是构筑企业竞争优势的基石。在一个完整的价值链中，链条上下游企业都在从事不同的价值活动，显然这些活动的存在对于企业持续经营及竞争优势的建立都是不可或缺的，但不同的价值对于企业的重要性不同，有必要厘清对于企业竞争优势最有效的价值活动，以帮助企业建立竞争优势。对于单个企业而言，要建立竞争优势，就必须明确企业的关键价值活动，并着力于这一价值活动的优化和改进，建立和保持这一优势。此外，价值活动是现实存在的，是企业价值链中的重要组成部分之一，通过与竞争对手价值活动的对比就可以发现企业自身竞争优势之所在。在价值活动的识别和界定过程中，采用技术的、经济的手段将价值活动分离出来，是识别价值活动对企业竞争优势贡献的前提。通过上述手段，可将企业的价值活动识别并界定出来，并形成一个完整的企业价值链。根据价值链理论，企业价值活动包括基本活动与支持活动两大类，前者是直接产生价值的活动，包括逆向物流、运作（或制造）、出向物流、营销及售后服务五种活动；后者是对基本活动提供支持，并通过基本活动而产生价值的活动，包括采购、技术开发、人力资源管理和基础设施四种活动（见图2-8）。在价值链模型中，无论是基本活动还是支持活动，都可以分解为一

---

① 王蔷. 基于价值链的企业竞争优势研究 [J]. 现代经济探讨, 2005 (3): 61-64.

些相互分离的活动。由于价值链分析的目的不同,以及不同价值活动经济性的差异,导致了不同价值活动在分解的繁简程度等方面有很大的差异。在价值活动的分解过程中,应遵循一些基本的原则。首先,价值活动具有不同的经济性;其次,价值活动在成本占有较大比重且该比重仍在不断上升;最后,不同价值活动对差异化能产生较大的潜在影响。

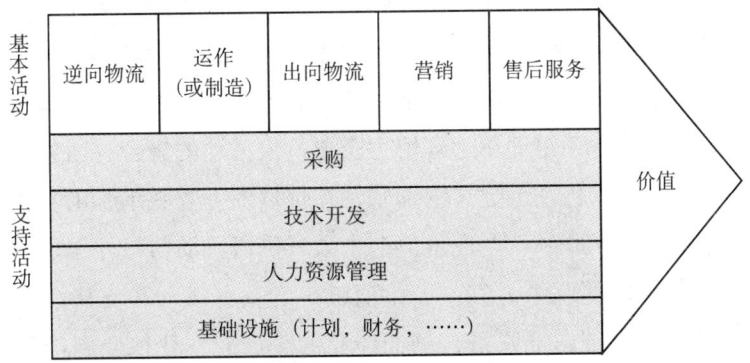

图 2-8　企业价值链模型①

在分析企业价值活动过程中,对价值活动成本及差异化驱动因素的分析也是至关重要的。由于不同价值活动的成本驱动因素和差异化因素有很大差异,从而导致它们在成本及差异方面的差异,因而它们在价值链中对企业竞争优势的影响或贡献也是不同的。企业的成本地位源于其价值活动的成本行为,而成本行为受一些影响成本的结构性因素的制约,这些结构性因素就是成本驱动因素。在企业价值链中,不同价值活动的成本驱动因素是不同的,换言之,不同价值活动往往受到不同成本驱动因素的影响,因而可以借助成本驱动因素来解释不同价值活动之间存在的成本差异。② 迈克尔·波特在其研究中指出,借助对企业价值活动中成本驱动因素的判定,企业可以明晰其相对成本的来源,在此基础上他列出了一些全面的成本驱动因素清单。迈克尔·波特认为,企业价值活动的成本驱动因素主要有 10 种,包括规模经济或不经济、学习曲线、生产能力利用模式、内外部业务流程、共享资源、业务整合与外包、时机选择、资本结构、地理位置以及外部

---

① 邓超. 信息系统工程监理知识体系与操作实务 [M]. 北京:中国经济出版社,2007.
② John K. Shank, Vijay Govindarajan. Ategic Cost Management: The New Tool for Competitive Advantage [M]. The Free Press, 1993:60.

政治法律因素（机构因素及其他自主性政策）。① 企业在价值链中所进行的各项具体的价值活动，是造成企业差异化优势的主要来源，企业价值链中某项价值活动差异性的根本原因就是差异化驱动因素。因此，为了找到创造差异性的形式或者对已有差异性的持久方法进行判断，以帮助企业创造或保持差异化优势，需要企业明晰价值链中的差异性驱动因素。

（2）企业价值链各价值活动的内部联系。企业价值链的竞争优势不但来源于价值活动的本身，价值活动内部联系对于企业竞争优势的形成也具有重要作用。价值链是由上下游一系列相关的价值活动所组成的系统，不是独立价值活动的综合。换言之，不能将价值链简单地理解为企业价值活动的集合，因为虽然价值活动是独立的，但不同价值活动通过内部联系在价值中有效联结起来，企业竞争优势往往来源于这些内在联系。企业价值链中某一价值活动与另外一价值活动的关系，就是价值链的内部联系。其中，价值链中的基本活动和支持活动之间的联系，就是典型的价值链内部联系，例如产品的生产成本往往受到产品设计的影响。一般而言，企业价值链中基本活动之间的联系是比较难以察觉的，如企业后期生产中的质量保证成本，会随着前期投入部件检查力度的加强而降低，而此两者之间的关系很难被察觉或量化。需要注意的是，这种价值链内部的联系既是一种主要的成本驱动因素，也是一种主要的差异化驱动因素，因此企业价值链竞争优势的建立可借由企业价值链内部的协调和优化来实现。例如，企业售后服务所支付的成本，可通过严格的产品质量检查得到有效控制或降低，而企业对客户的服务质量可通过促进客服部门与销售部门两部门间的有效沟通、协调来实现。

（3）企业价值链各价值活动的外部联系。企业价值链各价值活动的外部联系也是企业竞争优势的重要来源。究其原因，企业价值活动的成本或利益等受供应商、零售商等各种活动进行方式的影响，同时企业价值活动也会对零售商、供应商等活动产生影响。企业通过价值链各价值活动的外部联系，为企业竞争优势的形成提供机会。

2. 价值网下竞争优势的来源

与价值链竞争优势来源不同，价值网下竞争优势的来源主要有两个方面：一是企业内生性优势；二是企业外生性优势，如图2-9所示。

---

① 王积俭，庞卓. 成本驱动因素的管理及运用[J]. 经济论坛，1999 (23)：28-29.

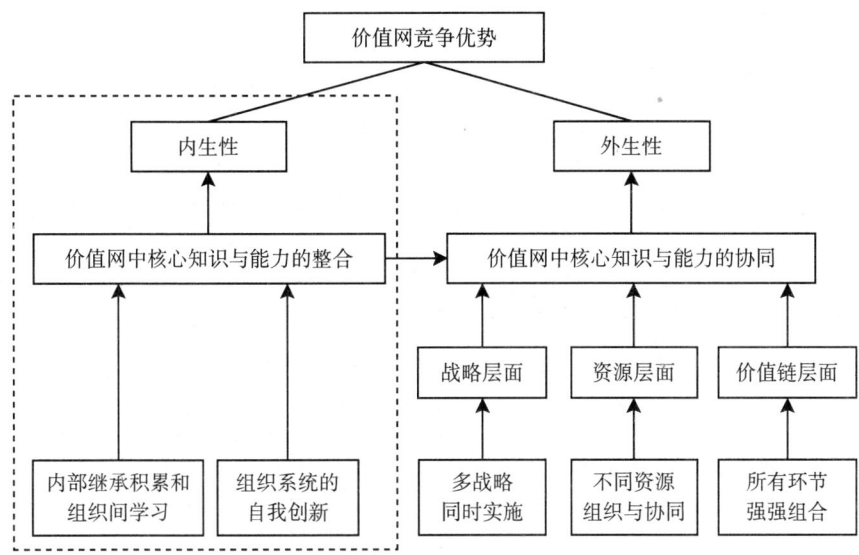

图 2-9 价值网竞争优势的来源

价值网竞争优势来源于核心知识与能力整合产生的内生性优势及核心知识与能力协同产生的外生性优势。其中，价值网创造竞争优势的主要来源是内生性优势，而单个企业亦无法获取网络组织内部企业之间核心知识与能力的协同效应。网络组织的成员企业，借由组织内部的学习可以将外生性资源内生化，而企业的核心知识和能力通过这种知识的学习也可以实现平稳增长。① 其中，组织系统的自我创新是成员企业培养内生性竞争优势的主要方式，外生性竞争优势建立则是通过价值网中核心知识和能力的协同效应来实现的，主要反映在战略层、资源层及价值链层三个层面上，成员企业具有资源异质性的特点，差异化使价值网内部的资源配置更加合理，有助于各环节效率的提高并达到最佳，降低成本并获得竞争优势。

（1）价值网企业内生性优势：核心知识与能力的整合。企业内生成长理论创始人彭罗斯（Edith Penrose，1959）认为，企业是一个知识与能力的集合，不同企业知识的积累都是独一无二的，在企业成长过程中，知识积累的独特性决定了不同企业组织活动具有不同的效率水平。她所提出的企业成长理论从企业内生成长及知识积累的角度考察了企业竞争优势的来源，将企业的本质理解为在知识积

---

① 吴海平. 基于动态竞争优势的价值网络理论研究［M］. 上海：上海交通大学出版社，2003.

价值网竞争优势

累过程中不断扩展其生产领域的机制。从企业成长理论中可以看出,企业的知识和能力既是企业不断发展的结果,也是企业长期发展和获得持续竞争优势的基础,换言之,企业的竞争优势是内生性的。①

价值网中竞争优势的建立,是价值网中核心知识和能力等内生性优势的累计过程。也就是说,企业的核心知识和能力是企业剩余生产和长期竞争优势的根源,是企业通过学习知识不断获得和积累的,不是通过相应的要素市场公开买卖获得的,是非竞争性的且难以被模仿或替代,因此价值网竞争优势的形成过程本身也是不可复制的。②需要注意的是,并不是所有的知识或能力都是企业的核心能力,企业核心能力的界定必须符合一些基本的条件,归纳起来主要有以下五方面:①不是单一的技术或技能,而是组织中知识的积累,是生产能力与多种技术流的有机整合;②是无形资产,而非物理性资产,不会随着使用而效用递减;③能创造顾客所重视的关键价值;④与竞争对手相比,竞争上具有独特性且无法被竞争对手全部模仿;⑤从特定的产品或部门范畴中解脱出来,不是只在单一市场发挥作用,使核心竞争力可延展到多种市场。作为企业的核心竞争能力必须符合上述五项基本条件,进而可以通过创新培育竞争优势,而竞争优势构建的具体表现就是对知识与能力的整合。③正如企业对资本和劳动力的管理一样,无论是价值网企业还是其他类型的组织企业,对知识资产的经营皆是经营中的核心之一,在价值网竞争优势的实现过程中,核心知识与能力都扮演着重要的角色,发挥着至关重要的作用。

根据核心知识与能力积累的上述特点,可以得到如下两个结论:一是网络组织中企业核心知识与能力的培养是一个长期积累的过程,有明显的路径依赖性,它的实现必须借由企业的持续学习和不断创新来实现,而这一过程可以被看作是一个总量累积的路径依赖过程,这个过程的实现可借由价值网内企业的学习与沟通机制、资源共享机制等得到有效加速。需要注意的是,当前企业结网策略及能力的增长受以往网络经验的影响。学者 Ranjay Gulati 指出,企业网络经验越丰

---

① 王京安. 企业规模决定论——基于信息和知识的解释 [M]. 北京:中国经济出版社,2006:67-68.
② Prahalad C. K., Hamel G.. The Core Competence of the Corporation [J]. Harvard Business Review, 1990 (3):81-84.
③ 张亚娜. 价值网络型企业竞争优势来源研究 [J]. 新西部 (下半月),2011 (12):74.

富,加入一个新的网络组织的倾向就越强。① 另外,无论是价值网型企业还是其他网络企业,有一点是不能改变的,即核心知识与能力的积累是一个相对随机的过程。这一问题主要表现在两个方面:一是企业的核心知识和能力处于动态变化之中,是不断更新的,不同知识和能力水平企业间的非对称程度,可能会随着较快的更新或折旧而减弱,这是造成领先企业无法恒久保持优势的主要原因。更为关键的是,企业所拥有的独特能力和核心知识都是其独有的,其获取的关键路径之一是企业的创新活动,而创新活动由于受社会不确定性、技术不确定性及商务不确定性等因素的制约,是高度不确定的。也就是说,创新活动的成功与失败都是合情合理的,成功与失败的概率各占50%。二是价值网中的企业都在不断进行创新活动,即便企业创新活动达到预期目标,但只要创新速度慢于竞争对手,仍会导致创新活动的失败,造成企业在竞争中处于劣势。对于价值网而言,创新活动存在通过组织成员向外扩散的不确定性,这种不确定性既可能发生在事前也可能发生在事中,扩散活动的最直接威胁就是竞争对手创新活动的潜在加速,创新活动的随机性因潜在的加速而显著提高。

(2)价值网企业外生性优势:核心知识与能力的协同。美国哈佛大学的梅森(E.S.Masson)和贝恩(J.S.Bain)认为,企业竞争优势形成的主要原因是市场结构的不完全性。迈克尔·波特的"五力模型"和哈佛大学的SCP分析范式都强调了企业竞争优势外生性,企业的定位战略在资源和能力既定的条件下,能帮助企业获得竞争优势,且这种作用是决定性的。②

与前文提及的企业内生性优势不同的是,本书的分析框架并非整个产业,而是限定在价值网网络组织的内部。系统管理观念认为,系统是环境的一部分,若将一个特定的价值网看成一个完整的系统,组成系统的局部就是企业。系统可实现的功能有望大于单个局部总和,这是系统论的基本观点。也就是说,局部在价值网络中可以通过系统创造更大的竞争优势,这是价值网企业外生性优势理论提出的根源。在核心知识和能力进行的前提下,企业现有竞争力的提高可借由基于协同和互补原则组建的价值网络组织来实现。价值网竞争优势形成存在两条通

---

① Ranjay Gulati. Network Location and Learning: The Incuence of Network Resources and Firm Capabilities on Alliance Formation [J]. Strategic Management Journal, 1999 (20): 397-420.

② Ye Ke-lin. Development and Creation of Enterprises Competitive Strategy Theory: Summarize Three Major Theory Schools Since 1980s [J]. Jianghai Periodical, 1998 (6): 28-32.

道，如图 2-9 所示，其中之一是价值系统中核心知识与能力的整合形成的内生性通道，另外一条通道是企业间核心知识与能力互补协同形成的外生性通道（图2-9 虚线以外的部分），也就是竞争优势的外生性。具体而言，价值网络知识与能力的协同主要反映在战略层面、资源层面及价值链层面三个层面。首先是战略层，20 世纪 80 年代，迈克尔·波特教授出版了《竞争战略》一书，提出了竞争战略理论，指出对于单个企业而言，同时开展两种战略是不现实的也是非常困难的，例如一个企业在保持低成本的同时很难开展差异化战略，但在价值网中同时实施两种战略成为可能。究其原因，价值网成员企业皆拥有不同于其他成员企业的独特能力和核心资源，价值网内部不同战略可以借由成员企业不同核心资源与能力的互补而融合在组织网络内部。其次是资源层面，通过对投入和收益的衡量，选择最佳的资源和能力投入，实现最大的利润，是任何企业经营的终极目标。企业经营中涵盖的资源非常丰富，既包括品牌、关系、协调能力及信任度等无形资源，也包括物质资源、人力资源、信息技术资源等实体资源。对于每一个企业而言，企业只可能在某些功能上具有较强的核心知识或能力，但并不具备获取所有最佳资源的能力。基于核心知识和能力协同互补基础上构建的网络组织，突破了单个企业无法获取所有最佳资源的桎梏，使价值网中的企业有可能获取所有最佳的资源，并使整个网络实现资源配置的合理化，价值网中的资源共享体系大大拓展了成员企业的使用范围，使得以往单个企业无法企及的使用范围成为可能。最后是价值链层面，成员企业通过核心能力与知识的互补，通过自身提高形成网络组织的一体化优势，这也是企业外部性竞争的显性表达。价值网络中整体价值链的效率因企业在价值链的互补协调而得到了极大的提高。

（二）价值网下的竞争优势的构成要素

1. 价值网下的企业竞争优势的构成要素

竞争优势的概念最早是由著名经济学家爱德华·H.张伯伦（Edward H.Chamberlin）在 1933 年出版的《垄断竞争论》一书中提出的，[1] 引发了战略管理理论研究的热潮。然而，迄今为止，无论是国外的研究还是国内的研究对竞争优势尚无

---

[1] Edward H. Chamberlin.The Theory of Monopolisti Ccompetition [M]. Cambridge: Harvard University Press, 1933.

一个统一和明确的定义。当前，竞争优势已成为战略管理中的一个重要组成部分，故本书采用战略管理理论的观点来对竞争优势进行解释，可以将竞争优势简单地理解为组织在其有效的"可竞争性市场"中拥有的超过或胜过其竞争对手的从事生产经营活动和解决各种难题的能力。[①] 可见，竞争优势是在一个可竞争性的市场上营造的，并且是针对竞争对手而言的，它其实是企业所具有的某些特有能力，这种能力是一种动态活力与静态效率的有机结合。组织的竞争优势体现在组织能否获得或获得多少超额利润上。竞争优势是组织获取市场竞争力的源泉，因为拥有竞争优势的组织，能对组织的各种活动进行有效的组织和整合，能够以产品的差异性或低成本、低价格获得超额利润，进而创造出更多价值。迈克尔·波特认为，组织为顾客创造的超过其成本的价值，或者所提供的独特的效益高于补偿溢价，是竞争优势的主要来源。[②] 换言之，竞争优势表现在组织所拥有的在产品市场上为顾客所提供的比竞争对手更多的使用价值。组织竞争战略的选择最终决定了竞争优势的获取。波特提出了构成竞争优势的两种基本形式，即低成本优势和差异化优势，这两种通用竞争优势主要来源于三种竞争战略，即成本领先战略、差异化战略和专一化战略。暂时的竞争优势无法帮助组织实现持续发展，组织的发展依赖于持久的竞争优势。竞争优势的持续力受诸多因素的共同制约，归纳起来主要有以下三项重要条件，一是特殊资源的优势，即资源的重要性程度对竞争优势的持续力有很大影响；二是只依靠单一的竞争优势很难维持竞争力，竞争优势的种类和数量越多越好，价值链发展的多样化会拉开竞争优势的差距；三是从长期的角度而言，持续的竞争优势是一种持续的改善和自我提升。[③] 本书所探讨的价值网的竞争优势属于一种持久的竞争优势，来源于组织的内部，是组织通过变革而产生的。

（1）价值网竞争优势构成要素的整理。价值网竞争优势主要来源于组织网络的属性以及价值网内成员企业的行为方式，其竞争优势的构成要素有很多方面。但由于理论研究的不足，当前对于价值网竞争优势构成要素的研究还比较薄弱，本书通过中国知网（CNKI）对有关价值网、价值链等竞争优势构成要素方面的文献进行了收集、整理与阅读，对上述文献进行分类与分层，试图通过对文献的

[①] 杨国亮. 企业竞争优势论 [M]. 北京：中国经济出版社，2007：42.
[②] [美] 迈克尔·波特. 竞争优势 [M]. 陈小悦译. 北京：华夏出版社，2005：3.
[③] [美] 迈克尔·波特. 国家竞争优势 [M]. 李明轩等译. 北京：华夏出版社，2002：36-38.

梳理整理出价值网下竞争优势的构成要素。其文献来源主要是 CNKI 数据库的中国学术文献网络出版总库，检索的数据库范围是中国学术文献网络出版总库，检索时间设置为 1994 年至 2013 年 5 月 30 日，在检索项一栏选择"关键词"，利用"关键词＝竞争优势"并含"价值"检索该时间段内的全部文献，共检索出精确匹配的文献 1359 篇。文章检索出之后，笔者采用手工剔除的方式对这些文献进行了归纳分类，通过深入阅读以及提炼所选文献内容，初步筛选出与研究主题相关的有效文献 312 篇，采用 SPSS 18.0 统计软件对数据进行整理、统计，提炼出有价值的内容并对其进行定量分析。结果显示，当前国内学界关于价值网或价值链下竞争优势的构成要素主要有 31 种，如表 2-4 所示。

表 2-4　国内研究中价值网竞争优势构成要素种类

序号	构成要素	次数	序号	构成要素	次数
1	技术创新	42	17	组织结构	4
2	资源的有效配置	27	18	组织/界面管理能力	5
3	价值网分工	25	19	企业文化	3
4	价值网合作	24	20	知识产权	5
5	知识流动	20	21	产业扩张能力	7
6	资源共享	18	22	信息	4
7	资源的可获取度	16	23	吸收能力	4
8	价值网竞争	14	24	商誉	1
9	柔性化生产	13	25	可持续发展能力	3
10	顾客忠诚	12	26	防范风险能力	2
11	人才开发能力	12	27	高效运营能力	3
12	资金运作能力	12	28	战略管理能力	3
13	利益相关者战略	12	29	设备	1
14	转化能力	6	30	市场	1
15	决策能力	6	31	洞察预见力	1
16	管理系统	6			

在本书梳理的 312 篇文献中，研究次数在 10 次以上的共有 13 个方面，其中涉及竞争优势构成因素的研究共有 63 篇，其余研究虽然对竞争优势的构成要素进行过探讨，但多属于概要性的总结，研究的系统性不足，深度不够，缺乏对价值网竞争优势构成因素的系统分析，对于不同构成因素之间的相关关系、不同因素竞争优势的形成机理也缺乏针对性探讨。中国学术文献网络出版总库是中国知网于 2007 年推出的文献检索综合平台，收录了自 1979 年以来国内大部分硕士博

士学位论文、期刊、会议论文等,是国内最全、知识量最大的文献检索系统,这使得本研究收集到的文献具有较强的代表性。通过分析笔者认为,上述 31 种构成因素基本能反映价值网核心能力的基本构成情况,不同构成要素性质上有较大差异,系统性不足,说明不同学者对价值网竞争优势构成要素的研究角度是多维的,换言之,当前价值网核心竞争优势构成要素的研究正处于从不同视角研究的初级阶段,为实现研究的系统化,基于研究成果对相关构成因素进行分层是必要的。

(2)价值网竞争优势构成要素的分类。上文已经指出,价值网成员企业的核心资源与能力被认为是价值网的基本构成因素。通过对上述 31 种竞争优势构成要素的比较可以看出,虽然它们在性质上有很大区别,但按照性质可划分为资源类与能力类两类,如表 2-5 所示。

表 2-5 国内研究中价值网竞争优势构成要素分类

分类		构成要素	分类	构成要素
资源类构成要素	软资源类	组织结构	能力类构成要素	产业扩张能力
		信息		高效运营能力
		知识流动		价值网合作
		知识产权		价值网分工
		企业文化	经营管理能力类	资金运作能力
		商誉		防范风险能力
		管理系统		决策能力
		资源的有效配置		组织/界面管理能力
		资源的可获取度		战略管理能力
		顾客忠诚		洞察预见力
	硬资源类	柔性化生产		资源共享
		设备	创新能力类	可持续发展能力
		市场		转化能力
		人才		技术创新
				吸收能力
			其他能力类	利益相关者战略
				价值网竞争

在以往的研究中,资源与能力都被认为是企业价值网的重要组成部分,在价值网竞争优势的构建中发挥着重要作用。其中,资源是价值网竞争优势构建的基础与先决条件,可以划分为"硬资源"与"软资源"两类。能力存在于成员企业生产运作的各个阶段,包括技术创新能力、经营管理能力及其他能力,涵盖整个企业价值网,如研发、采购、分销等。这里所指的资源与能力构成要素是指成员

企业竞争优势建立中可能的要素，而要真正成为竞争优势建立的构成要素，还必须具备不可复制、独有性及专用性等特点。

（3）价值网竞争优势构成要素的分层。通过对文献的梳理，本研究将价值网竞争优势构成的要素分成资源类与能力类两大类，实践中学者们的研究多是选择其中的一类进行研究的，换言之，当前国内学者的研究观点可以划分为"资源观"与"能力观"两种基本观点，这两种观点并不矛盾，它们相互影响，互相制约，紧密联系，缺一不可。研究指出，能力的有效载体是价值网资源的组合能力，将这种能力称为"能力体"，这一概念能将两种观点很好地统一起来。那么，可以进一步厘清两种不同观点的区别之所在，即资源观与能力观分析问题的基本单位分别是资源和能力体。上述分析表明，在价值网竞争优势的两类构成要素中，可以将能力类构成要素视为比资源类要素更高一层的构成要素，两者之间的基本层次关系可以用图2-10来说明。

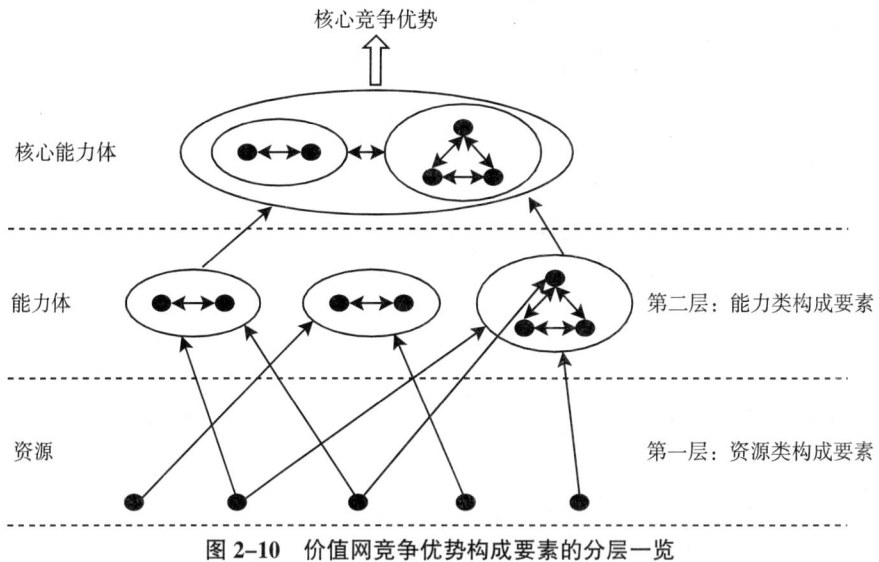

图2-10　价值网竞争优势构成要素的分层一览

（4）竞争优势构成要素的被认同程度。根据表2-5中对近年来有关价值网、价值链竞争优势相关研究成果的统计，制作直方图和帕累托图，如图2-11和图2-12所示。

研究文献的数量多少直接反映了构成要素被认同程度，如图2-11所示，价值网竞争优势构成要素的认同程度有很大区别，其中技术创新的被认同程

第二章 价值网文献回顾、展望与理论模型构建研究

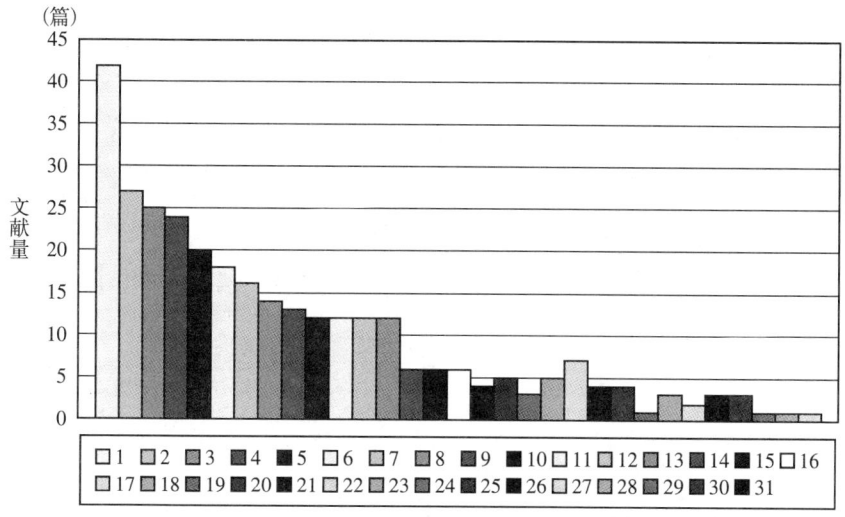

图 2-11 价值网竞争优势构成要素研究数量的直方图①

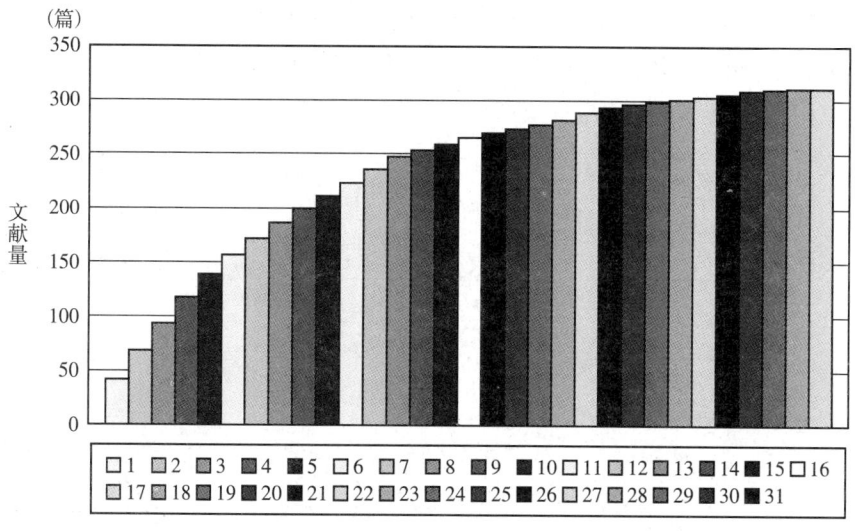

图 2-12 价值网竞争优势构成要素研究数量的帕累托图

度最高，而设备、市场与洞察预见力等被认同程度最低。若以平均认同程度（312/31≈10 次）来看，高于平均认同程度的构成要素有 13 种，即技术创新、资源的有效配置、价值网分工、价值网合作、知识流动、资源共享、资源的可获取度、价值网竞争、柔性化生产、顾客忠诚、人才开发能力、资金运作能力、利益相关者战略，表明这 13 种因素具有较高的被认同程度。依据上文对竞争优势构

---

① 本图中竞争优势构成要素序号与表 2-4 相同。

· 49 ·

成要素的二分法对其进行分类,如表2-6所示,可以看出被认同程度较高的13种因素比较均匀地分布在资源类与能力类中,表明这两类因素都已经得到国内学者的重视与接受,将能力与资源结合起来是未来价值网竞争优势构成要素研究的重要方向,而本书中"能力体"这一概念的提出为研究的开展提供了有效的途径。此外,国外的研究表明知识产权在价值网竞争优势的构建中也发挥着重要作用,但由于不同国情差异,我国目前对于知识产权的保护还存在很大不足,这一点值得注意。

表2-6 高于平均认同程度的价值网竞争优势构成要素

	资源类构成要素		能力类构成要素		
	软资源类	硬资源类	经营能力类	技术创新类	其他能力类
构成要素	5、2、7、10	11、9	12、3、4、6	1	8、13
数量	4	2	4	1	2

2. 基于层次分析法的价值网竞争优势构成要素的分析

结合国内外研究成果,总结了部分价值网竞争优势的构成要素,选择10名学者及10名企业负责人为调查对象,对部分构成因素的重要性进行评价,评价等级为最重要、重要、次重要等。共发放调查问卷20份,回收20份,回收率100%,有效回收率100%。通过对调查结果的统计,以层次分析法确定价值网竞争优势中不同构成因素的权重系数大小(问卷见附录一)。根据对层次分析法基本理论,对价值网竞争优势构成因素权重系数的确定共包括五方面,即建立层次结构模型、构造判断矩阵、层次单排序及一致性检验、层次总排序得到权重值及层次总排序的一致性检验。

(1)建立层次结构模型。在该决策问题中,所涉及的决策目标是价值网竞争优势中各构成因素的综合评价。结合专家访谈提出的意见,本书将从如下几个准则方面进行考虑,所构造的递阶层次结构如图2-13所示。

第一层(目标):

A:价值网竞争优势构成要素的综合评价

第二层(准则):

B:包括资源类和能力类构成要素共两大类五个子元素,即软资源类、硬资源类、经营管理能力类、创新能力类及其他能力类,分别表示为B_1、B_2、B_3、B_4、B_5。

第三层(方案):

C:包括资源的有效配置、知识流动、资源的可获取度、顾客忠诚、柔性化

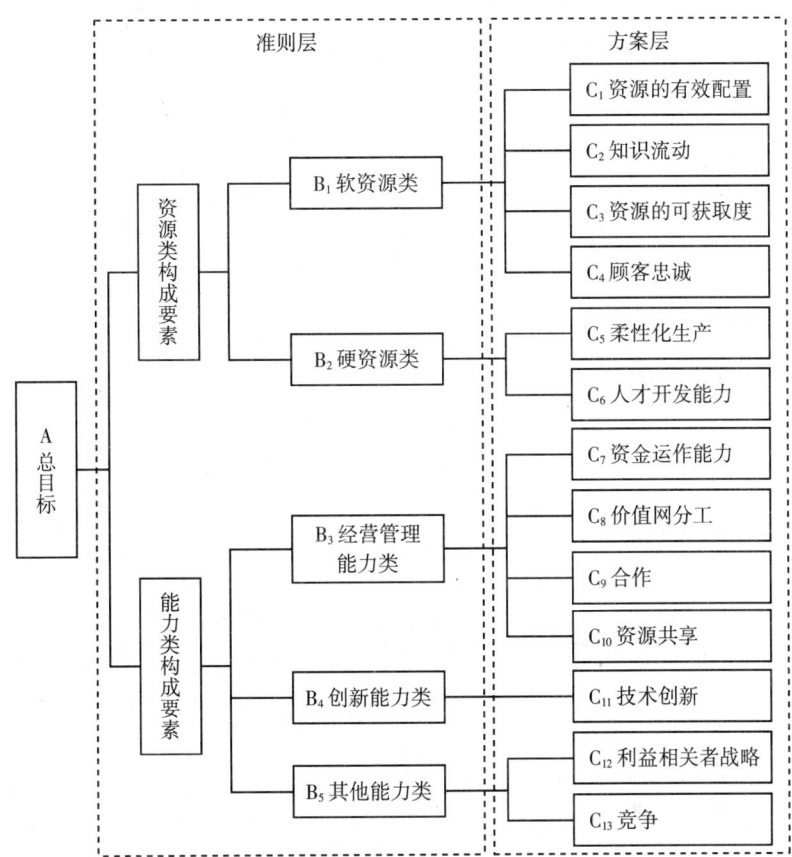

图 2-13 价值网竞争优势构成要素的层次分析模型

生产、人才开发能力、资金运作能力、价值网分工、合作、资源共享、技术创新、利益相关者战略、竞争 13 个因素,分别表示为 C_1、C_2、C_3、…、C_{13}。

(2)构造判断矩阵。首先按专家问卷的选择构造 B-C 的判断矩阵,可以分别得到 20 位专家的 B-C 矩阵。限于文章篇幅,本书不一一列举。

第 1 位专家构造的判断矩阵如表 2-7 所示。

表 2-7 第一位专家的 B-C 判断矩阵

B	C_1	C_2	C_3	C_4	C_5	C_6	C_7	C_8	C_9	C_{10}	C_{11}	C_{12}	C_{13}
C_1	1	1	1/5	1	1	1	1	1/2	1	1	1	1/3	1
C_2	1	1	1/5	1	1	1	1	1/2	1	1	1	1/3	1
C_3	5	5	1	5	5	5	5	4	5	5	5	3	1/3
C_4	1	1	1/5	1	1	1	1	1/2	1	1	1	1/3	1/3
C_5	1	1	1/5	1	1	1	1	1/2	1	1	1	1/3	1/3

续表

B	C_1	C_2	C_3	C_4	C_5	C_6	C_7	C_8	C_9	C_{10}	C_{11}	C_{12}	C_{13}
C_6	1	1	1/5	1	1	1	1	1/2	1	1	1	1/3	1
C_7	1	1	1/5	1	1	1	1	1/2	1	1	1	1/3	1/2
C_8	2	2	1/4	2	2	2	2	1	2	2	2	1/2	1/3
C_9	1	1	1/5	1	1	1	1	1/2	1	1	1	1/3	1
C_{10}	1	1	1/5	1	1	1	1	1/2	1	1	1	1/3	1
C_{11}	1	1	1/5	1	1	1	1	1/2	1	1	1	1/3	1/2
C_{12}	5	5	1/3	5	5	5	5	3	5	5	5	1	1/3
C_{13}	1/3	1/3	1	1	1	1/3	1/2	1	1/2	1/3	1/3	1/3	1/2

第 2 位专家构造的 B-C 判断矩阵：……

……

第 20 位专家构造的 B-C 判断矩阵如表 2-8 所示。

表 2-8 第 20 位专家的 B-C 判断矩阵

B	C_1	C_2	C_3	C_4	C_5	C_6	C_7	C_8	C_9	C_{10}	C_{11}	C_{12}	C_{13}
C_1	1	1	1/5	1	1	1	1	1/2	1	1	1	1/3	1
C_2	1	1	1/5	1	1	1	1	1/2	1	1	1	1/3	1
C_3	5	5	1	5	5	5	5	4	5	5	5	3	1/3
C_4	1	1	1/5	1	1	1	1	1/2	1	1	1	1/3	1/3
C_5	1	1	1/5	1	1	1	1	1/2	1	1	1	1/3	1/3
C_6	1	1	1/5	1	1	1	1	1/2	1	1	1	1/3	1
C_7	1	1	1/5	1	1	1	1	1/2	1	1	1	1/3	1/2
C_8	2	2	1/4	2	2	2	2	1	2	2	2	1/2	1/3
C_9	1	1	1/5	1	1	1	1	1/2	1	1	1	1/3	1
C_{10}	1	1	1/5	1	1	1	1	1/2	1	1	1	1/3	1
C_{11}	1	1	1/5	1	1	1	1	1/2	1	1	1	1/3	1/2
C_{12}	5	5	1/3	5	5	5	5	3	5	5	5	1	1/3
C_{13}	1/3	1/3	1	1	1	1/3	1/2	1	1/2	1/3	1/3	1/3	1/2

（3）层次单排序及一致性检验。由于不同专家的层次单排序结论一致，仅以其中部分专家为例进行分析。

对于第一位专家而言：

$W_1 = 0.2651$

$W_2 = 0.0611$

……

$W_{13} = 0.2651$

$\lambda_{max} = 4.01036$

$CI = 0.00302$

$CR = 0.0032$

对于第二位专家而言：

$W_1 = 0.3517$

$W_2 = 0.3510$

……

$\lambda_{max} = 4.01126$

$CI = 0.00311$

$CR = 0.0032$

……

对于第 20 位专家而言：

$W_1 = 0.2053$

$W_2 = 0.3652$

……

$\lambda_{max} = 4.0275$

$CI = 0.00311$

$CR = 0.0032$

（4）层次总排序得到权重值。

层次总排序就是基于层次单排序的结果计算方案层中的各方案相对目标层的相对权重，依此确定方案的优劣排序。这一过程是从最高层次到最低层次逐层进行的。根据上文计算得到的层次单排序结果如表 2-9 和表 2-10 所示。

表 2-9 层次单排序结果

判断矩阵	权重 W_1	权重 W_2	权重 W_3	权重 W_4	权重 W_5	权重 W_6	权重 W_7	权重 W_8	权重 W_9	权重 W_{10}	权重 W_{11}	权重 W_{12}	权重 W_{13}	λ_{max}	CI	CR
B_1-C	0.4139	0.2756	0.3494	0.3641	0.2153	0.3510	0.3517	0.2061	0.3652	0.1893	0.3588	0.1887	0.3573	4.01126	0.00311	0.0032
B_2-C	0.2134	0.2586	0.3890	0.2650	0.3592	0.4551	0.1411	0.4003	0.3580	0.3257	0.4113	0.2627	0.2637	4.11036	0.00345	0.0038
B_3-C	0.3578	0.2548	0.3450	0.2640	0.2172	0.1107	0.1158	0.3752	0.1684	0.2546	0.2364	0.2914	0.2485	4.11073	0.03691	0.0410
B_4-C	0.3540	0.3486	0.2326	0.3690	0.2650	0.1626	0.1525	0.2650	0.2652	0.3265	0.3265	0.3268	0.2600	4.00542	0.00385	0.0036
B_5-C	0.2659	0.3264	0.2654	0.2946	0.2654	0.5642	0.2687	0.1295	0.3264	0.2654	0.2959	0.2947	0.3564	4.11752	0.01524	0.0037

表 2-10 层次单排序结果

	C_1	C_2	C_3	C_4	C_5	C_6	C_7	C_8	C_9	C_{10}	C_{11}	C_{12}	C_{13}
B_1	0.3573	0.3494	0.1887	0.1625	0.2756	0.2153	0.4139	0.3517	0.3588	0.2061	0.3652	0.3510	0.1893
B_2	0.2637	0.3890	0.2627	0.3265	0.2586	0.3592	0.2134	0.1471	0.4113	0.4003	0.3580	0.4551	0.3257
B_3	0.2485	0.3450	0.2914	0.2642	0.2548	0.2172	0.3578	0.1158	0.2364	0.3752	0.1684	0.1107	0.2546
B_4	0.2600	0.2326	0.3268	0.1625	0.3486	0.2650	0.3540	0.1525	0.3265	0.2650	0.2652	0.1626	0.3265
B_5	0.3564	0.2654	0.2947	0.3265	0.3264	0.2654	0.2659	0.2687	0.2959	0.1295	0.3264	0.5642	0.2654
总和重要程度	0.22481	0.31372	0.18992	0.21772	0.21124	0.17636	0.14147	0.21705	0.20155	0.22287	0.22785	0.21899	0.20759

(5) 层次总排序的一致性检验。

CI = 0.01257，CR = 0.0126 < 0.01。

计算结果表明，层次总排序具有满意一致性。

根据上述计算结果可知：总权重 = (0.225, 0.314, 0.190, 0.218, 0.211, 0.176, 0.141, 0.217, 0.202, 0.223, 0.228, 0.219, 0.208)^T。

由此可知，方案中 13 个构成因素的权重排序为（从大到小）：$C_2 > C_{11} > C_1 > C_{10} > C_{12} > C_4 > C_8 > C_5 > C_{13} > C_9 > C_3 > C_6 > C_7$。根据专家意见，我们取权重大于 0.20 的因素为影响价值网竞争优势的最重要的构成要素，确定的要素共有 10 个，分别为价值网分工、柔性化生产、竞争、合作、资源的有效配置、资源共享、知识流动、技术创新、利益相关者战略、顾客忠诚。

为了简化研究，我们采用聚类分析法对上述不同要素进行归类。聚类分析的方法很多，通过比较，本书采用离差平方和法对上述 10 种要素进行分类。

设将 n 个样本分成 k 类 $G_1, G_2, \cdots, G_k$，用 $X_i^{(i)}$（是 m 维向量）表示 G_i 中的第 i 个样本，n_i 表示 G_i 中的样本的个数，$\hat{X}_i$ 是 G_i 的重心，则在 G_i 中的样本的离差平方和是：

$$S_i = \sum_{i=1}^{n_i} (X_i^{(i)} - \hat{X}_i)^T (X_i^{(i)} - \hat{X}_i) \tag{2-1}$$

整个类内的平方和是：

$$S = \sum_{i=1}^{k} \sum_{i=1}^{n_i} (X_i^{(i)} - \hat{X}_i)^T (X_i^{(i)} - \hat{X}_i) = \sum_{t=1}^{k} S_i \tag{2-2}$$

当 k 固定时，要选择使 S 达到极小的分类，但这通常是十分困难的。Ward 法就是找局部最优解的一个方法，其基本思想是将 n 个样本各自成一类，然后每次缩小一类，每缩小一类离差平方和就要增大，选择使 S 增加最小的两类合并，直至所有的样本归为一类为止。

当把两类合并所增加的离差平方和看成平方距离，就有：

距离公式：

$$D_{pq}^2 = \frac{n_p n_q}{n_r}(\overline{X}_p - \overline{X}_q)^T(\overline{X}_p - \overline{X}_q) \tag{2-3}$$

递推公式：

$$D_{kr}^2 = \frac{n_p + n_k}{n_r + n_k}D_{kp}^2 + \frac{n_q + n_k}{n_r + n_k}D_{kq}^2 - \frac{n_k}{n_r + n_k}D_{pq}^2 \tag{2-4}$$

初始条件为：$n_p = n_q = 1$，$n_r = 2$，则有：

$$D_{pq}^2 = \frac{1}{2}(X_p - X_q)^T(X_p - X_q) = \frac{1}{2}d_{pq}^2 \tag{2-5}$$

依据上述思路和方法，对价值网 10 个不同竞争优势来源进行聚类分析，可以发现分工与柔性生产结构很相似，它们都属于生产过程中的要素；竞争与合作结构很相似，它们都属于市场关系要素；资源有效配置及共享结构很相似，它们都属于生产资源组织与管理方面的要素；知识流动与技术创新结构很相似，它们都属于广义上的知识流动要素；利益相关者战略与顾客忠诚结构很相似，它们都属于产品消费市场中的要素。因此本研究将 10 种竞争优势来源划分为五大类，即分工与柔性生产、竞争与合作、资源有效配置及资源共享、知识流动与技术创新、利益相关者战略与顾客忠诚，从第三章到第七章将分别对这五大来源进行详细分析，在此不再赘述。

（三）价值网的竞争优势形成的理论模型

价值网竞争优势的来源主要包括核心知识与能力的整合与协同。本书认为，价值网竞争优势的培养也必须紧密围绕上述两个方面开展。通过对国内外研究文献的梳理，本书将价值网竞争优势的形成机理整理如图 2-14 所示。

从图 2-14 可清晰地看出价值网竞争优势的形成机理情况。[①] 其中，N 与 K 分别代表价值网中的企业，也就是整个价值网中的利益相关者因素，其中 N、N_1、N_2、N_3 和 N_4 代表价值网成员企业或组织，既可能是竞争对手或供应者、提供者，

---

① 刘俊. 价值网络型企业获取竞争优势的路径及机理研究 [D]. 西安：西北大学硕士学位论文，2009.

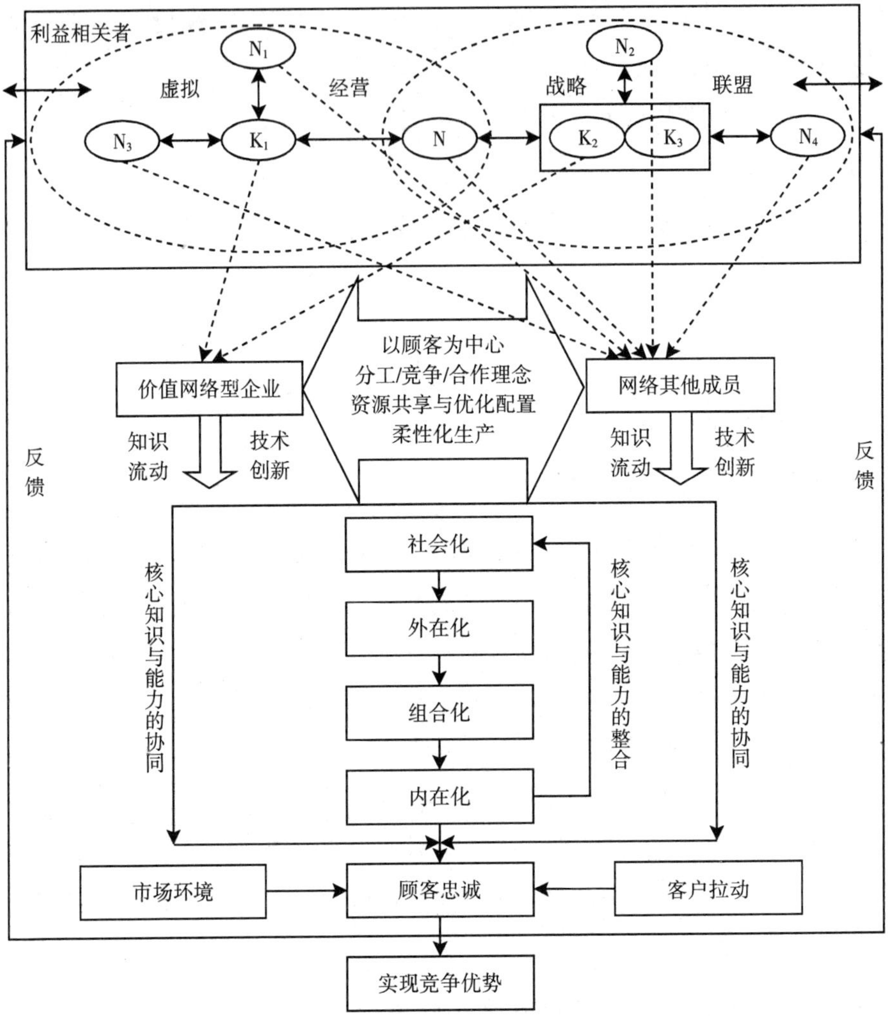

图 2-14 价值网竞争优势的形成机制

也可能是科研机构或政府组织等，而 K_1、K_2 和 K_3 代表价值网络型企业，亦即价值网中的核心企业；"⟷"代表价值网中虚拟环境与现实环境中的物流与信息流。从图 2-14 中可以看出，价值网中竞争优势的建立主要依赖两条路径，即虚拟经营（N_1、N_3、K_1 和 N 所组成的模式）和战略联盟（N_2、K_2、K_3 和 N_4 所组成的模式），这两种模式可以全方位反映价值网的竞争优势。在价值网竞争优势形成的两条路径中，价值网络型企业同时也是组织网络中的成员，可能是竞争对手、供应者或政府组织等其中的某一类。可见，价值网是适应动态竞争环境的一种业务模式，价值网的两种主要模式都是开放式的，随时与外界发生着物流与信息流的交换。但是，两种模式中核心企业的数量是不同的，一般情况下，战略联盟模式中拥有的实力相当的核心企业数量要多于虚拟经营模式，多为两个或两个以上。在图2-14中，战略联盟中的核心企业有两个（K_2、K_3），虚拟经营中的核心企业只有K_1。

价值网的竞争优势可借由虚拟经营和战略联盟两种模式建立起来，在这两种模式中，价值网核心企业与其他成员企业在"以顾客为中心"的共同目标下，通过良好的分工、合作与有序竞争，实现资源的共享和优化配置，并基于柔性化生产共同创造顾客价值。与此同时，价值网内部良好的共享机制实现了知识的流动和技术创新，成员企业和核心企业之间借由信任关系的建立、信息流的交换等实现核心知识与能力的整合与协同，而这种核心知识与能力的整合与协同即为价值网竞争优势获得的内在本质，客户拉动则为直接动力，通过客户的拉动、知识和能力的协同和整合的共同作用下创造出竞争优势。此外，这种竞争优势又会对价值网络的结构模型给予反馈，帮助调整虚拟经营和战略联盟的管理方式或者组织结构，如此反复，在完善价值网络的同时帮助获取更大的竞争优势。

第三章 价值网竞争优势来源之一：价值网分工与柔性生产

一、分工理论与价值网分工

(一) 分工理论的演变

人类对于分工的认识已经有上千年的历史了，有许多思想家、学者都对分工进行了大量的研究。

分工理论产生的根源要追溯到古希腊，其代表人物是色诺芬和柏拉图。作为著名哲学家苏格拉底的学生、希腊雇佣军的首领，色诺芬在《普鲁士的教育》一书中对分工进行了大量阐述，他以进献给波斯国王的美食为例讲述了劳动分工对于产品质量的提高所做的贡献，阐述了城市规模与劳动分工之间的关系。后来有批评者认为色诺芬的缺陷是没有发现分工对于降低劳动成本的贡献。但色诺芬的论点恰恰是后来经济学所缺失的东西，因为在后来的经济学体系中，产品之间的差异性被抽象掉了，所以在论述分工的好处时，当然（也只能）是关注降低成本的问题。色诺芬则唤起了我们对分工的重新认识，即还需要从需求的角度去看待为什么人们需要进行分工。此外，对于家庭内部的性别分工，色诺芬也进行了开创性的论述，这些描述常常被后来的古典经济学家（也包括马克思主义者）加以利用，特别是对于 20 世纪新古典经济学中关于人力资本理论的形成帮助很大。同样是苏格拉底的学生，柏拉图对分工的阐述主要体现在《理想国》（又译《共和国》）中。在该书中，柏拉图以人类的自然差别作为分工的基础，有人天生适合

第三章 价值网竞争优势来源之一：价值网分工与柔性生产

当统治者，有人则天生适合当手工业者，甚至是奴隶。国家就是在这种分工的实践中自然出现的。由于当时的国家（城邦）与城市几乎是同义词，所以柏拉图对国家诞生的解释也可以认为是对城市诞生的解释。而且，同样地，也是认为城市的规模是由分工的深度决定的。20世纪90年代出现的在"城市经济学"中扮演重要角色的"聚集经济"的概念，就可以追溯到柏拉图。此外，柏拉图的另一个他所意想不到的重要贡献在于，对两千年后亚当·斯密的分工思想所产生的重要影响。不难发现，柏拉图所关注的是社会分工。

现代分工理论的提出及其倡导者是被称为"经济学之父"的英国古典经济学家亚当·斯密，与他之前的所有思想家相比，亚当·斯密对分工的阐述是最完整、最系统、最权威的。斯密在1746年毕业于牛津大学，当时正是英国产业革命前期。首先，他通过观察工场手工业内部的劳动过程，总结出劳动分工是提高劳动生产率最主要的手段。1776年，亚当·斯密出版了其代表作《国家财富的性质和原因的研究》（《国富论》），在书中第一章"论分工"的第一句话就写道，"劳动生产力上最大的增进，以及运用劳动是所表现的更大的熟练、技巧和判断力，似乎都是分工的结果"。[①] 按照他的意见，分工之所以能够提高劳动生产率有三个原因：①分工加深了专业化的生产，提高了工人的熟练程度；②通常从一种工作到另一种工作需要转换时间，而实行分工后就能减少这种时间的耗费；③分工使得专门从事某项操作的工人较容易改进工具，发明新机器，从而使一个人能完成许多人的工作。当然，其中的第三条后来被证明过于片面了。其次，斯密从手工工场的生产过程中跳出，看到了整个社会的分工，即不同企业之间的分工，以及不同产业之间的分工。而且在斯密看来，这种社会分工同样会促进劳动生产力的提高。再次，与色诺芬、柏拉图等一样，斯密提出，分工的深度与广度受到市场大小的制约。并且，也认为城市中的人口规模是由分工的深度与广度所决定的。但与上述这些人不同的是，斯密开创性地认识到，市场的规模反过来也是由分工的水平所决定的。最后，虽然总结出分工的三个优势，但对于分工的起因，斯密却认为并非起源于人类的指挥或远见，而是所有人共有的一种倾向缓慢的和渐进的结果，"这种倾向就是以物易物"。柏拉图认为分工的原因是人天生的差异决定的，而斯密则认为恰恰相反，他认为人的差异是分工的结果。关于斯密的观点，

---

① ［英］亚当·斯密.国民财富的性质和原因的研究（上卷）[M].郭大力，王亚南译.北京：商务印书馆，1972：5.

本书认为：有一个错误，两个贡献。其错误（如许多后来的思想家所指出的那样）就是将企业内部的分工与社会分工混淆在一起。至于两个贡献，一个就是关于分工与市场规模之间互为因果的关系，200多年后该论断被杨小凯等证明了；另一个就是关于分工的起源问题，斯密的观点显然是一种演化的观点，该论点的正确性将在本书中得以体现。亚当·斯密分工理论的问世为第一次工业革命中工厂制的兴起提供了理论依据，大大促进了英国及其他西方国家企业的成长与发展，分工理论也成为日后管理学理论的奠基石。

亚当·斯密揭示了企业组织的分工本质，马克思则进一步指出了企业组织的本质是协作，即一种高级的分工。马克思对于劳动分工的贡献在于：在批判斯密的基础上首次区分了"社会内部分工"与"工场手工业分工"。亚当·斯密认为，社会分工和工场手工业分工的区别只是主观的，即仅仅是由于工场内的分工人们可以"一眼就可看到"，而"各个劳动部门使用的工人如此之大，以至于不可能把他们集中在一个工场内……分工就没有这样显眼，因而就不能被清楚地看到"。① 马克思则认为，这两种分工有着本质的区别：社会内部分工以商品交换为基础，即通过市场来协调，工场手工业分工则是以资本家对劳动的绝对权威为基础的命令方式来协调。② 马克思曾说过，"单是社会接触就会引起竞争心和精力振奋，从而提高每个人的个人工作效率"。③ 他甚至想过用这条理由来解释利润的产生，他说"资本家支付的是100个人中每个人的独立的劳动力价值，而不是100个结合劳动力价值。""只要把工人置于一定的条件下，劳动的社会生产力就无须支付报酬而发挥出来"，这是"竞争心"引起的结果。马克思用不同的协调方式来对分工进行划分是具有开创性的，他正确地提出了"对于社会内部分工的协调是通过市场完成的，对于工场手工业分工是由命令方式加以协调的"这一论断。根据马克思的观点，分工与企业组织形式之间必然存在着某种依存关系，而这种依存关系的存在也成为指导本研究开展的重要理论基础。

---

① ［英］亚当·斯密.国民财富的性质和原因的研究（上卷）［M］.郭大力，王亚南译.北京：商务印书馆，1972：24.
② ［德］马克思.资本论［M］.中共中央马克思、恩格斯、列宁、斯大林著作编译局译.北京：中国社会科学院出版社，1983：326.
③ ［德］马克思.资本论［M］.中共中央马克思、恩格斯、列宁、斯大林著作编译局译.北京：中国社会科学院出版社，1983：327.

(二) 分工的基本形式

通常情况下，分工形式的不同决定了组织方式的差异。也就是说，生产方式的不同会对企业组织创造价值产生重要的影响。现阶段，对于分工国内外尚未形成统一的划分标准，其不同属性分类也有较大差异。

图 3-1 给出了当前主流的分类方式，[①] 其他分类方法虽各有差异，但大都是在这种分类方法的基础上进行的调整与演化。参考上述分类思想，本研究从分工与组织演进的视角将分工划分为如下三类。

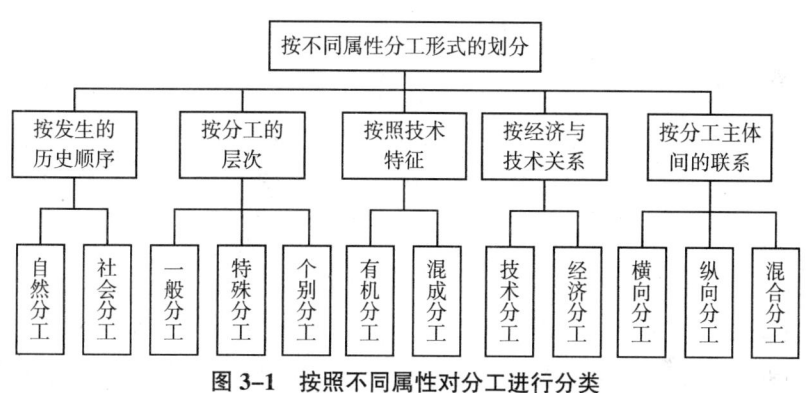

图 3-1 按照不同属性对分工进行分类

1. 纵向链状分工

如图 3-2 所示，纵向链状分工实际上是在产业链层次上进行的一种以最终产品为核心的"后向"分工，根据现实的生产状况把生产进行纵向划分，各组分（阶段）共同组成了一个完整的分工体系。在该分工方式中，作用是单向的，即上游企业需要受到下游企业的制约，也就是说，上游企业需要按照下游生产环节的具体情况适当安排工序或生产符合条件的部件。可见，纵向链状分工属于垂直分工，是最基本的分工机制，该分工方式需要按照产业链层次进行。

无论是企业内部还是企业之间都可以发生纵向链状分工。通常，企业内部采主要分工方式，从而使企业的组织结构更加紧密，而这与马克思"手工工场"的观点不谋而合，"许多劳动者在同一生产过程中，或在不同的但相互联系的生产

[①] 张仁德，王昭风.企业理论 [M].中共中央马克思、恩格斯、列宁、斯大林著作编译局译.北京：高等教育出版社，2003：13-14.

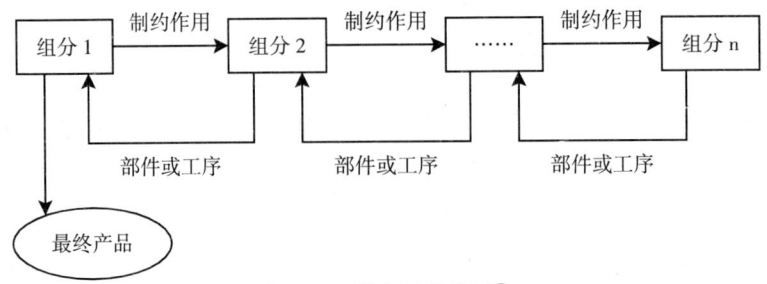

图 3-2 纵向链状分工[1]

过程中为了共同的目的而一起劳动就是手工工场（协作分工）"，[2] 这里的"一起劳动"包括了分工的好处和非分工条件下的好处。在这一分工方式下，各企业以链条式组织形式经垂直分工共同组成了一个完整的产业链，初级形态的企业集群是其最主要的组织形式。如在我国20世纪80年代初江浙一带发展起来的专业村、专业镇等，它们专业化于整个产品中某一工序或零部件的生产，逐步发展壮大成为中小企业，形成产业链条相对完整的特色产业，并以产业链为纽带相对集聚，形成规模效益和块状经济。

2. 横向平行分工

与纵向链状分工明显不同的是，该分工方式中经济系统组分之间不是单向作用，而是相互作用。如图 3-3 所示，横向平行的分工方式不是发生在企业内部或外部，而是在不同的部门、行业或区域之间，在该分类机制下，不同组分之间的关系相对松散，其发生联系并产生相互作用是通过大量的产品交换和相互采购来实现的。这种相互作用的机制使得各个组分或者各个层次交叉重叠，重新构成了一个更为复杂的经济系统，使各组分之间的相互关系更为复杂。横向平行分工是一种更加"宏观"的分工方式，各组分之间交换的不是或不仅是构成同一产品中的某一工序或零部件，而是产品，专业化的细分程度相对粗放。

图 3-3 显示，横向平行分工中，各个组分之间除了竞争关系之外，还可能产生互补的关系。如果最终产品的构成必须由各组分的相互组合方可实现时，此时形成互补关系，反之，则形成相互竞争关系。在某些情况下，区域分工形式属于

---

[1] 陈继祥. 产业集群与复杂性 [M]. 上海：上海财经大学出版社，2005：222.
[2] [德] 马克思. 资本论 [M]. 中共中央马克思、恩格斯、列宁、斯大林著作编译局译. 北京：中国社会科学出版社，1983：326.

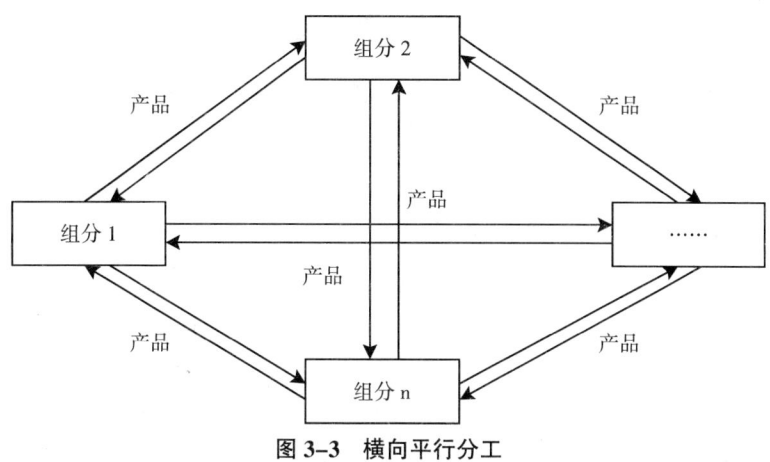

图 3-3 横向平行分工

横向平行分工的重要表现形式，不同的地区充分发挥自身产业要素的比较优势，根据本地区的产业水平、区位特点、生产传统及资源分布等进行产业或者产品的分工，随后由市场交换进行资源的配置。在该分工方式下，如果参与行业属于不同的企业，在通常情况下组织上不存在联系，即使具有联系也属于松散型的组织结构。

3. 网络状模块化分工

现阶段，作为一种新的分工模式——网络状模块化分工逐渐受到学者的关注与重视。本质上讲，模块化是一种与分工经济相联系的经济现象，是分工进一步延伸和深化的结果，是经济系统演进的结构性表现。按照一定的联系规则，将一个复杂的过程或系统分解为可进行独立设计的具有一定价值功能的半自律性子系统的行为就是模块化分工。如图 3-4 所示，在模块系统内部，一个复杂的系统可以分解为半自律的子系统，子系统本身还可以采用纵向链状分工或横向平行分工的方式，继续分解为更加细化的价值模块，最终构成了一个网络状分工体系。在该分工条件下，在设计和生产过程中经济系统各个组分可以按照标准独立地发展，而子系统（模块）之间可以互不干扰。当子系统（模块）继续分解并组成复杂的分工体系时，不同组分形成的价值（产品）模块间属于互补的关系。该分工按照网络成员竞争优势因素进行细分的专业化分工，使参与分工的企业能充分发挥自己的比较优势，有助于突出差异化、创新及划分更细的价值取向，最终实现网络组织内部的资源互补。

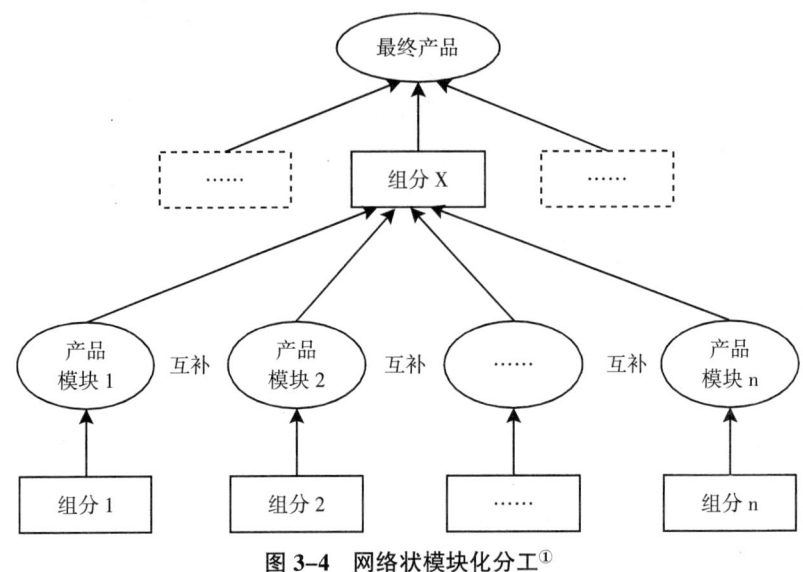

图 3-4　网络状模块化分工①

（三）价值网分工

价值网的本质是在专业化分工的生产服务模式下，在相应的治理框架下通过一定的价值传递机制，由价值链上的企业及其利益相关者组合在一起，帮助企业实现战略目标，并为顾客创造价值。② 可见，价值网借助于专业化分工实现生产上的高效率，这是毋庸置疑的，我们常常引以为例的丰田，就通过众多供应商的分工和专业化，构建了丰田体现出的高品质、低成本。实际上，价值网分工是一种新型的分工形式，是一体化分工与专业化分工的并存与耦合。在价值网络中，一体化分工与专业化分工是两个完全不同的过程，前者是复杂系统模块化整合的过程，后者则是复杂系统模块化分解的过程。在一体化分工中，各成员依据顾客需要，将按照设计规则、界面标准设计及生产的模块整合成目标产品；在专业化分工中，成员企业基于核心能力要素参与隐模块的设计和生产。可见，价值网分工既是网络系统与模块化结构的形成过程，也是复杂系统的简单化过程。遗憾的是，目前关于价值网分工尚无明确、统一的概念。本书在通过对价值网相关理论及分工理论的分析后认为，所谓价值网分工，就是根据价值网中某一产品（服

---

① 陈继祥.产业集群与复杂性 [M].上海：上海财经大学出版社，2005：224.
② 胡大立.基于价值网模型的企业竞争战略研究 [J].中国工业经济，2006（9）：87-93.

务）设计或生产过程组成的不同价值环节进行分工的经济行为。换言之，即按照价值网中某一产品（或服务）设计或生产过程中不同价值增值环节进行分解，将不同的增值环节、不同工序在不同的空间和区域分布和展开进行，最终形成以价值增值环节为对象的专业化生产分工体系。在特定产品设计或生产过程中，依据价值网的知识现状、能力水平及资源禀赋等，通过空间令不同价值增加环节分散化，分布到具有比较优势的区域并开展专业化生产，进而形成跨区域的分工体系，这就是价值网分工的核心内涵。这里所指的生产是一个广义的增值过程，而不仅局限于制造过程。以制造领域为例，这种增值过程涵盖了从产品研发、设计、制造、仓储运输、销售及售后服务等各环节；在服务业领域，这种增值过程更是贯穿于服务提供的全部阶段。就价值网分工与不同区域分工的联系来说，有如下几个典型特征：一是传统分工模式中一个生产点内集中了生产的所有环节，分工是以最终产品形式表现出来的产业内部或产业间的分工，而价值网分工中所有的生产环节不可能集中在某一个生产点，不同生产点或供应商依据产品价值链某一特定环节的比较优势，专注于这一特定价值增值环节的生产。二是价值网的核心观点之一就是协作与互补，包含一组特定的"投入—产出"(Input-Output)结构，要求各个价值环节都是环环相扣的，是相互依存的。三是价值网活动对各价值环节要素的要求有很大的差异，各价值环节的增值能力受其所需生产要素稀缺性的影响也存在着差异，某些环节创造的附加值比较低，而某些环节创造的附加价值却比较高。

　　从交易视角看，价值网络是介于企业与市场之间的一种交易治理机制。尽管该领域并未深入研究这种治理机制的内涵，但其意图是阐明：由于节约了交易成本，该治理机制更有效率。交易视角考虑价值网是在假设生产效率给定的前提下，价值网成员企业生产效率却总是随着技术和社会的变迁而变迁。在亚当·斯密看来，生产效率的提高主要来源于分工和专业化。亚当·斯密的观点被杨格高度强调，杨格认为，报酬递增并不是来自于规模经济，而是来自于分工和专业化。结合杨格的观点，本书认为，价值网的出现不过体现为生产链条的延长和每个链条上产品的增多，链条的延长和产品的增多意味着交易的增加。只有当分工的收益大于分工所带来的交易成本的增加额之后，分工才会出现。不过我们认为，交易成本随着社会分工的深化而发生变化。人们在有意（如制定生产标准）或无意（如长期重复交易形成的彼此之间的信任）中节约着交易成本。我们将结合交易的视角，考察价值网中是哪些因素降低了交易成本，从而促使价值网实现较高的效率。

杨格在1928年的论文中最本质的思想是劝导经济学从静态资源配置的研究框架走向一种更为动态的研究，这种动态的研究是指看待经济问题不仅从量上的协调考察，还要关注在质上的变化。在杨格看来，这种对"质"的关注，应该从分工的视角进行。同样英年早逝的杨小凯感叹当年英年早逝的杨格未能发现适合的数学工具并将其思想传承。在杨小凯看来，数学中的新工具——角点解的出现，可以将分工和专业化与资源配置问题相互融合，从而使经济学更为全面。杨小凯给出了一个分工与交易相融合的经济绩效的解释，这个框架的大致思想是，承认分工和专业化是报酬递增的最终源泉。然而，分工和专业化所带来的经济绩效的提高受到交易效率的影响。只有交易效率提高，分工和专业化才能发展，经济绩效才能提高。这一思想在他关于专业化分析的第一个命题中表现得最为完整。"如果交易效率和/或专业化经济程度极低，则均衡为自给自足。如果交易效率和专业化程度足够大，则均衡为极度专业化。如果交易效率和专业化经济程度处于两个临界值之间，则均衡分工水平随着交易效率和专业化经济程度的提高而提高。人均真实收入随着交易效率的提高而提高。"①

杨小凯所谓的交易效率的提高可从另一个层面理解为交易成本的节约。不过与威廉姆森、张五常等对于交易成本的定义不同，杨小凯对于交易成本的定义要宽泛很多。在杨小凯看来，分工的优势受到交易成本的削弱，只有交易效率提高，人们才能获得更好的经济绩效。杨小凯分析框架的意义在于，一方面我们应该关注分工和专业化所带来的动态效率提高，另一方面应该关注与交易成本有关的制度安排。将这一框架应用到价值网分析中，我们得到的启发是，价值网的竞争优势不仅来自交易成本的节约，还来自分工和专业化所引发的动态优势，后者却为目前价值网的各种研究范式所忽略。杨小凯给了我们在价值网研究上很多的思想启迪。然而，杨小凯虽然将新古典经济学来自资源配置的均衡透过角点解延伸到了决策之前，但其研究的核心仍然是交易。交易效率决定了分工，这是杨小凯思想的核心。同样将分工和交易问题融合在同一个研究框架内的还有 Gary S.

---

① 杨小凯. 专业化与经济组织一种新兴古典微观经济学框架 [M]. 北京：经济科学出版社，1999: 240.

Becker 和 Kevin Murphy 等。在其 1994 年发表在 The Quarterly Journal of Economics (QJE) 上的经典论文中,他们给出了一个综合分工、知识和交易三者共同作用的分析框架。[①] Gary S. Becker 和 Kevin Murphy 分析的基础在于其生产函数的构建。他们所构建的生产函数包含了分工、知识和交易三方面的因素。其函数为:

$$y_t = A_t H_t^{\gamma} n_t^{\theta} - \lambda_t n_t^{\beta} \quad (3-1)$$

其中,$B_t(Hn) = A_t H_t^{\gamma} n_t^{\theta}$,$C_n = \lambda_t n_t^{\beta}$。

另外,A_t 为技术进步因子,为一般知识(General Knowledge);n 为参与该产品生产的个体,既可是个人也可是生产环节上的某个企业;C_n 被定义为协调成本。其中的 λ_t 代表制度、文化等外部因素;β 为协调成本的边际增量。这一函数的意义在于,产出不仅受到技术、知识和分工的影响,同时还受到协调成本的影响。

模型中假设,γ > 0,θ > 0,因此:

$$\frac{\partial}{\partial H} \left| \frac{\partial B}{\partial n} \right| = B_{nh} > 0 \quad (3-2)$$

即,知识积累会影响到分工的水平。

其次,对式(3-1)求导,可以求出均衡分工水平对应的最优产出:

$$y_t^* = K_t A_t^{\beta/(\beta-\theta)} H_t^{\gamma\beta/(\beta-\theta)} \quad (3-3)$$

$$\frac{\partial \log y}{\partial t} = \frac{\gamma\beta}{\beta-\theta} \frac{\partial \log H}{\partial t} + \frac{\beta}{\beta-\theta} \frac{\partial \log A}{\partial t} - \frac{\theta}{\beta-\theta} \frac{\partial \log A}{\partial t} \quad (3-4)$$

即,均衡分工随一般知识水平上升和协调成本下降而上升。

由此,该模型得出了其主要结论,即使在外部技术条件以及制度环境 λ 没有太大变化的前提下,价值网中成员企业的一般知识水平上升、协调成本下降以及分工水平的提高都可以带来经济增长,亦有利于竞争优势的培养。

[①] Gary S. Becker, Kevin Murphy. The Division of Labor, Coordination Costs, and Knowledge [J]. The Quarterly Journal of Economics, 1994, Vol.107, No.4: 1137–1160.

二、价值网的分工特性与竞争优势的形成

(一) 价值网的分工特性

价值网分工是在传统分工基础上的改进,与传统分工有显著区别,在分工经济性、价值创造方式以及资源与能力、制度与技术、协调与整合等方面具有不同于传统分工方式的新特性。

(1) 价值网分工在基于传统分工经济性的基础上又添加了一些新的功能,是对传统分工的延伸和超越。价值网中的分工属于网络型,是混合型分工,是能力分工和劳动分工的结合。价值网分工是以企业能力要素以及成员企业资源禀赋为基础进行的分工,其并非是一种简单的劳动分工。其中,价值网中的成员企业在能力层次上的分工过程,实际上就是它们依据比较优势、自身的能力和知识特征,向专业化角度发展的过程。在自由市场经济中,企业自身的特殊资源在竞争优势形成过程中起着决定性作用,即无法复制以及模仿的核心能力,是企业能够在较长一段时间内获得较高投资回报率的根本原因。[①] 企业在能力层次的分工会导致两种倾向,并推动企业进一步形成模块化生产网络。倾向之一是企业以自身的特殊能力专注于某个模块设计与生产,进而失去了一体化企业的完整功能;倾向之二是一种服务或产品需要多个单个企业(核心单元组织)的协作进行完成。在价值网分工中,产业链上不论是设计、生产或者销售等环节都可以进行空间上的分离,最后通过地理上的集中进行产品的最终完成,这也是价值网分工的优越性之一。

(2) 价值网分工是一种以顾客价值为导向的经济行为,而传统分工是以专业化效率为导向的经济行为,前者允许"浪费"和重复建设现象存在,后者则力图节约。上文已提及,价值网成员企业基于核心能力要素参与隐模块的设计以及生产,其中适度的"浪费"与重复建设将产生选择价值并增加分工的净收益。传统

[①] 陈守明. 现代企业网络 [M]. 上海: 上海人民出版社, 2002: 26-27.

分工的最终目的则是获得分工效益，人口规模与交易效率是对竞争程度影响最大的因素。在价值网分工中，竞争会一直存在，这种竞争关系能够提升模块化系统的创新动力，提高产品开发的成功率。可见，价值网分工是关心如何更好地为顾客创造价值，而传统分工考虑的是如何有效地完成任务。

（3）与传统分工方式不同的是，价值网分工在资源以及能力方面具有一定的新特性，传统分工的原则为专业化效率，该分工机制最关注的问题为最大限度地节约内生交易费用并推动分工走向深化，企业参与分工并不要求具备特殊的资源或能力，各组分是先分工、后专业化，企业可以一边参与分工一边学习，逐渐适应专业化生产。价值网分工是依功能原则进行的分工，该分工机制最关心的问题为在界面标准中通过分工促进资源的互补优势和优化配置，推动模块的创新与发展，以便有效提升网络组织的竞争实力。这一过程实际上是对专业化分工的整合，是对传统分工的延伸和深化。并不是所有的企业都能适应价值网分工，企业自身所具有异质性资源或能力，是企业参与价值网分工的前提。

（4）价值网在分工制度与技术方面亦具有不同于传统分工方式的新特性。两种分工机制对制度和技术的要求是不同的，传统分工以交易效率为前提，专业化水平和分工程度随着分解的深入而不断提高，换言之，分解越细则专业化水平和分工程度就越高，可见传统分工实际上是生产分解和细化的过程；价值网分工要比传统分工复杂得多、精细得多，它在分工的基础上将各个组分按照功能原则重新聚合，不但要完成复杂系统的分解，还要完成各子系统的有效整合。价值网分工对于制度和技术的要求条件比较高，不仅要具备价值网分工的可能性，而且要具备价值网分工的必要性，如此才能使价值网分工的优势发挥到极致。①

（5）与传统分工相比，在分工后的协调与整合方面价值网分工亦凸显出一些新特性。分工与协调是经济组织问题研究中的基础，两者之间是相辅相成和对立统一的关系。马克思认为，采用分工实现手工工厂内部的协调是基本要求，不同的分工形式对应着不同的协调方式，②可见在传统分工中，分工的观念当中已经涵盖了协调。相对于传统分工而言，价值网分工更加注重分工后的协调与整合，以使各模块达到符合的界面标准而创造价值，对协调与整合的要求有较大变化，

---

① 胡晓鹏. 从分工到模块化：经济系统演进的思考[J]. 中国工业经济，2004（9）：5-11.
② [德] 马克思. 资本论（第1卷）[M]. 中共中央马克思、恩格斯、列宁、斯大林著作编译局译. 北京：人民出版社，1975：368-369.

且更加丰富。价值网中的协调实际上是一种组织内部的合作方式，在共同的界面标准内通过有效的协调，充分发挥每个组分的功能，实现分工经济效应并促进网络经济效益的实现。除了合作协调方式之外，市场交易的协调方式也普遍存在于价值网中，究其原因，在价值网分工后形成的组织内部市场，成员企业之间存在着一种竞争关系，它们之间的利益关系可由市场机制的引入而得到很好的协调。

（二）价值网分工与价值网竞争优势的形成

分工是价值网竞争优势形成的重要来源之一。在价值网竞争优势的形成过程中，分工对价值网竞争优势形成的作用途径主要有两方面，即通过价值网分工自身的优势以及分工所带来的网络组织和网络组织环境的竞争优势，共同促进了价值网竞争优势的形成。其中，前者包括分工对价值网生产效率与经济效率的影响两个方面，后者则包括分工对企业价值网络的市场环境适应能力、新型生产方式的采用能力及市场需求的满足能力等方面的影响。

首先，价值网分工提高了模块化企业价值网络的生产效率，进而对价值网竞争优势的形成产生了一定的推进作用，而价值网分工使生产效率得以提升的最主要表现就是劳动者的劳动时间相对减少。Leijonhufvud（1986）对生产组织内部分工提高生产效率的过程进行了分析，设定 5 名工人生产一项由 5 种相继操作工序组成的产品。如图 3-5 所示，未分工时，各工人（工人 a~工人 e）相继承担该项工作的所有工序，由工序 1 到工序 5。如图 3-6 所示，当采取分工合作后，各工人（工人 a~工人 e）只需完成一项固定的工作。研究证明，在工序要求、工人所使用工具不变的前提下，分工会使单位时间产出进一步增加。其原因可以从操作工序的分工、劳动者的分工及分工后学习效应的变化三方面来分析，一是劳动分工或操作工作越细化，操作也会更简单，也更有可能对某一具体操作过程进行标准化。此外，劳动工具的细化与专门化也会使工作速度加快，生产效率提高。二是操作职能的专门化，这使得劳动者的操作更加简单，缩短了不同操作的准备时间，生产效率得到了有效提升。三是劳动者从事同一项简单化的操作，缩短了对操作的学习时间，由此而产生的学习效应显然能推动生产效率的提升。整体而言，价值网分工有助于成员企业专注于自己的优势业务，从而能够充分发挥他们的资源优势和核心能力，通过模块设计、生产技术的改进，大大压缩了模块设计或生产的时间，从而推动了价值网生产效率的提高和竞争优势的形成。

```
a₁  a₂  a₃  a₄  a₅              a₁  b₂  c₃  d₄  e₅
b₁  b₂  b₃  b₄  b₅              　  a₁  b₂  c₃  d₄  e₅
c₁  c₂  c₃  c₄  c₅              　  　  a₁  b₂  c₃  d₄  e₅
d₁  d₂  d₃  d₄  d₅              　  　  　  …   …   …   …
e₁  e₂  e₃  e₄  e₅
──────────────→                 ──────────────→
             时间                               时间
   图 3-5  分工前的生产               图 3-6  分工后的生产
```

其次，价值网分工提高了企业价值网络的经济效率，进而对价值网竞争优势的形成产生了一定的推进作用。经济效率亦称为分工经济，分工的经济效率来自于比较优势经济、规模经济和专业化经济。分工经济的物质基础是分工的技术效率，其外在表现是递增的报酬，而专业化经济被认为是其最主要的来源之一。价值网分工能提高价值网经济效率的途径概括起来主要有如下两方面，一是分工能显著降低价值网的设计和生产成本，二是分工能创造更多的顾客价值，帮助企业实现更大的盈利目标和经济利润。价值网成员之间通过网络平台，不但进行合作，相互之间还存在竞争关系，这种竞争既包括组织网络内各种标准的竞争，也包括模块设计和生产的竞争。网络组织内隐模块之间的竞争是平等的"背对背"的竞争关系，它们在系统设计规则框架内，遵循"可见信息"，通过对隐性设计规则的优化达到降低模块生产成本的目的，从而有效降低投资成本。在价值网络内部，由分工形成的迂回生产效应使成员企业的价值链得到了拓展和延伸，实现了价值增值与经济效率的提升。并且生产活动不仅局限于企业内部，而且在网络组织层面对生产活动进行细分，充分发挥各阶段的分工优势，实现高效率生产，最终形成产业链迂回。在价值网内部，通过分工形成的迂回生产能够形成资源、产品和功能互补、上下有关联的产业链条，提高网络组织的抗风险能力和稳定获取经济利润的功能，进而达到有效提高经济效益的目的。在价值网内部，专业多样化和迂回生产是分工的不同方面，是不可分割的统一体。因此，价值网的专业化，其本质上是专业化、迂回生产和专业多样化的统一。

再次，从企业基因重组的角度看，价值网分工能推进重组的速度，增强组织对多变市场环境的快速适应能力。企业基因的概念是由 Noel Tichy 和 Sherman 提出的，他们认为企业作为一个生命体，具有类似生物体的很多特征，其的确有自己的生命过程，与普通生物一样拥有自己的遗传基因，企业的稳态的形成、发展及变异等都是由这些遗传基因决定的。①生物体的基因作用机制主要有基因复制、基因变异、基因重组和基因诊断四种。在网络组织内部,基因重组在价值网分工的作用下实现了新组合,使固有的价值链被打破,价值链上的能力得到了有效整合,从根本上改变价值网的性状,创造出更新、更具有竞争力的价值链,经优化和调整后形成了能力要素驱动型的价值网络。②通过基因重组,价值网内部的能力要素或模块形成了一种互补关系,进而创造出关联优势,强化了组织内部能力。可见,价值网分工推动了企业基因的重组。价值网分工对价值网竞争优势形成的影响是通过内部和外部两个方面来实现的。作为一种特殊的中间性组织,基于价值网分工形成的价值网络经过基因重组后,使组织具备了组织的多样性、遗传性、自选择性及自组织性等特征,应变能力得到了有效增强。③其中,内部组织的多样性是指通过价值分工后的成员企业能充分发挥其在资源、要素及能力方面的比较优势,有助于组织应变能力和适应能力的提高;遗传性是指通过分工后的价值网中每一能力要素或模块的核心竞争能力得到了充分发挥,有助于企业自生;自选择性是指价值网分工使价值链与价值模块的再整合成为可能,使组织成员可以通过组织选择及时适应环境的变化;自组织性是指通过分工,价值网内部创新能力大大提高,推动能力要素构成和组织能随环境变化而不断发生适应性变化。综上所述,价值网分工推动的网络组织的企业基因重组,使网络组织形成了一些新的特性,能显著提高组织的应变和适应能力,增强竞争优势。

然后,价值网分工为价值网采用大规模定制生产方式奠定了基础,提高了企业对新型生产方式的采用能力,能更好地满足消费者的个性化需求。自20世纪70年代以来,随着世界经济的持续发展,消费者需求的多样化和个性化趋向日益凸显,市场需求逐步模糊化、无主流化。企业的生存和发展环境因消费者需求的变化而发生了重大变化,外部环境变得更加动态、复杂和不可预测,消费者个性化需求日益凸显的现实与福特制意义上的大规模生产之间的矛盾日益尖锐,如何在不牺牲效率的同时更好地满足消费者的个性化需求日益成为企业竞争的焦

---

① 李钢.基于企业基因视角的企业演化机制研究 [M].上海:复旦大学出版社,2007:1.
② [荷] 奥瑞克,琼克·威伦.企业基因重组 [M].高远洋等译.北京:电子工业出版社,2003:5-12.
③ 罗珉等.组织新论:网络经济条件下的组织管理新范式 [M].成都:西南财经大学出版社,2005:130-134.

点。显然，在新的竞争环境下，传统的大规模生产范式已难以胜任新的竞争要求。如何有效化解大规模生产与个性化需求之间的矛盾，成为组织适应环境变化及可持续经营中面临的亟待解决的难题之一。模块化技术的出现，使得基于价值网分工基础上大规模定制成为解决这一现实问题最有效的途径。

大规模定制最早是由美国经济学家斯坦·戴维斯博士提出的，指在不牺牲企业经济效益的同时，通过"大规模+定制"来满足顾客的个性化需求，帮助企业获得尽可能多的效益。大规模定制的核心是在不增加成本的前提下实现产品的多样化和定制化，是一种现代化的生产模式，包括了敏捷制造、精益生产及基于时间的竞争等诸多现代管理思想的精华。在价值网络中，基于分工建立的大规模定制，其关键环节有三方面，即模块化设计、生产及消费。所谓模块化设计，就是指组织网络的成员通过对顾客需求信息及个性化需求特征的把握，并在不同的产品功能中融入这种个性化需求，最终通过模块将不同产品功能进行组合并得以实现的过程；模块化生产是指在价值网分工的基础上，网络组织成员依据自身的能力要素和资源比较优势，进行大规模生产，以最快的速度、最低的成本最大化产量；模块化消费则是指生产者通过对产品模块的组合，形成差异化产品，以满足顾客的个性化需求。整体而言，基于价值分工的大规模定制流程如图3-7所示。

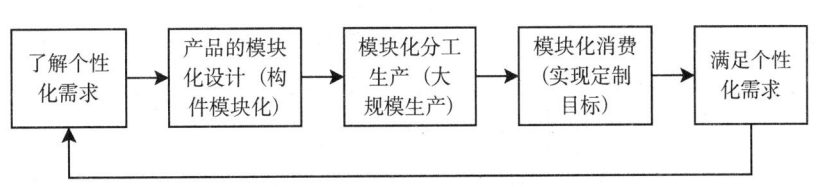

图3-7 基于价值分工的大规模定制流程

最后，价值网分工推动了网络组织内部市场的形成，有助于组织体系内部竞争活力的保持。当前组织的竞争日益激烈，企业经营的不确定性因素大增。通过分工形成了内部的自由市场，这个市场是由价值链不同价值模块的成员企业为内部交易主体所共同构成的，是组织内部各个交易主体经济关系的总和。在价值网的内部市场中，不同组织成员之间形成另一种自由竞争关系，通过自律机制规范成员企业的行为，有效提高了资源的利用效率。在内部市场，由于交易双方同属一个组织网络内部，既有效消除了外部市场的不完全性，又最大限度地降低了交易双方的不确定性。在价值网分工中，传统网络组织的内部科层机制被价值网内部市场所替代,实现了内部要素流动及组织管理的市场化,实现了科层机制与市场机制的有机结合,有效降低了组织的生产及管理成本,提高了竞争能力。

三、价值网的柔性生产与竞争优势的形成

(一) 柔性生产的内涵

在网络经济、知识经济和信息经济为主要表现形态的新经济作用下,企业所面临的经营环境从以往的相对稳定的市场环境被当前的复杂多变性和不确定性所取代,特别是消费需求的个性化、多样化发展以及信息技术的广泛应用,使企业经营环境的动荡性更加明显。企业经营环境及竞争环境的变化,要求企业组织竞争战略要发生相应的适应性变化,要求企业竞争环境和组织资源所产生的机会能够有效匹配起来,这是柔性生产产生与发展的大背景。柔性是一个多维的概念,对柔性生产的研究始于 20 世纪 30 年代,其先驱式代表人物是哈特(Liddel-Hart)和斯蒂格勒(Stigler)。尼尔森(Nelson)和马斯查克(Marschak)在他们 1962 年的《柔性、不确定性与经济理论》的著作中扩大了对柔性的内涵,将柔性从传统的工厂范围拓展到开发活动与业务组合等领域,而组织柔性和企业变革与适应能力也成为柔性理论研究和应用的课题之一,登上了历史的舞台。80 年代末至今,企业所处的外在环境和内在环境都处于发生重大变化的一个时期,在这一时期提高企业的适应性和灵活性的需求也越发迫切,该阶段柔性研究越来越集中于与企业绩效、战略选择、竞争优势、企业内部系统和内外环境相联系。

所谓柔性生产,是指生产主体(如产业、企业或企业群)为适应和利用不确定环境而进行多维改变和创造(如生产不同种类或数量的产品)的较高愿望和能力,它可通过三个指标来加以测度和衡量,即可选择余地的数量、转换成本的高低和转换期望利润的大小。可见,柔性生产是一种生产方式的创新,是企业环境动荡性和不确定性增加环境中的一种适应性变革,是企业为确立自己的竞争优势而做出的主动制造变化。柔性生产包括产品柔性和数量柔性,前者指企业(或企业群)及时且低成本地生产多样化产品的愿望和能力,后者指企业(或企业群)

动态调整产品的生产数量而又不致造成过多无形损耗成本的愿望和能力。从来源上讲，柔性生产的实现，主要依靠三种途径——资源功能上的多样性、资源的重新整合和材料与技术的更换与改进。资源功能上的多样性，如使用计算机辅助设计与制造系统（CAD/CAM）、多雇用有多种技能与才能的工人、大量采用能实现快速作业切换的机床和模具等。资源的重新整合，如与具有不同优势特点的不同企业进行动态合作。看板生产条件下供应链企业间零部件供应在品种和数量上的动态调整和伸缩。各种人力和资源从原有企业中退出从而重新整合去创设新的企业模块的分工与整合等。材料与技术的更换与改进，则是指重新寻找新的材料与资源，不断改进原有技术，以创造新的更多的可能性。

世界是一个联系着的整体的世界，因此在实施柔性生产时，不能只看到一个层面或者环节，而要用整体和系统的眼光去分析和应用。如图3-8所示，广义的柔性生产涉及企业生产的层层面面，使企业生产、销售及管理等各环节活动的衔接一致，以使企业更加灵敏有效地适应不确定市场的竞争需要。以上各个经营环境在共同经营目标的指导下可以变成协同一致的行为，以共同响应客户和市场的需求，实现基于价值网的整体柔性的经济效应。

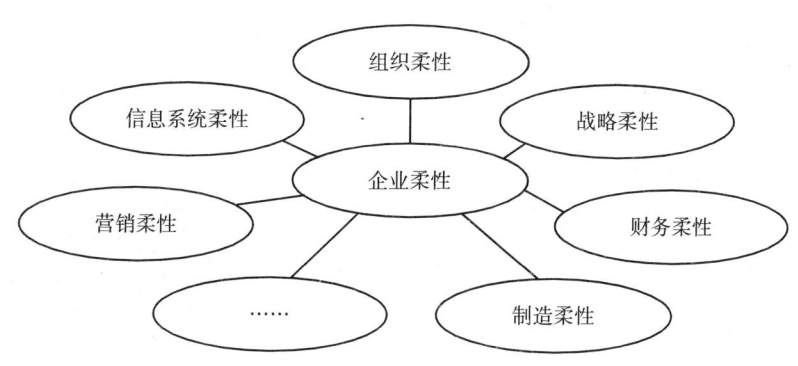

图3-8 新经济作用下企业柔性的组成

（二）柔性生产系统下的企业竞争优势

在动态的竞争环境中，客户需求的不确定性是企业产品定位、投资、技术创新等诸多环节的最终检验环节，这种不确定性因素的存在使得企业管理职能的实现无法依靠预测、计划、组织及实施这一精准的生产模式来实现，而价值网企业由于具有不确定性的过滤机制因而有望达成这一目标。成员企业能够识别需求变化而及时对产品和服务进行改进,这是确定企业目标所必需的关键和核心信息,这一目标的实现是通过客户资源网中企业与客户的紧密互动来实现的,能够帮助企业明晰客户在产品或服务购买、使用或维护中积累的经验,也能够获取客户对产品或服务不断变化的需求,从而提高了价值网企业产品或服务的预测能力。然而,即便企业拥有完善的客户资源网,能准确识别客户需求的不确定性,但若仍采用刚性的供应结构则仍然难以实现弹性的产出,特别是在客户需求是个性化定制或解决方案的情况下。引入柔性生产系统,使价值网具有合作与系统化、快速流动、敏捷与可伸缩等特征,使价值网企业在准确识别客户需求不确定性的基础上,通过快速反应将这种不确定性消除。从图 3-9 中可以直观地看出,在价值网中,柔性生产能通过经营链低成本和差异化的兼顾、经营链的快速反应与速度经济优势,以及柔性化的组织结构与柔性管理等方面使客户资源网、企业内部网和供应合作网的合作更加紧密,从而帮助价值网企业获得竞争优势,下文将进行具体分析。

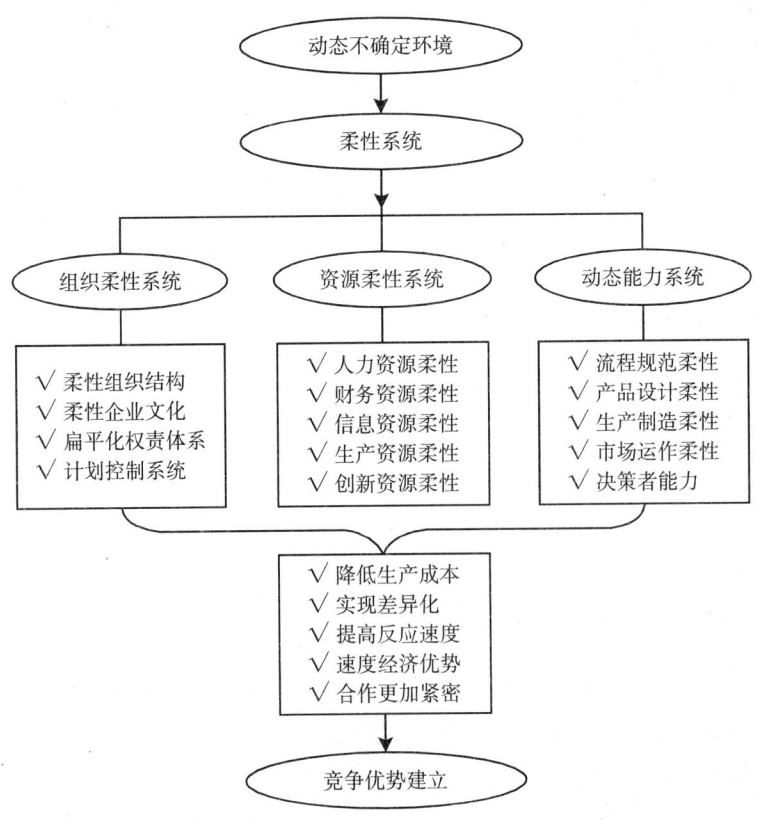

图 3-9 柔性生产系统下价值网竞争优势的形成机理

第一，低成本和差异化的兼顾。美国著名的企业史学家钱德勒教授在《看得见的手》中指出，美国的企业采用了横向与纵向相结合的手段对自身进行整合，以实现规模经济和范围经济的目标。钱德勒教授的这一观点在其另外一本著作《企业规模经济与范围经济——工业资本主义的原动力》中作了充分的论述，他将"规模经济"定义为"当生产或经销单一产品的单一经营单位所增加的规模减少了生产或经销的单位成本时而导致的经济"，将"范围经济"定义为"利用单一经营单位内的生产或销售过程来生产或销售多于一种产品而产生的经济"。显然，在价值网中规模经济与范围经济都是存在的。在国外，特别是美国、英国及德国等国家，现代企业通过建立价值网利用规模经济和范围经济拥有了空前未有的竞争优势，同时也给了我们许多低成本和差异化兼顾的案例，值得我国企业认真总结、学习和借鉴。

（1）规模经济和范围经济既有联系又有区别。联系主要表现在它们的兼容性，规模的扩大往往包含了经营范围的扩张，即产品种类的延伸；产品范围扩大的同时渗透规模也在扩张，也正因为两者的兼容性，才使得企业可以同时兼顾两种经济。但两者的范围有明显差异，范围经济是指生产系统的集合分离程度，反映了多样化程度与长期成本之间存在的某种联系，单个企业所追求的范围经济总是有限的，而规模是生产系统的大小，其范围远大于规模经济。

（2）柔性生产具有将低成本和差异化兼顾在一起的条件。规模经济的主要特点之一是大量生产，但这种生产方式在技术快速发展及社会需求快速变化的环境中依旧无法适应市场快速变化的需求，规模经济已经无法借由一个或少数几个企业的柔性生产来实现。在柔性经营链中，价值网所有关联企业都具有专业化的优势，现代科学技术的发展使得柔性经营并不会失去太多的规模经济优势。不过需要指出的是，作为一种经营战略，低成本与差异化的兼顾是建立在竞争环境和竞争条件许可的前提下的。

第二，快速反应与速度经济优势。企业经营环境的快速变化使得企业的经营方式也发生了重大变化，时间和速度已成为现代市场竞争的焦点，以最快的速度回应顾客的需求已成为基于时间的竞争的核心。速度经济的概念是由钱德勒教授首先提出的，意指在复杂经营环境中企业因快速满足客户需求而获得的超额利润的经济。英国著名学者格里·斯托克对世界部分优秀企业的调查显示，与同业相比，这些企业回应顾客的时间尚不足同业的 1/3，但成长率和获利至少是同业平

价值网竞争优势

均值的三倍和两倍,显见速度经济的优势之所在。TCL集团董事长李东生先生曾经指出,"对于企业而言仅仅依靠大批量生产所带来的规模经济其获利是有限的,其参与市场竞争的能力及获得的竞争优势也是有限的,以速度获得的利润才是巨大的"。他将速度经济形容为"用百米冲刺的速度来跑马拉松"。

　　社会环境、经济环境及技术条件无法预知的变化对速度经济的实现产生了巨大的影响,柔性响应能力在速度经济实现中的地位和作用日益凸显,建立一种对技术发展、消费者需求及相关价格的柔性响应能力已成为价值网企业建立竞争优势的关键之所在,单纯分散或集中的组织形式已无法适应竞争环境变化的需要,企业整体战略、产品设计、定价及销售等的灵活性已成为企业保持差异性的核心。柔性生产是企业各个环节"柔性"的协同,通过多方面的灵活性来提高价值网企业的柔性响应能力,这种响应能力贯穿了企业产品研发、设计、生产、销售等各个环节,是企业总体响应能力的集中表现,能够满足现实环境和潜在情况下企业客户需求的波动。比如在生产经营环节,可以通过柔性制造技术,创造模块结构化的产品,使得各市场的花样特色各有差异,而基本部件与核心设计则保持标准化,速度意味着快速反应。柔性生产的快速反应是通过价值网结构的优化和重构实现的。在动态复杂的环境中,价值网企业能对企业经营环境及竞争环境密切审视,能及时对竞争状况及市场变化做出客观、准确的评价,在竞争对手面前形成竞争优势所必需的柔性经营链结构和规模经营链。一般而言,在不确定的市场环境中率先行动者相对于较晚行动者更容易获得有利的位置,价值网企业只有保持快速行动的一贯风格,就可以将已获取的竞争优势一直延续下去。与传统企业和价值链企业不同的是,价值网中柔性生产的快速反应是价值网中核心企业为首的所有相关企业的联合行动,而不是价值网中单一企业的行为。换言之,价值网中任一企业某经营环节的反应滞后都会对价值网的运作速度(生产率)产生不同程度的影响,最终会对规模经济及范围经济的实现产生不良影响,进而对企业在竞争中有利地位及优势的建立产生影响。在价值网中,柔性生产的快速反应机制所形成的速度效应,是通过价值网核心企业为核心的内部资源与关联企业外部资源优化组合和协同所形成的,是一条具有快速反应的柔性链,其对价值网企业竞争优势的影响表现在:在市场经营环节,能通过对客户需求的最快反应找到正确的目标市场;在研发环节,能根据目标市场的需求和客户的个性化需要以最快的速度完成产品的研发和设计;在生产环节,能根据最快速度提供的产品设计快速生产出目标市场需求的产品；在销售环节，能够以最快的速度将产品销售至目标市场，并提供及时、便捷的售后服务和跟踪。可见，价值网中柔性生产的快速反应机制实际上是价值网企业各个经营环节快速反应能力的合力，是价值网经营链快速反应的总体能力。柔性生产对价值网企业竞争优势的形成主要在于经营链的资源先取优势、创造转换成本优势以及范围经济优势。

第三，柔性化的组织结构与柔性管理。随着社会与科技的快速发展，客户需求也越来越多样化，企业面临的环境也越来越不稳定，在动态变化的条件下，仅仅靠增强组织的预见性是难以适应的。企业组织在适应外部环境变化的过程中，也要满足内部对组织的要求，这样才能使企业稳步运营。如果在组织建设时只重视组织与外部环境的适应，而忽略了对内部环境的适应性，那么，新的组织结构不但不能使企业快速发展，反而会因为组织环境与内部环境相互排斥，而拖累企业。例如，一些小型民营企业在信息高速发展的经济环境下，见到一些大型企业应用扁平式的组织结构使企业沟通更加顺畅，便急于模仿，而没慎重考虑新的组织结构与企业内部环境的适应性。结果，新的组织结构反而使命令不统一，指令不明确，影响了执行的时间。另外，因为外部环境的变化也包括竞争对手的战略变化，由于企业间条件的差异及目标的不同，不同企业对待这种变化的对策是不同的，对于企业严格上说也是不可能准确掌握对手的情况的，因此，计划性战略下所形成的组织战略也不可能完全适应企业发展，指导企业做出有效的对策方案。博弈性的理论强调企业在可行的选择中采取行动的规则，以及在由这些规则的不同组合所形成方案之间调整、选择的转换能力和在新规则条件下有效运营能力的形成。在价值网中，强调的是企业与企业之间在竞争与合作中达成共存。柔性的组织结构与柔性管理是保证价值网企业开展柔性战略的基础，其选择过程中的博弈是通过把握以下几点要素，为企业创造有利的发展机会：①市场的参与企业的变化、新的参与者和市场的退出者，都会引起企业外围环境的变化，经济环境的转变也会对企业内部组织结构发生影响。②企业原有的内部组织结构与外部环境是相互磨合、适应的结果。企业通常会由外部经济环境的变化来调整自身的组织结构。对于企业的组织来说，对新的调整同样具有一个反作用力。组织成员在与新的组织磨合、适应的同时，也在检验新的组织结构。所以，组织的形成是内部与外部环境相互冲击、相互适应的结果。

可见，随着世界经济环境的变化，企业竞争条件由静态向动态转变，企业间的竞争对抗性越来越强，企业的竞争环境也越来越复杂，变得越来越动荡。未来的不确定性越来越大而变化速度之快，大大恶化了企业的生存环境。在此背景下，价值网络中能否更快更好地建立高度灵活、适应市场变革、富有弹性、对市场需求能够快速响应的动态柔性组织结构，成为现代企业生存和发展的主要方向。首先，面对变革的经济环境，柔性已经无可争议地成为价值网络有效性的决定性特征，而在不降低效率和质量水平的条件下实施组织柔性也具备了可能性。一方面，生产技术的变革（例如计算机辅助技术和信息系统的进步）使价值网企业能够在不减少规模经济的情况下提高定制产品和服务的水平。另一方面，即使对于那些依然在使用陈旧的非柔性技术的企业而言，现在也可以利用灵活的生产概念获得柔性。此外，劳动力市场的变化也使柔性达到了更高水平。价值网企业柔性管理的柔性专业化、多用途机械和信息系统、复合性技能工作、网络化和转包契约能够极强地适应环境的不确定性，而不确定性限制了组织在采取行动之前制定计划或者作出决策的能力，因此，组织应该发展柔性。并且，环境的不确定性越强，组织也就越需要柔性作为计划的补充。在著名的"麦肯锡 7S 框架"所涉及的结构（Structure）、战略（Strategy）、体制（Systems）、人员（Staff）、作风（Styles）、技巧（Skills）、共有价值观（Super Ordinate Goals）七个变量中也有四个是柔性指标（分别是人员、作风、技巧、共有价值观）。在一个高度不稳定的环境中，计划所产生的问题多于它能够解决的问题。相关的不确定性并不服从于正式的目的评价。因此，为了创造一种柔性的资源配置，应该用组织活动代替计划活动，用柔性战略结构对传统的、理性的、综合规范的战略管理模式进行补充和改进，实现企业的柔性战略管理（Strategic Flexibility），从而确保价值网企业对于不断变化的、多样化的环境作出快速而有效的反应。

第四章 价值网竞争优势来源之二：竞争与合作

一、竞争与合作简述

竞争与合作的选择关系长期以来一直是经济学者和管理学者们关注的焦点，特别是在新经济时代，市场化、全球化、知识化、信息化使企业之间的竞争日趋激烈，企业之间的合作也愈益重要和便捷，企业之间既竞争又合作便逐渐成为企业面对新形势和新挑战的一种战略性选择。

竞争与合作是不断演进与发展的，其发展过程大概有如下三个阶段：企业在初期阶段所表现出来的竞争行为是一种对抗性竞争，即将竞争者视为威胁，以对抗的眼光看待竞争者，在竞争中所采取的主要手段是以低价的价格竞争来打击竞争对手，其目的是在竞争中取得控制权，这种对抗性的竞争关系是20世纪七八十年代很多企业战略制定的基础。对抗性竞争理论最早是由波特提出的，1980年其在《竞争战略》中提出的"产业结构分析模型"对企业（个体）间客观存在的对抗性关系进行了系统的诠释。随着市场的日益成熟及企业的不断发展，以打击竞争对手为目的的竞争性对抗使企业面临的风险日益凸显，一方面，一味的价格竞争不但降低了企业的利润，而且影响了企业技术创新和营销等水平的提高；另一方面，还使行业的价格水平处于较低水平，对行业发展形成了不利影响。同时波特提出的竞争优势理论也对企业竞争产生了巨大影响，要求企业根据自身的竞争优势开展市场竞争，即在市场竞争中首先明确自己的竞争优势，在此基础上有针对性地实施差异性的竞争策略，以保持已有的竞争优势，推动竞争优势的保持和发展,这为宽容竞争理论的诞生奠定了基础。1994年,美国学者Richard Adaveni等首次提出了"超级竞争"这一概念,他指出竞争具有典型的动态性特点,是一种以价格—质量定位为基础的加速竞争。1996年,George S. Day等在Richard Adaveni等的基础上将其总结为"动态竞争",并在其著作《动态竞争战略》中对这一竞争理论进行了系统阐述。同年,Barry和Adam首次提出了"合作竞争"的概念,并用博弈论描述了竞争与合作同时存在的现象。此后,Bengtsson和Kock、Hausken和Stavange等对企业网络和团队间的合作竞争问题进行了相关探讨。与对抗性和宽容性竞争时代不同的是,主张竞争合作的战略是一种明显有别于竞争与合作的博弈关系,强调必要的合作是竞争的前提,在竞争中寻找合作关系以提高联盟成员的竞争能力,进而在合作过程中强化竞争,主张通过企业联盟达到共同拥有市场、共同使用资源的目标,是实现对资源的优化配置过程,避免了传统竞争理论中对资源的破坏和浪费的缺陷。根据竞争合作理论,企业之间合作的最终目的是竞争,合作与竞争不是根本对立与冲突的,合作是竞争的主要方式。竞争合作理论是20世纪90年代以来组织走向成功的关键,组织和个人可以通过合作实现更有效率的竞争。

价值网中企业与企业之间的基本关系就是竞争与合作关系。众所周知,企业价值网的形成是以成员企业的核心能力或资源的异质性为基础的,企业合作的过程实际上就是价值网成员企业优势资源共享的过程。在企业价值网内部,在合作中竞争、在竞争中合作是相互依存的两个方面,竞争是最终目的,而合作则是竞争的手段,成员企业通过合作,其最终目的是获取更大的收益,以保持和发展自己的竞争优势。可见,企业价值网中的竞争并非对抗性和宽容性竞争,而是一种合作性的竞争,其竞争的最终目的是提高价值网的竞争优势,使成员企业在整体优势中获取更大的利润和个人竞争力。Brandenburger和Nalebuff(1995)指出,与过去竞争与合作规则明显不同的是,合作性竞争将竞争与合作的优势有效结合起来,意味着在瓜分市场时的竞争和创造更大市场时的合作。同理,企业价值网中的合作是一种竞争性的合作,成员企业要参与价值网的合作必须具备网络组织所需要的战略资源,才能够共享价值网其他成员企业的优势资源,共同创造整体优势并在整体优势中获利。洛根和斯托克斯(2005)在《合作竞争》一书中指出,从价值的视角看组织之间的合作与竞争目的是不同的,即创造价值的是组织之间的合作,而分配价值最有效率的方式则是竞争。在企业价值网中,价值的创造是由成员企业之间的竞争与合作共同完成的,成员企业创造价值的能力借由有效的竞争得到切实提升,而成员企业的能力转化为价值网络竞争优势则是依靠成员企业的合作来实现的,从而最大限度地、更好地创造和实现顾客价值。

二、价值网中的竞争

在价值网络化的合作时代,企业价值网的形成不会对竞争产生抑制性作用。究其原因主要有如下四个方面:一是从企业价值网的构成要素来看,企业价值网内部本身就存在核心成员企业与普通成员企业之间地位的竞争;二是为了降低企业价值网络的组织和生产成本,保持活力,增强竞争能力,促进发展,企业价值网络内部要引入竞争机制以形成网络内部市场;三是在企业价值网内部市场中,成员企业在隐模块的设计和生产上存在着竞争;四是与对抗性市场竞争不同,企业价值网络中的竞争是一种合作性的竞争,这种竞争有利于保持和发展价值网络的整体利益。Baldwin 和 Clark(1997)指出,价值网络的存在改变了企业与企业之间的关系,提高了竞争的压力。在企业价值网络内部,权利的获得受诸多因素的共同制约,如有效的决策能力、丰富的经验、激励水平、团队整合能力、创造性地解决问题的能力等,竞争是这些能力形成、获得和体现的重要手段。需要指出的是,在企业价值网络中,成员企业之间既存在面对面的"显性竞争",也存在背对背的"隐性竞争",例如界面标准的竞争、价值网络内部企业核心地位的竞争等属于"显性竞争",而隐模块的设计和生产等则属于"隐性竞争"。整体而言,价值网成员之间的竞争可划分为三种类型,即模块设计竞争、标准竞争和模块生产的竞争,实际上就是围绕"是设计师,还是模块制造者"的选择而展开的竞争。

(一)模块设计竞争

企业价值网络是一个复杂的生产系统,这一系统是基于成员企业的核心能力和异质性资源形成的,价值网络的复杂性决定了其内部设计的复杂性。根据成员企业在价值网络中所处的地位,其整个设计过程可以被划分为一系列准独立的子系统，也就是 Baldwin 和 Clark（1997）等所说的模块。为了保证企业价值网不同模块能够组成一个完整、和谐的系统，每一个准独立模块的设计都必须遵循企业价值网中的某些共同的准则，才能生产出满足顾客需求的产品。此外，明确规则之外的模块内部设计同样也存在竞争，这是隐模块（隐性规则）竞争。

1. 模块设计规则的竞争

对于具有核心能力或异质性资源的价值网成员企业而言，产品设计模块化是形成模块化企业价值网络的前提。为了指导系统的正常运行与隐模块的设计与生产，系统层面存在一个明确的设计规则是产品设计模块化的关键之所在。需要指出的是，系统层面的设计规则是一种显性规则，一般而言在企业价值网内部制定这一规则的企业多为核心企业或具有运营主导权的企业，价值网成员企业的竞争都是围绕这一显性规则进行的。在某一产品的初始模块化设计时，由于设计者对相互之间依赖关系的认识通常都是不完全的，因此最初的一套设计规则并不是完备的，但此时设计规则的竞争往往是最激烈的。由于显性规则的竞争是可见的，价值网成员企业凭借自身的核心竞争优势参与竞争，其目的是在设计规则的竞争中获得控制权，如争夺系统设计师、系统架构师的地位等。由于设计规则的竞争是一种透明公开的显性竞争，因此最适应产品模块化生产、最大限度地满足顾客需求的设计规则往往能脱颖而出。随着设计者对系统及模块认识的不断深化，设计规则被不断完善、不断改进，设计规则逐步趋于标准化、规范化和科学化，系统控制权相对比较稳固，价值网成员之间的竞争开始由隐模块的竞争逐步取代设计规则的竞争。最科学合理的设计规则成为系统层面的显性规则是企业价值网设计规则竞争的最终结果，从而有利于价值网竞争优势的形成。需要指出的是，企业价值网核心企业在设计规则竞争中的地位并非不可撼动，在新一轮的竞争中，假若一个新的企业设计出了更加经济合理的重组模块产品的创新方法并加以实施，则核心企业的支配地位必将受到严重的挑战。换言之，企业价值网内部设计规则的竞争存在大量的创新机制，普通成员企业只要能够准确把握新模块产品的发展方向，提高创新能力，完全有可能逐步取代并成为核心企业。

2. 隐模块的竞争

隐模块的竞争是一种"背对背"式的竞争。在模块设计规则确定之后，每个模块的设计和改进都是在稳定的联系规则基础上进行的，独立于其他模块。换言之，各模块所必需的一些信息处理过程是可以保密的，使得各模块内部多个主体同时开展设计竞争成为可能。需要注意的是，每一个模块的设计并不是采取单一任务的方式进行，而是多个模块同时以多种方式的形式进行，从诸多设计中选择最优设计完成最终产品系统。可见，设计中的隐藏部分，也就是在显性规则之外的设计参数，称为隐模块。隐模块是可以变化的，对系统中关系较远的其他部分影响较小，因此系统设计过程中可以不断改善以完善模块运行。对于隐模块的设计师而言，每个隐模块的设计选择可以由设计者本人独立作出选择，无须咨询系统架构师和其他模块设计者。这样，现存企业与各式各样的新兴企业会在每个模块的隐模块设计和改进上展开竞争，每个模块界面的标准化进程或联系规则在隐模块的竞争过程中都会得到不断的改进与创新。

Baldwin 和 Clark（2000）指出，设计的层级结构是模块设计中可见信息与隐藏信息联系的通道和有效手段。他们认为，企业价值网络中的设计层级结构（见图 4-1）分为三个层次，顶层是适应于所有子系统的整体设计规则，第二层是对系统的某些部分来说可见的设计规则，第三层（隐模块 A、B、C、D）是相对于其他部分而言不可见的模块内部的设计规则，也就是系统的隐模块。隐模块包含不可见信息，并且设计一个新系统体系结构或设计结构优化模块的机会远低于设计隐模块，隐模块的竞争有助于降低显性规则条件下模块的设计成本，或在同等成本条件下改进模块性能，创造更多的模块价值，有助于企业价值网络竞争优势的形成。

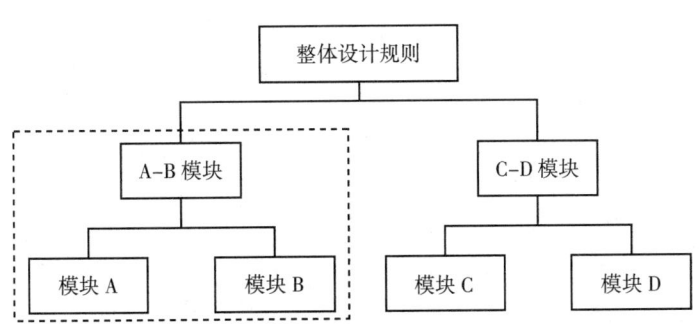

图 4-1 企业价值网络中的设计层级结构

(二) 标准的竞争

Antonelli（1994）认为，标准是个体行为的保障，是一种能够保证个体组织协调与合作的特殊制度。Charles Kindleberger（1983）指出，标准可以分为两类，一类标准可借由交易成本的降低来提高市场和组织效率，另一类标准可借由多样性的降低来拓展市场，产生规模经济。可见，标准的产生有助于减少产品差异、降低产品成本和进入壁垒，扩大了市场范围，加剧了竞争。对于企业价值网络而言，标准是价值网成员企业与企业之间的一种重要的协调机制，是价值网成员企业以明文协议方式或彼此默契方式遵守的一种技术性规定，这种标准一旦确定，则在价值网络内部就具备了公共物品的性质，价值网成员企业共同使用和共同遵守。Katz 和 Shapiro（1985）认为，企业价值网两种或两种以上个体标准对网络内部相关标准地位的争夺就是企业价值网标准的竞争。

一般而言，价值网内部标准的竞争主要包括如下三种类型：一是技术标准的竞争，这种竞争是一种高层次的技术竞争，对于价值网络的技术创新和网络创新等都有重要的推动作用，技术标准是指某种产品或服务的相关技术规范，这种规范得到了大多数生产商和用户的承认。对于价值网成员企业而言，若将其自身的核心技术设置为网络组织的技术标准，则该企业在价值网中将占据核心地位，在网络租金的谈判中具备较高的话语权。究其原因，一方面，技术革命的结果往往表现为标准更新、标准竞争，而标准问题往往是由技术革新引起的；另一方面，先进技术的脱颖而出往往是由技术标准的竞争推动的，网络组织内部技术的共享与扩散、网络组织技术领先地位的获取与保持等都需要技术标准的竞争，也就是说，技术标准的竞争有助于增强整个网络组织的竞争优势。二是接口标准的竞争，接口标准是对产品或系统在连接处达到相容性所制定的标准。系统的稳定性、使用的方便性等对联结方式提出了较高的要求，特别是复杂系统的接口问题。系统运行中一些不方便使用或不协调等问题往往是由于不恰当的联结方式造成的，需要以标准的形式提高系统联结的规范性，以保证系统安全、可靠、稳定运行，满足系统的其他质量要求。在企业价值网络内部，接口标准的竞争非常重要，占据了极其重要的地位。究其原因，产品组成部分之间的兼容性、企业价值网络所提供产品的可"组装"程度、顾客价值的创造及消费者能够获得模块化产品的解决方案等都受接口标准的制约。同时，系统供应商在与对手的竞争中可借由接口标准的控制来提高竞争对手的成本,从而有效"压制"竞争对手。接口标准的竞争是网络内部公开标准,具有"准公共品"的典型特点,能够使各个模块化部件中间的联结更加理想、经济,有效降低设计和交易成本。三是网络标准的竞争,网络标准亦称兼容标准,是用来解决系统商品中各个部件之间的互联互通问题(兼容性问题)。通常情况下,产品模块的兼容性越大,代表消费者可选择的空间就越大,使消费者更容易买到理想的部件组装产品,在价格不变的基础上,消费者的购买愿望得到了切实提高,网络组织的获利能力也得到了提高。企业价值网络内部网络标准的形成本身就是一个优胜劣汰的竞争过程,在网络标准的竞争中,能更好地实现兼容标准、具备成本优势的标准将在竞争中被网络所采用,成为企业价值网络的标准。随着网络标准的形成,各模块之间的兼容性得到了提高,单位模块的研发成本和边际成本降低,生产规模逐步扩大,产品的价格和利润都得到了不少提高,企业价值网的优势得到进一步增强。

可见,对于企业价值网络而言,标准竞争可以降低组织网络内部的风险,拓展竞争资源,提高组织网络的整体实力,强化网络竞争优势。

(三)模块生产的竞争

在企业价值网络中,除了模块设计的竞争之外,还存在模块生产的竞争。模块生产的竞争是模块设计竞争的延续。基于设计规则进行的模块开发和生产过程也具有优胜劣汰的典型竞争特性,能促使生产商降低模块成本,改进模块性能,提高模块质量,具有很强的激励作用。对于供应商而言,其在企业价值网络中的地位是否稳固直接受模块生产竞争的影响和制约,必须合理利用其在隐模块竞争中取得的优势,并在模块生产中将这些优势贯彻其中。对于模块集成商而言,模块的选择空间因模块生产的竞争得到了保留,能够在模块层面上对设计进行组合和搭配,从而降低模块专用性可能带来的道德风险。单个模块的价值微乎其微,只有作为大系统的有效组成部分才具有价值。

在企业价值网络中,同一功能模块存在于许多家生产企业,成员企业是组织网络内部的经营单位,在组织网络内部存在特定的竞争机制。组织网络内部的经营单位多具备一定的竞争优势,是一个单项核心能力突出的集束式组织,它们采用的虽然是集中其核心资源与组织网络某一环节的专门化战略,但与其具有相似业务结构的经营单位之间存在明显的竞争关系。从根本上讲,模块化生产不但能降低决策的分散化，使不同模块设计者之间的沟通和联系减少，而且能使得模块的生产更加分散。在模块设计过程的平行阶段，每一任务块的工作都是独立的，不同任务块之间不存在相互依赖关系，因此该阶段的不同任务块既可以由一家公司的不同部门来执行，也可以由不同公司的不同部门来执行。假若是模块化的设计结构，则生产商只要明晰设计规则并与一个系统集成商联系即可。依据系统的设计规则，模块集成商在自己的工作层面对模块进行测试，最终选择哪一家模块生产商的模块。模块生产竞争受诸多因素的工作制约，除了模块生产商与集成商之外，还包括生产成本、规模、资产的专用性和耐久性、重复交易、潜在的逆向选择等。其中，对模块生产商竞争地位影响最大、最重要的是模块的生产成本。波特（1980）也曾经指出，模块生产商提高自身竞争能力的关键就是控制成本驱动因素，降低模块生产成本。

三、价值网中的合作

在知识经济条件下，企业价值网络中不但存在竞争，同时存在合作，竞争与合作并不是相互独立的，而是互相渗透的，两者是同一事物的两个方面，内部合作有利于外部竞争，内部竞争有利于长远合作。合作是企业价值网络存在与生存的关键，成员企业只有基于组织资源及自身核心能力的基础上通力合作，才能将成员企业的核心资源和能力有效整合起来，才能产生网络经济效应，形成价值网络的整体竞争优势。合作是建立在异质性的基础上的，在企业价值网络内部的合作中，只有具备自身优势资源和能力的企业才能够参与到合作中来，因而成员企业参与合作的基础和关键就是通过竞争形成自身优势。需要指出的是，企业价值网络本身就是一种合作型组织，无论是管理层还是员工层，是核心企业还是普通成员企业都具有一致的目标和价值观，成员企业之间的合作有一个复杂的规则体系来支撑，主要包括谨慎性准则、相互交往性准则和惩罚性准则。在流程和结果都已确定的情况下，合作各方在平衡利弊得失的基础上，其最终的目的都是尽量减少不确定性的生产活动，以带来稳定的利润。更为关键的是，合作各方能够通过通力合作创造性地开展工作，实现技术创新、工艺创新或产品创新。惩罚性准则明确了企业价值网络成员企业合作各方违背准则所应承担的责任,并制定了详细的、可操作的惩罚措施,包括减少或取消订单、拒绝接收、终止合作等。

整体而言,在企业价值网络中,成员企业之间的合作主要有两种形式,即产品生产设计方面的合作和研发合作。

(一) 产品生产设计合作

在价值网中产品生产设计合作是一种基于模块化分工的合作,是成员企业之间的一种竞争后的"面对面"合作,其主要目的是对模块化与兼容性之间关系的协调,明确价值网竞争中产生的模块化系统的设计规则和"接口"标准。需要注意的是,不同团队在同一系统中要经常沟通,沟通的主要内容包括系统规则的设计理念、思路、规则、设计的任务结构等诸多方面,要协调好各团队之间的关系并展开合作,以便在任务结构的导向下创造合同结构,实现模块化的设计思路。在价值网络内部,产品设计和产品生产两方面应用模块化原理,诸多任务都需要成员企业之间的合作,包括设计规则(Design Rules)、独立的测试块(Independent Test Blocks)、明确的界面(Clean Interfaces)、嵌套层级结构(Nested Hierarchies)、隐藏信息(Hidden Information)和可见信息(Visible Information)的划分与协调等。企业价值网络内部合作可以划分为横向合作与纵向合作两种,其基础是价值链的模块化,其中具有替代关系企业之间的合作称为横向合作,而具有互补关系企业之间的合作称为纵向合作。价值网络内部成员企业之间的合作能促进系统设计规则的改进,通过网络组织资源整合突破"瓶颈"制约,提高成员企业及价值网络对突发事件的应对能力,提高效率,实现设计与生产的规模经济。

丰田汽车生产网络灾后迅速恢复生产的案例充分显示了企业价值网中生产设计合作对于网络组织生存与发展的重要价值。2003年,日本一桥大学创新研究院教授西口敏宏与三菱研究所(MRI)跨国咨询部研究顾问阿里克森德瑞-比奥德特在《不规则图案:供应链管理中的自行组合连接》一文中对丰田汽车生产网络灾后迅速恢复生产的过程进行了详细阐述。在分析该案例之前,我们首先根据有关"分形设计"的思想,将丰田汽车供应网络的多层分包体制,依照所谓"不规则图案之认知地图"(科鲁夫等,2003),描述为如图 4-2 所示的具有结构自相似性特征的"分形"图案。如图中大圆圈所示,直接与丰田汽车公司签订分包合约的一级分包商是"供应商",丰田公司就是它的"顾客"。

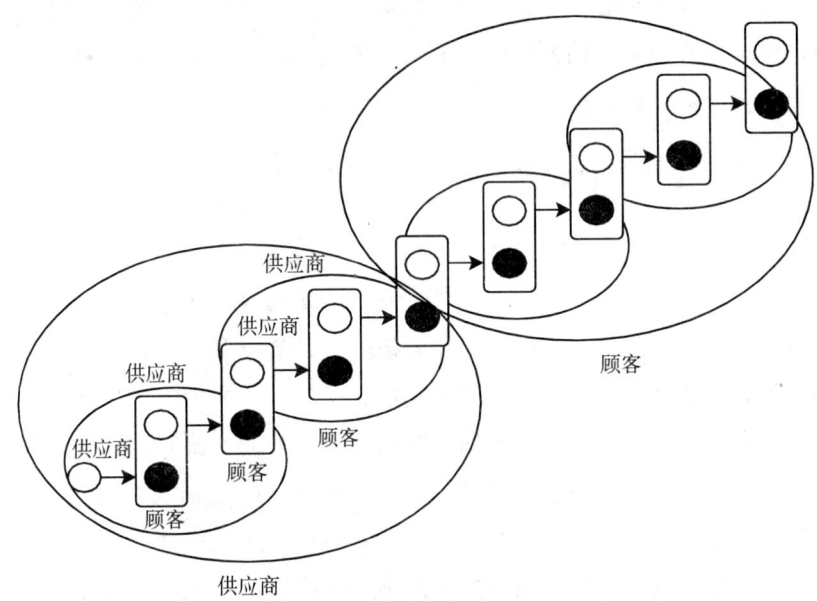

图 4-2 层层嵌套的供需关系的分形图案①

1997 年 2 月 1 日,丰田公司在销售、人员和金融方面联系最紧密的供应商之一——AisinSeiki 公司突发火灾,该公司负责为丰田公司提供汽车组装中所需的 P—真空管单一供货源。由于实施"汽车配件准时供货制",火灾发生后,丰田公司当时库存的 P—真空管只够一天的组装用,所以,即将发生的全面停产成了丰田汽车所有组装厂的致命威胁。但受火灾事件影响的不仅是丰田公司及其他组装丰田汽车的装配厂,而且,整个丰田汽车配件供应网络也都面临着连带的停产威胁,因为它们只能等到组装厂恢复了装配作业后才可以交送自己生产的各种零部件。AisinSeiki 公司的火灾使丰田汽车生产网络瞬间遇到了"瓶颈"问题。但由于价值网络中成员企业之间存在的生产与设计的合作机制,整个网络成员存在命运与共的关系,因此,外部帮助从一开始就成为不言自明的事情。AisinSeiki 公司提供了从大火中抢救出的设计图纸、技术、机床、原材料及部分专用工具,从与自己连接的 22 家供应商和丰田公司的 40 家供应商中挑选出 3 家迅速赶制出 P—真空管样型,还有超过 150 家其他公司为机床、钻头、夹具的寻找等提供了

---

① [英] 科鲁夫等.《知识创新:价值的源泉》[M]. 北乔译. 北京:经济管理出版社,2003.

帮助，以取代在火灾中被烧毁的东西。这些公司在事件期间给予的积极合作，对于恢复P—真空管的生产是至关重要的，因此，可以认为它们间接地介入了恢复生产的过程。因此，共有200余家公司成了这次火灾事件中的"协作企业"。结果是，P—真空管的生产得到恢复，仅仅中断了数天，丰田公司和它的供应商就重新开始正常运转。这个案例揭示了丰田公司在其汽车生产价值网络内部所有成员企业之间使合作制度化的最本质的能力，同时也向我们展示了相关单位之间和谐的协作如何改善所有单位的业绩，并由此构成汽车制造商竞争优势的重要因素。

（二）研发合作

研发合作是价值网成员企业之间最主要的合作形式之一。随着网络和信息技术加速渗透和深度应用，世界科技和经济都呈现出新的发展趋势，为研发合作提供了必要的条件和媒介，同时对合作进行技术创新提出了新的要求，尤其是精密复杂的技术使合作研发的重要性及迫切性日益凸显。将价值网络内部成员企业、供应商、商业伙伴及客户的全部知识发挥到极致，其唯一的途径就是通过合作研发实现知识与技术的共享与共创。企业价值网络成员企业之间的研发合作具有诸多功效，不但能缩短企业的研发周期，降低研发成本，分担研发风险，还能够实现研发的规模效应，实现技术外部效应"内部化"等作用。此外，合作研发还有助于在价值网络内部创造一种鼓励创新、鼓励突破的组织环境和氛围，有助于帮助合作企业达到合作和技术创新的目的。相对于网络成员而言，非网络组织成员的研发合作往往难以达到最优水平。导致非网络组织成员企业研发合作中知识溢出及努力程度不足的原因主要有如下三方面：一是由于研发合作"团队生产"特性的存在，各团队成员企业在预算平衡的条件下其努力程度无法实现"最优"，加之投入的复杂性与不确定性，投入与产出缺乏直接相关性等因素，使得这种局面更加严重。二是当研发合作伙伴在产品市场上是竞争对手时，会"机会主义"地减少自己的研发知识投入，希望对方付出比自己更多的努力。三是技术的非编码化特征，对于研发合作企业而言，在研发合同中无法明确技术投入的数量、质量等事前信息，因而使合作的签约和执行成本大大提高。上述原因的存在是造成非网络组织成员企业研发合作陷入博弈论中的"囚徒困境"的主要原因。相比之下，在价值网络内部成员企业之间不但具有相同的价值观和目标，其所追求的共同利益也是一致的，成员企业之间的边界"模糊"，其竞争不是一种对抗性竞争而是一种合作性竞争，竞争的最终目的是实现更好的合作。加之价值网络内部成员企业内部资源与知识的共享性，组织网络内部有利于形成知识流动、整合及技术创新的内在联系机制，使得价值网成员企业的研发合作能够打破非网络组织成员企业研发合作所存在的"囚徒困境"。此外，价值网络内部成员企业研发合作的另外一种有效形式就是技术联盟，以目标为导向的技术联盟能共同分担技术风险，实现联盟成员企业间的优势互补，降低重复竞争的成本。

四、价值网中的竞争与合作的博弈分析

世界经济的快速发展对价值网企业竞争和合作的整合能力要求越来越高，在价值网中，合作竞争已经成为各成员企业取得竞争优势的重要方式。例如世界著名学者——俄亥俄州立大学的 Branderburger 教授和耶鲁大学的 Nalebuff 教授采用博弈论观点对价值网合作竞争的关系进行了详细阐述，指出博弈论具有将合作与竞争有机地整合到一起的能力。我们知道，价值网是一个复杂的系统，是由价值网络内不同层次、不同主体成员企业之间多条具有互动关系的价值链整合而成的。在组织网络内部，不同价值链可能在多个环节上形成交互和联系关系。在价值网络内部，成员企业之间存在竞争与合作并存的复杂逻辑关系。实际上，合作竞争不仅可能存在于不同价值链相同环节的成员企业中，而且可能存在于单一价值链上具有供需关系的成员企业之间，组织网络内部相关利益者之间重复博弈的均衡结构就是价值网的状态。换言之，博弈论是分析价值网成员间合作竞争的重要方式和手段。在本章中，我们根据价值网的非线性拓扑结构，构建起供应商和集成商之间的两阶段动态博弈模型，从而对价值网内部各成员企业之间存在的竞争与合作关系进行分析探讨。

（一）模型的建立和求解

假设在价值创造过程中，价值网络内部某具有直接供需关系的 n 家制造商和供应商分别处于 A 节点和 B 节点，为了研究的方便，我们将全部供应商作为一个整体来对待。在价值网中,位于节点 A 的制造商处于一个寡头垄断市场(介于完全垄断竞争与垄断竞争之间的接近现实的混合市场),它将中间产品一个单位追加最终加工为最终产品。根据上文的分析,价值网内部的处于 A 节点与 B 节点的制造商和供应商是一种需求与供应的关系,在不同环节上能形成一种错综复杂的网状交叉结构,组织网络内部的合作竞争既可以发生在上下游节点的成员企业之间,也可能发生在同一节点的成员企业之间。节点 A、B 企业的转移费用由处于两节点企业的市场价值来支付。其中,A 节点的产品需求函数可以表达为:

$$P_A = a - bQ_A \tag{4-1}$$

式(4-1)中:P_A 为 A 节点的产品价格;a、b 为常量,且 $a > 0$,$b > 0$;Q_A 为 A 节点产品需求量。

处于 A 节点的制造商所进行的产品生产,必须采用 B 节点位置上的供应商的一个单位的中间产品,其数学表达式为:

$$Q_A = Q_B = Q \tag{4-2}$$

由于价值网内部成员企业之间具有基于信息共享的价值关系,不同节点的制造商与供应商对对方的成本水平都比较了解,即具有相互的完全信息。在上述条件下,首先由供应商对中间产品价格进行评价,选择最优中间的产品价格 P_B,处于 A 节点的某制造商 I 根据其总成本 $V_A + P_B$(其中 V_A 是供应商一个单位产品的变动成本)的组成情况确定最优产量 q_{Ai}($i = 1, 2, 3, \cdots, n$)。可见,处于不同节点的供应商和制造商所采取的策略方式,制造商是联合决策还是独立决策来确定最优产量等,已经成为价值网成员企业之间合作竞争博弈模型建立的关键。

1. 完全信息下竞争—竞争动态博弈

根据以上的假设,竞争—竞争的策略组合就是:无论是在博弈的哪一阶段,价值网内部的制造商和供应商均是以实现自身利益的最大化作为最终的目标的。

(1)制造商同时独立决策的博弈。如果我们假设位于 A 节点位置上的 n 家制造商均通过独立决策策略选择最优产量时,处于 B 节点的供应商 I 的利润可以表示为:

$$\pi_{Ai} = (P_A - V_A - P_B) q_{Ai} \tag{4-3}$$

其中,$\sum_{i=1}^{n} q_{Ai} = Q$。

由于供应商的每一个单位产品还需要承担一个单位成本 V_B，则价值网络内部 B 节点供应商的利润可以表达为：

$$\pi_B = (P_B - V_B)Q \tag{4-4}$$

在博弈的第一阶段，首先由处于 B 节点的供应商选择最优价格 P_B 向处于 A 节点的制造商 I 供应中间产品以实现自身利润的最大化。其最大化利润表示为：

$$M_{P_B} \alpha x \pi_B = (P_B - V_B)Q \tag{4-5}$$

在博弈的第二阶段，制造商 I 根据供应商供应的中间产品的最优价格选择最优的产量 q_{Ai} 以实现自身利润的最大化。其最大化的利润表示为：

$$M_{q_{Ai}} \alpha x \pi_{Ai} = (P_A - V_A - P_B)q_{Ai} \tag{4-6}$$

根据逆推归纳法原理，从博弈论的最优一个阶段博弈方的行为开始分析，即首先分析竞争—竞争动态博弈第二阶段的博弈行为。由于处于 A 节点的制造商所处的是同质产品的寡头垄断市场，制造商 I 在其他寡头企业均已完成最优产量选择的情况下，为最大化其利润需要对最优产量 q_{Ai} 进行选择，其一阶条件为：

$$\frac{d\pi_{Ai}^*}{dq_{Ai}} = \frac{dP_A}{dQ}\frac{dQ}{dq_{Ai}}q_{Ai} + P_A - V_A - P_B = 0 \tag{4-7}$$

由于价值网内部 A 节点上的各制造商在最终产品加工中单位中间产品的追加成本相同，则各个制造商同时独立决策时的库诺特（Cournot）均衡产量为：

$$q_{A1}^{C1} = q_{A2}^{C2} = \Lambda = q_{An}^{C1} = \frac{a - V_A - P_B}{b(n+1)} \tag{4-8}$$

同理则 A 节点上 n 个制造商独立决策时的总产量为：

$$Q^{C1} = \frac{n(a - V_A - P_B)}{b(n+1)} \tag{4-9}$$

在完善第二阶段博弈的分析之后，我们对竞争—竞争动态博弈中第一阶段的博弈行为进行分析，即 B 节点供应商选择最优价格 P_B 以实现自身利润的最大化。其一阶条件为：

$$\frac{d\pi_B^*}{dP_B} = 0 \tag{4-10}$$

则供应商同时独立决策时的库诺特（Cournot）均衡产量为：

$$P_B^{C1} = \frac{a - V_A + V_B}{2} \tag{4-11}$$

将式（4-11）代入式（4-9）中可以得到：

$$Q^{CI} = \frac{n(a - V_A - V_B)}{2(n+1)b} \tag{4-12}$$

进一步进行计算可以得到:

$$\pi_{Ai}^{CI} = \frac{(a - V_A - V_B)^2}{4(n+1)^2 b} \tag{4-13}$$

$$\pi_A^{CI} = \frac{n(a - V_A - V_B)^2}{4(n+1)^2 b} \tag{4-14}$$

$$\pi_B^{CI} = \frac{n(a - V_A - V_B)^2}{4(n+1)b} \tag{4-15}$$

$$\pi_{A+B}^{CI} = \frac{(n^2 + 2n)(a - V_A - V_B)^2}{4(n+1)^2 b} \tag{4-16}$$

由式(4-13)至式(4-16)可以看出,当A节点上的不同制造商同时独立进行最优产量的决策时,对于任何一个制造商而言,其决策都是最符合个体的理想选择,是一种"囚徒困境"式的均衡解。当n增加时,供应商的利润不断增加,但单个供应商利润随之降低。制造商和供应商在n趋于无穷大时其利润也截然相反,制造商将彻底无利可图,而供应商利润将达到最大值,表示为:

$$\pi_B = \frac{(a - V_A - V_B)^2}{4b} \tag{4-17}$$

这些给我们的提示是,为了提高自身的利润水平,供应商应当在现有水平的基础上进一步拓展销售渠道,与更多的制造商建立供应关系。

(2)制造商联合决策的博弈。假设价值网络中处于A节点的n家制造商在选择最优产量时不是同时独立决策,而是联合起来作为一个垄断团体共同进行最优产量决策时,这一垄断团体所面临的共同问题可以表达为:

$$M_Q \alpha x \pi_A = (P_A - V_A - P_B)Q \tag{4-18}$$

其最优一阶条件为:

$$\frac{d\pi_A}{dQ} = 0 \tag{4-19}$$

根据式(4-19)计算可以得到:

$$Q^{MI} = \frac{a - V_A - P_B}{2b} \tag{4-20}$$

供应商为实现其利润最大化需要选择最优的中间产品价格P_B,根据其一阶条件可以得到如下结论,即制造商同时独立决策时的最优价格与供应商的最优价格相同。因此可以得到:

$$Q^{MI} = \frac{a - V_A - V_B}{4b} \quad (4-21)$$

$$\pi_A^{MI} = \frac{(a - V_A - V_B)^2}{16b} \quad (4-22)$$

$$\pi_B^{MI} = \frac{(a - V_A - V_B)^2}{8b} \quad (4-23)$$

$$\pi_{A+B}^{MI} = \frac{3(a - V_A - V_B)^2}{16b} \quad (4-24)$$

我们将制造商联合决策和同时独立决策进行比较之后可以发现：$Q^{CI} \geqslant Q^{MI}$，$\pi_A^{CI} \leqslant \pi_A^{MI}$，$\pi_B^{CI} \geqslant \pi_B^{MI}$，$\pi_{A+B}^{CI} \geqslant \pi_{A+B}^{MI}$。通过比较可以看出，与制造商同时独立决策时相比，制造商在联合决策时会产生一个具有垄断性质的团体，此时的总产量比同时独立决策时的产量会产生明显的降低，利润水平会有一定程度的提升，而对于供应商来说，渠道总利润以及整体利润水平都会出现不同程度的降低。结果说明，对于价值网络内部的成员企业而言，当制造商与供应商为非合作关系时，制造商内部的联合仅仅对单个制造商本身有利，但不利于价值网整体效率的提升。

2. 完全信息下合作—竞争动态博弈

当处于博弈的第一阶段时，B节点供应商通过合作策略，以最优价格 P_B 取得最大化的渠道总利润；在博弈的第二阶段，制造商选择最优产量以实现自身利润最大化。

（1）制造商同时独立决策的博弈。采用逆推归纳法，首先对完全信息下合作—竞争动态博弈中第二阶段的博弈进行分析，这部分的计算方式与过程以及前文中制造商同时独立决策博弈的分析完全相同，在对该部分进行借鉴参考之后，我们可以直接对第一阶段博弈进行探讨。

其最优一阶条件为：

$$\frac{d\pi_A}{dP_B} + \frac{d\pi_B^*}{dP_B} = 0 \quad (4-25)$$

根据式（4-25）、式（4-7）和式（4-8）计算可以得出：

$$P_B^{C2} = \frac{(n-1)(a - V_A) + (n+1)V_B}{2n} \quad (4-26)$$

$$Q^{C2} = \frac{a - V_A - V_B}{2b} \quad (4-27)$$

$$\pi_A^{C2} = \frac{(a - V_A - V_B)^2}{4bn} \quad (4-28)$$

$$\pi_B^{C2} = \frac{(n-1)(a - V_A - V_B)^2}{4bn} \quad (4\text{-}29)$$

$$\pi_{A+B}^{C2} = \frac{(a - V_A - V_B)^2}{4b} \quad (4\text{-}30)$$

（2）制造商联合决策的博弈。采用逆推归纳法对制造商联合决策博弈进行分析时，第二阶段的分析过程与前文中制造商联合决策博弈的分析一致，在对该部分计算结果进行借鉴参考之后，我们可以直接对第一阶段博弈进行探讨。

根据式（4-25）的一阶条件和式（4-20）计算可以得到：

$$P_B^{M2} = V_B \quad (4\text{-}31)$$

$$Q^{M2} = \frac{a - V_A - V_B}{2b} \quad (4\text{-}32)$$

$$\pi_A^{M2} = \frac{(a - V_A - V_B)^2}{4b} \quad (4\text{-}33)$$

$$\pi_B^{M2} = 0 \quad (4\text{-}34)$$

$$\pi_{A+B}^{M2} = \frac{(a - V_A - V_B)^2}{4b} \quad (4\text{-}35)$$

将完全信息下合作—竞争动态博弈中制造商同时独立决策博弈与联合决策博弈两种情况进行比较可以得到：$Q^{C2} = Q^{M2}$，$\pi_A^{C2} \leqslant \pi_A^{M2}$，$\pi_B^{C2} \geqslant \pi_B^{M2}$，$\pi_{A+B}^{C2} \geqslant \pi_{A+B}^{M2}$。通过比较可以看出，当价值网络内成员企业中供应商为合作关系时，采取策略均不会对产量造成影响，但采取同时独立决策时的利润水平要低于联合决策时的利润水平，制造商的联合会导致供应商的利润大大降低甚至无利可图。

3. 完全信息下竞争—合作动态博弈

在博弈的第一阶段，供应商借由最优价格 P_B 最大化自身利润；当处于博弈的第二阶段时，制造商通过最优产量实现渠道总利润的最大化。

（1）制造商同时独立决策的博弈。我们可以借助逆向归纳法，对博弈第二阶段中制造商通过最优产量实现渠道总利润的最大化的博弈进行分析。假设价值网络内部成员企业中供应商皆采取合作态度，且同处 A 节点上其他寡头企业皆以完善最优产量决策的前提下，制造商为实现渠道总利润的最大化需要对其最优产量 q_{Ai} 进行选择决策。其最优一阶条件可以表示为：

$$\frac{d\pi_{Ai}^*}{dq_{Ai}} + \frac{d\pi_B^*}{dq_{Ai}} = 0 \quad (4\text{-}36)$$

根据式（4-36）计算可以得到：

$$q_{A1}^{C3} = q_{A2}^{C3} = \wedge = q_{An}^{C3} = \frac{a - V_A - V_B}{b(n+1)} \qquad (4-37)$$

$$Q^{C3} = \frac{n(a - V_A - V_B)}{b(n+1)} \qquad (4-38)$$

上文已提及，在博弈的第一阶段，处于价值网络内部 B 节点上的供应商为实现其自身利润的最大化需要对最中间产品的最优价格 P_B 进行选择。其一阶条件为：

$$\frac{d\pi_B^*}{dP_B} > 0 \qquad (4-39)$$

从式（4-39）可以看出，价格 P_B 越大显然对供应商越有利，但现实中 P_B 显然是在一定范围区间内的，不可能无限增大，因此必须满足如下条件：

$$P_B + V_A = P_A \qquad (4-40)$$

只有在满足式（4-40）的前提下，才能保证价值网络中制造商的利润不是负值。因此可以得到：

$$\pi_A^{C3} = 0 \qquad (4-41)$$

$$Q_B^{C3} = \frac{n(a - V_A - V_B)^2}{(n+1)^2 b} \qquad (4-42)$$

$$\pi_{A+B}^{C3} = \frac{(a - V_A - V_B)^2}{(n+1)^2 b} \qquad (4-43)$$

（2）制造商联合决策的博弈。根据逆向归纳法，可以得出第二阶段制造商在实现其渠道利润最大化目标时的一阶条件为：

$$\frac{d\pi_A^*}{dQ} + \frac{d\pi_B^*}{dQ} = 0 \qquad (4-44)$$

利用最优化一阶条件，经计算得到：

$$Q^{M3} = \frac{a - V_A - V_B}{2b} \qquad (4-45)$$

对第二阶段供应商实现其自身利润最大化时目标的博弈行为进行分析，由于其一阶条件 $\frac{d\pi_B^*}{dP_B} > 0$，且必须满足条件 $P_B + V_A = P_A$，据此可得：

$$\pi_A^{M3} = 0 \qquad (4-46)$$

$$Q_B^{M3} = \frac{(a - V_A - V_B)^2}{4b} \qquad (4-47)$$

$$\pi_{A+B}^{M3} = \frac{(a - V_A - V_B)^2}{4b} \tag{4-48}$$

将完全信息下竞争—合作动态博弈中制造商同时独立决策博弈与联合决策博弈两种情况进行比较可以得到：$Q^{C3} = Q^3 = 0$，$\pi_B^{C3} \leq \pi_B^{M3}$。通过比较可以看出，当价值网络内成员企业中制造商对供应商采取合作态度时，无论采取何种策略，制造商利润均为0，但采取同时独立决策时的利润水平要低于联合决策时的利润水平。

4. 完全信息下合作—合作动态博弈

通过对两个阶段的博弈分析我们可以发现，制造商选择产量以及供应商选择价格 P_B，其目标均为实现企业的渠道利润总和的最大化。

（1）制造商同时独立决策的博弈。

根据上述思路和前文同样的求解方法，可以求得：

$$Q^{C3} = \frac{n(a - V_A - V_B)}{(n+1)b} \tag{4-49}$$

$$P_A^{C4} = \frac{a + n(V_A + V_B)}{n+1} \tag{4-50}$$

$$\pi_{A+B}^{C4} = \frac{n(a - V_A - V_B)^2}{(n+1)^2 b} \tag{4-51}$$

在这里，我们无法确定 P_B、π_A^{C4} 和 π_B^{C4}，对于价值网络中处于 A 节点的制造商和处于 B 节点的供应商之间的利润分配也必须借助其他方法完成。

（2）制造商联合决策的博弈。根据上述思路和前文同样的求解方法，同样可以求得：

$$Q^{M3} = \frac{a - V_A - V_B}{2b} \tag{4-52}$$

$$P_A^{M4} = \frac{a + V_A + V_B}{2} \tag{4-53}$$

$$\pi_{A+B}^{M4} = \frac{(a - V_A - V_B)^2}{4b} \tag{4-54}$$

在这里，我们同样无法确定 P_B、π_A^{M4} 和 π_B^{M4}，对于价值网络中处于 A 节点的制造商和处于 B 节点的供应商之间的利润分配也必须借助其他方法完成。

（二）价值网企业合作竞争策略分析

通过上述计算结果，现将价值网络不同节点供应商和制造商的四种不同类型的动态博弈矩阵整理如下，如表 4-1 所示。

表 4-1　价值网络中供应商和制造商的博弈矩阵

供应商＼制造商	竞争（非合作）	合作
竞争（非合作）	$\frac{n\Delta}{4(n+1)}$, $\frac{n\Delta}{4(n+1)^2}$ $\frac{\Delta}{8}$, $\frac{\Delta}{16}$	$\frac{n\Delta}{(n+1)^2}$, 0 $\frac{\Delta}{4}$, 0
合作	$\frac{(n-1)\Delta}{4n}$, $\frac{\Delta}{4n}$ 0, $\frac{\Delta}{4}$	K^C, $\frac{n\Delta}{(n+1)^2} - K^C$ K^M, $\frac{\Delta}{4} - K^M$

注：第一、二行分别代表制造商各自独立决策和联合决策时的情况，$\Delta = \frac{(a - V_A - V_B)^2}{b}$。

1. 制造商各自独立决策的合作竞争策略分析

对于处于价值网络中 A 节点的制造商而言，其同时独立决策时的博弈只有唯一的纳什均衡——竞争—竞争。显然，竞争—竞争型动态博弈与价值网的合作竞争思想是背离的。对制造商所处市场为寡占市场（n≥2）时做进一步分析。

（1）n = 2 时的合作竞争策略分析。根据上文对制造商和供应商四种动态博弈类型的分析可知，当 n = 2 时可以得到如下结果：

$$\pi_{A+B}^{C1} = \pi_{A+B}^{C3} = \pi_{A+B}^{C4} < \pi_{A+B}^{C2} \tag{4-55}$$

根据式（4-55）和表 4-1 中所示的博弈矩阵可以进一步整理为表 4-2，具体为：

表 4-2　n = 2 且制造商独立决策时的博弈矩阵

	竞争（非合作）	合作
竞争（非合作）	$\frac{\Delta}{6}$, $\frac{\Delta}{18}$	$\frac{2\Delta}{9}$, 0
合作	$\frac{\Delta}{8}$, $\frac{\Delta}{8}$	K^C, $\frac{2\Delta}{9} - K^C$

注：$\Delta = \frac{(a - V_A - V_B)^2}{b}$。

可以看出，在价值网络中，当供应商合作而制造商非合作时，整个系统的效率达到最大化。需要指出的是，供应商在此时所得到的收益比采取非合作策略时的收益明显要低，所以在供应商和制造商的合作策略的博弈中供应商必然会偏离既定的合作策略。显见，在供应商进行策略决策过程中对传统的渠道总利润分配计划进行重新分配，是使合作—竞争这种高效率策略组合成为可能的唯一途径。假设在合作—竞争策略下供应商与制造商所分得的利益分别为 L 和 $(\frac{\Delta}{4} - L)$，则分配参数必须满足如下条件：

$L \geq \frac{\Delta}{6}$，且 $\frac{\Delta}{4} - L \geq \frac{2\Delta}{9} - K^c$

即：

$$\frac{\Delta}{6} \leq L \leq \frac{\Delta}{36} + K^c \tag{4-56}$$

从式（4-56）可以看出，供应商与制造商之间新的唯一纳什均衡变成了合作—竞争策略组合，由于该均衡的系统效率最高，有利于维持长期的合作关系。

当价值网络中供应商不合作而制造商合作时，供应商能够榨取制造商的全部利润，这种情况是制造商最不愿意见到的，因而只有当供应商持合作态度时，制造商才会采取合作。纳什均衡一次性博弈的结果，即竞争—竞争策略组合，也从侧面说明了合作—竞争、合作—合作策略组合实现的可行性。

（2）n > 2 时的合作竞争策略分析。根据上文对制造商和供应商四种动态博弈类型的分析可知，当 n > 2 时可以得到如下结果：

$$\pi_{A+B}^{C3} = \pi_{A+B}^{C4} < \pi_{A+B}^{C1} < \pi_{A+B}^{C2} \tag{4-57}$$

根据式（4-57）可知，合作策略时制造商的系统效率低于非合作策略时的系统效率，合作—竞争的策略组合能够取得最高的系统效率。同样，在供应商进行策略决策过程中对传统的渠道总利润分配计划进行重新分配，是使合作—竞争这种策略组合成为可能的唯一途径。假设在合作—竞争策略下供应商与制造商所分得的利益分别为 L′和 $\frac{\Delta}{4} - L'$，则分配参数必须满足如下条件：

$L' \geq \frac{n\Delta}{4(n+1)}$，且 $\frac{\Delta}{4} - L' \geq \frac{n\Delta}{(n+1)^2} - K^c$

即：

$$\frac{n\Delta}{4(n+1)} \leq L' \leq \frac{(n-1)^2\Delta}{4(n+1)^2} + K^c \tag{4-58}$$

根据式（4-56），制造商采取合作态度时的系统效率是非常低的，不予考虑。

2. 制造商联合决策的合作竞争策略分析

此种情况下，竞争—竞争策略组合是制造商得益矩阵的唯一纳什均衡。进一步分析可以得出：

$$\pi_{A+B}^{M1} < \pi_{A+B}^{M2} = \pi_{A+B}^{M3} = \pi_{A+B}^{M4} \tag{4-59}$$

可见当制造商联合决策时，集体效率最低的情况是竞争—竞争策略组合。只有使价值网络中不同节点的制造商和供应商都采取合作策略，才能有效改进和提高系统效率。为了使制造商和供应商采取合作—合作策略，分配参数必须满足：

$$K^M \geq \frac{\Delta}{8}, \text{且} \frac{\Delta}{4} - K^M \geq \frac{\Delta}{16}$$

即：

$$\frac{\Delta}{8} \leq K^M \leq \frac{3\Delta}{16} \tag{4-60}$$

如此一来，会使竞争—竞争策略组合的效果不存在帕累托最优性。为了实现对博弈均衡结果的调整，采用无限次重复博弈的触发策略：第一阶段，制造商与供应商同时采用合作态度。其中，在前（t−1）阶段（t阶段）我们采用"合作—合作"的态度，反之则采取竞争（或非合作）的态度。简言之，两者在无限次重复博弈中首先尝试"合作"，若双方态度一致则合作继续，若一方有"非合作"态度则合作终止，严重情况下"非合作"态度一直持续并无法逆转。

我们假设δ为两博弈阶段得益间的贴现率（0≤δ≤1），当第一阶段的博弈中制造商采取"合作"策略时，供应商选择"合作"策略的得益为：

$$K^M + K^M \delta + K^M \delta^2 + \wedge = \frac{K^M}{1-\delta} \tag{4-61}$$

供应商选择"非合作"策略时的得益为：

$$\frac{\Delta}{4} + \frac{\Delta}{8}\delta + \frac{\Delta}{8}\delta^2 + \wedge = \frac{\Delta}{4} + \frac{\Delta}{8}\frac{\delta}{1-\delta} \tag{4-62}$$

在无限次重复博弈中供应商选择"合作"策略时应满足：

$$\frac{K^M}{1-\delta} \geq \frac{\Delta}{4} + \frac{\Delta}{8}\frac{\delta}{1-\delta} \tag{4-63}$$

同样的道理，在重复博弈中要使价值网络中全体制造商与供应商始终采取"合作策略"，需要满足：

$$\left(\frac{\Delta}{4} - K^M\right)\frac{\delta}{1-\delta} \geq \frac{\Delta}{4} + \frac{\Delta}{16}\frac{\delta}{1-\delta} \tag{4-64}$$

由式（4-60）、式（4-63）和式（4-64）计算可以得到，要促进价值网络中制造商与供应商之间采取"合作—合作"策略，则 K^M 的取值空间在 $0 \leq \delta \leq 4/5$ 时为空集。当 $4/5 \leq \delta \leq 1$ 时，K^M 的取值空间为：

$$\frac{\Delta}{4} - \frac{\Delta}{8}\delta \leq K^M \leq \frac{3\Delta}{16}\delta \tag{4-65}$$

且随着 δ 取值的减小，K^M 的取值空间也不断减少。当 δ = 1 时，K^M 的取值空间为 $\left[\frac{\Delta}{8}, \frac{3\Delta}{16}\right]$，当 δ = 4/5 时，$K^M$ 的取值空间缩小为一个点，即 $K^M = \frac{3\Delta}{20}$。

可见，在制造商联合决策时，"合作—合作"策略组合是价值网不同节点上制造商与供应商合作竞争重复博弈的均衡结果。换言之，在该触发策略下，"合作—合作"是价值网内各企业的最优策略选择。

五、价值网中的竞争合作与竞争优势

在企业价值网络组织内部，各成员企业之间的竞争合作关系共同组成了一个与生态网络十分相似的复杂而庞大的网络系统，在这个网络系统中，每个企业在向上游企业供应自己模块的同时，也接受着下游企业提供的模块，同时又与各横向企业之间相互联系、相互合作，形成一个相互合作相互制约的网络交互关系。在价值网络中，企业之间的相互合作需要具有一定的要素基础，归纳起来主要有贡献、亲密和愿景三个方面。追求对网络组织共享的、长期的和共同的愿景等有助于促进价值网络成员企业之间建立良好的合作伙伴关系，提高合作的稳定性。企业价值网络中的竞争是成员企业互惠交换的前提条件，只有经过竞争，各成员企业的核心资源才有可能得到充分的展现，也才有机会参与到价值网络的互惠交换中。在价值网络中，信任合作是各个企业互惠交换的必要条件，只有在信任基础上进行充分的合作，企业才能实现资源共享与优势互补。竞争与合作能给价值网带来稳定的效应和收益，有助于竞争优势的形成（见图 4-3）。

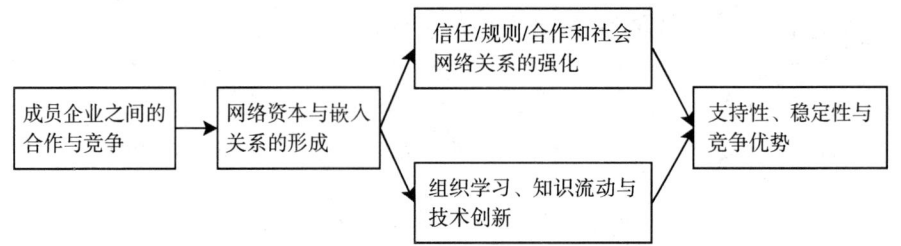

图 4-3　竞争与合作下价值网竞争优势的形成机理

首先，价值网络内部的网络租金是企业竞争利益和合作利益的有机组合。通过网络租金，有助于网络稳定性的进一步增强，有助于竞争优势的提升。企业价值网络内的网络租金的来源主要分为两种：节约交易成本以及组织生产增加网络组织收益。在企业价值网络内，各企业的总利润在扣除它们在单干情况下的利润总和之后会出现正的剩余，而这就是网络租金。网络租金的存在，有效减弱了价值网络中合作利益和竞争利益之间的矛盾性。第一，合作与竞争之间既存在着相互冲突，同时也存在着协同性，共同的目标利益促使它们共同成为提升企业价值网络竞争优势的重要方式。第二，尽管合作和竞争之间存在或多或少的冲突，然而由于合作所带来的利益要比竞争的利益大得多，因此价值网络中的成员企业会根据自身的情况在竞争和合作之间寻求一个有效的平衡点，进而保障网络整体的竞争优势或者利益。在企业价值网络中，合作的概念要比团队的含义大很多，它要求各个合作企业之间具备彼此分享技术、经验，以及携手共创未来的愿望和行动。因此，合理分享合作利益是合作企业之间突破合作障碍，取得合作成功的重中之重，其对于维持网络稳定性具有重要的意义。

其次，价值网络内各成员企业之间的关系为长期关系。也就是说，各成员企业之间属于重复博弈的过程，企业价值网络内的博弈双方对未来收益的预期明显超出短期机会主义行为带来的利益，因而双方的合作关系通常具有长期性。由于该重复博弈具有较长的时间跨度，无确切的结束日期，因此企业价值网络中各成员企业间的博弈带有明显的无限重复博弈性质。在该博弈过程中，只要各方关注未来的支付情况，那么未来对手不合作的威胁属于可置信威胁，会对其合作行为产生影响。如果背叛收益小于合作收益，则合作关系继续。当各方经过多次合作且产生信任关系之后，鉴于过去长期的合作创造了雄厚的声誉资本，具有较大的正向激励，且背叛的成本通常较高，因此企业通常会自觉进行合作。此外，有效的信息沟通对于合作博弈的顺利实现也具有积极的促进作用。基于 EDI 以及 Internet 信息集成模式能够有效加强成员企业间的信息沟通，为各企业博弈的局前通信奠定了坚实的基础。根据 Myerson（1991）的研究结论，博弈中的参与者之所以能够进行有效合作，其中一种可能就是他们可以借助局前通信，将他们的期待或利益协调到一个对部分甚至全部参与者都有益处的均衡点。在企业价值网络中，一些因素例如共同参与、相互信任以及价值观共享等都有利于合作环境的构建，进而营造出一种知识共创与分享的知识管理模式，此种管理模式以及合作环境对于网络稳定性的维持具有重要的意义。

此外，企业价值网络中成员之间的合作和竞争可以看作是竞争式合作和合作式竞争的有机结合。在价值网络内部，成员企业各方采取合作并不意味着不存在竞争。其中，合作式竞争是指从单纯的对抗性过渡到进行一定程度的合作，它是企业增强自身竞争优势所采取的战略行为。与之不同的是，竞争式合作的参与者为具有异质资源（能力）的企业，它属于一种具有选择性的合作，其中企业的异质资源（能力）是企业在长期的竞争过程中产生并积累而来的。合作竞争关系能够实现企业价值网络的竞争优势，为价值网络创立注入新活力，保持价值网络组织内部的动态均衡。企业价值网中各成员企业的合作和竞争是一个随时间而不断发生变化的过程，其并非是作为一种孤立的行为而存在。

自进入 21 世纪之后，科学技术日新月异，市场需求不断变化，外部因素也不断变化，企业价值网中对于优势资源的战略定位也必将改变，各成员企业间的合作与竞争形式也将随之改变，网络内部企业的核心能力将会出现此消彼长的局面。成员企业的能力结构对于网络组织的决策控制结构具有重要的决定作用，并最终产生"能力—控制结构"的循环。所以说，企业价值网络内部的各成员企业之间的合作与竞争关系，和"能力—控制结构"间属于反馈的循环过程。

第五章 价值网竞争优势来源之三：资源有效配置及资源共享

一、企业资源简述

（一）企业资源基础理论的基本思想

企业资源是一个企业从事任何生产、研发或者服务、管理所必备的条件，是企业价值网竞争优势的重要来源。企业资源的观念是在企业资源基础理论（Resource-Based Theory，RBT）中提出的，是20世纪80年代以来企业战略管理领域的新兴理论。企业资源基础理论认为企业是通过资源的使用获得竞争优势的，而可持续的竞争优势来源于满足特定条件的资源的使用。企业资源基础理论的基本思想可概括为两个要点：其一，企业竞争优势不在于企业外部的力量，而源于企业内部的资源；其二，只有具有战略性、独特性、难以模仿性的资源才能为企业带来长期可持续的竞争优势。

以前，企业把提高竞争优势的注意力放在外部环境上，但后期实践表明企业内在资源在企业竞争优势中发挥的作用越来越重要。但是，并非企业所有的内部资源都能为企业带来长期可持续的竞争优势。能给企业带来长期可持续竞争优势的资源必须具有以下特征：一是具有战略性（Strategic）。具有战略性即具有稀缺性（Rare），一般性资源只是一个企业存续的基础，它不能保证企业能因此获得超额利润。在不同的时代，企业的战略性资源是不同的。土地在农业经济时代是战略性资源，到了工业经济时代，企业不可能因为拥有土地而获得竞争优势，土地便成了一般性资源。在知识经济时代,知识是唯一的战略性资源。二是具有独特性(Unique)。独特性是指为本企业所独有而竞争对手没有。如果一项战略性资源同时为本企业和竞争对手所拥有,这就意味着双方拥有平等的竞争优势。三是具有难以模仿性(Inimitable)。一家企业可能因为获得某项战略性的、独特性的资源而赢得竞争优势,但是如果一段时间后,这一资源被竞争对手通过购买、仿制等方式也同样获取的话,那么本企业的竞争优势将不复存在。也就是说,可被竞争对手模仿的战略性、独特性的资源,只能为企业带来短暂的、无法持续的竞争优势。

综上所述,独特性、战略性以及对手无法模仿的资源是保障企业具有持续竞争优势的动力源泉。如图 5-1 所示,我们可以将具有"战略性、独特性、难以模仿性"的资源简称为"核心资源",将基于"核心资源"获得的长期可持续的竞争优势称为"核心竞争力"。

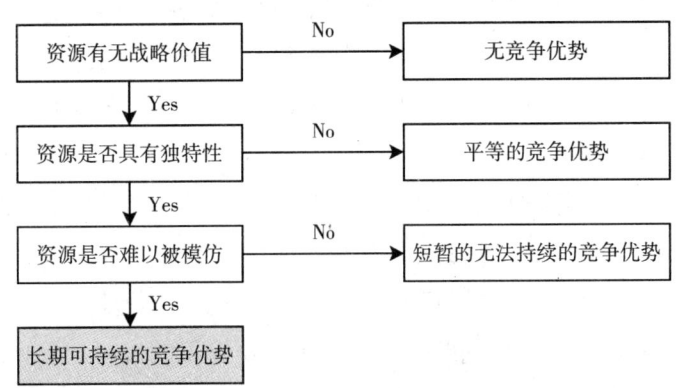

图 5-1 企业资源基础理论的基本框架

(二)企业资源的主要内容

迄今关于企业资源的分类尚无统一的观点,按照不同的分类标准可以将企业资源划分为不同的种类。较为普遍的观点认为,企业资源的要素主要包括人力资源要素、物质资源要素、资金要素及信息要素四个方面。

1. 人力资源要素

企业是由不同的人所组成的群体,并且进行着各种有组织的活动,可以说人从始至终作为一个主体要素而存在,如果离开了人这个要素,企业的生存和发展以及所谓的竞争力，都将成为一句空话。在企业日益重视技术创新和技术进步的大环境下，技术不仅凝结在企业的物质资本中（如生产设备），更多的是依靠企业的高科技技术人员来研发和创新。因此，现在越来越多的企业将科研技术人员作为企业的重要战略资源。当然，在企业的生产过程中，或者在企业竞争力的提升过程中，人力资源要素还包括其他各种类型的企业人员，如高层管理人员、中层管理人员、普通的职员或工人等。企业不仅需要拥有先进的技术，还需要高素质的经营者来经营，企业家和中高层管理人员承担着企业决策、计划、组织、控制等职能。这里要说明的一点是，人力资源要素与其他要素的不同之处在于，人力资源要素是对企业产生直接的影响作用，而其他要素是通过人力资源这一要素产生间接的影响作用。

2. 物质资源要素

物质资源要素是指企业在生产过程中所使用的各种有形技术，既包括车间和设备等，也包括原材料的供应渠道、企业所处的位置等。发展技术要素一方面可以提高资本和劳动力资源的合理配置效率并进一步提高企业的生产效率，另一方面可以节约生产要素资源，因此技术要素对企业的发展具有较强的推动作用。

3. 资金要素

企业是一个创造社会价值的主体，它经营运转的根本目标是追求利润，并且追求利润的最大化。因此，资金要素作为企业生存发展过程中不可或缺的要素，成为影响企业竞争力的一项重要因素，它是构建企业竞争力的物质基础。只有将这些资金要素进行有效合理的配置，并满足企业发展的需要，发挥其适当的作用，才能使资金要素为企业创造更大的价值。

4. 信息要素

现代化信息技术的迅猛发展，如互联网、存储信息手段、传输信息方式等的高速发展，使得信息要素成为一种必须加以利用的丰富的资源。信息技术与企业管理和发展结合，使企业的竞争力不断得到改善和提高。如信息技术可以有效降低运营成本，计算机辅助设计软件CAD的使用可以降低新产品设计的成本；客户服务系统ERP可以降低企业生产、销售数据采集和汇总的难度，并可以实现许多指标的报表统计，降低了管理成本。

二、价值网中的资源配置方式、效率与价值创造机理

(一) 资源学派对资源配置和价值创造的讨论

从总体上而言,对于资源学派来说,其资源理论与能力理论共同的焦点为租金的创造,这两种理论皆认为经济租的产生是价值创造的最终来源。资源学派着重强调"熊彼特租"(Schumpeterian)与"理查德租"(Ricardian),其分别强调了资源的创新能力和资源的稀缺性所创造的租金。

根据上述两种租金,资源学派还讨论了资源识别机制、能力构筑机制两种创租机制。传统的资源理论对于企业价值创造的分析多是以资源识别机制出发讨论的,强调决定企业绩效不同的主要因素是资源的差异性,导致经济租产生的根本原因是相对于对手而言企业能更加有效地识别、获取独特的资源。Madahok 对这种企业价值创造机制的特点进行了归纳,认为其主要特点有三方面:一是在资源获得以前,资源的识取就已经开始为企业创造价值;二是即便最终没有获得企业需要的资源,因避免无效资源的获取资源识取依然能为企业创造价值;三是因资源识取所创造的资金收入具有"李嘉图租"的性质,这也是企业拥有独特资源要素的必然结果。① 分析可见,企业资源识取活动创造价值的核心,不是获得相关资源以后的配置与开发,而是准确判断资源的价值和获得该项资源的能力,这种讨论忽略了企业内部培育配置资源的能力,仅简单地将资源配置局限在企业的外部进行讨论。企业能力理论对于经济租产生的分析是基于能力构建机制探讨的,认为能力难以通过市场交易获得,隶属于企业并内源于企业。需要指出的是,能力的构建属于企业最重要的价值活动之一,其最终的目的为协助企业构建能力体系,提升企业已经拥有资源创造收益的能力以及水平。Madadok 对企业能力构筑机制的特点进行了归纳,认为其特点主要有两方面:一方面,只有获得相应资

---

① Madahok A., Tallman B.. Resources, Transactions and Rents: Managing Value Through Interfirm Collaborative Relatio nships [J]. Organization Science, 1998 (9): 326-329.

源，能力的学习和构建才可以创造出其应有的价值；另一方面，其得到的租金收入被赋予了一定的"熊彼特租"的性质。① 这主要是由于价值创造需要依据企业资源利用效率的提高才得以实现，因此通过能力构建来建立企业所需要的恰当的能力至关重要，能力构筑与学习在资源获得以前无法单独地创造企业价值。这一观点忽略了企业外部环境中的资源配置问题，而简单地将企业的资源配置局限在企业的内部来考虑。

资源学派的知识理论有效地突破了企业的界限，系统阐述了积累机制、知识的流动以及共享等方面的内容。然而需要指出的是，该理论中对企业部分的探讨仅仅涉及了一部分资源要素，对于企业中的全部资源配置问题仍然无法进行根本性的解决。根据 Madahok（1998）的观点，无形资本难以通过市场配置这一观点在知识理论中已经得到了承认，但知识性的资产由于受到一系列固有特点的限制，例如组织内部很难进行识别以及评价等，因此要想不出现价值损失，并通过市场完成交易具有相当的难度。此外，David T.（1994）等也指出，市场难以对这种形态的资本进行有效配置。目前，知识理论对于这一问题的解决尚未给出具体的方法和思路。从上述分析可以看出，需要寻找新的途径来解决资源的配置与价值创造问题，而资源学派的关系理论为我们指明了方向。

（二）关系建立思想与关系租的创造

资源学派理论认为，企业组织是一组资源的组合，其并非是单一存在的，不同资源以及组织间具有资源结构的差异和资源的互补性。实现"1+1>2"效应的前提就是具有互补性关系的资源能够有效组合在一起。例如，一些大型跨国企业进入一些发展中国家的市场时，会受到东道国为保护本土企业利益而制定的相关法律条文的影响；一些小型企业在开展国际化战略时，往往会受到国际化经验缺乏等因素的制约。假如上述两类企业能够从自身的优势及需要出发，通过寻找合作伙伴培育合作关系等手段将双方资源有效结合起来，不但有助于提高双方资源的利用效率，而且有助于双方进入彼此期待进入的新兴市场，增加双方的收益，实现合作的"双赢"。可见，与企业资源和能力的集合一样，不同组织和资源之间的组合关系同样也是租金创造的重要来源之一。

---

① Makadok R. Toward a Synthesis of the Resource-based and Dynamic-capability Yiews of Rent Creation [J]. Strategic Management Jour nal, 2001 (22): 387-401.

资源观点学派（Resource-Based View，RBV）指出，某种资源独立发挥作用时产生的价值，往往会低于该资源与其他资源相结合时创造的价值，学者Dyer将这种资源称为关系资本，关系资本所创造的价值称为关系租。① 此外，Dyer还指出，关系租金的增长以及维持需要以一定的要素作为基础。概括来说，其基本要素主要包括四个方面：关系专用性投资、资源的互补性、交易成本的节约、知识共享以及学习。谢恩、李垣②，方润生、李垣③指出，关系建立在RBV的框架内是一种重要的价值创造方式，这种价值创造方式相对于其他价值创造方式而言更加主动。究其原因，根据资源观点，资源关系本身就是一个非常重要的价值来源，组织关系的主要内容和出发点之一就是建立组织关系，因此为了保证租金的创造与获得，联盟各成员企业都要进行积极的关系建立活动。这是因为正确的、具有针对性的资源整合，属于关系建立活动创造价值的重要途径之一。然而从管理活动的层面上我们可以看出，不同管理者通过关系获取创造价值的途径比较复杂，主要包括优化合作治理模式、提高合作成绩及强化关系专用投入等以强化不同组织之间的关系交往，而这些关系建立活动成为企业创造关系租的主要途径。④

（三）价值网中的资源配置与价值创造

1937年，新制度经济学的创始人罗纳德·科斯（Ronald H. Coase）在其发表的《企业的性质》一文中提出了交易费用的重要概念，引发了学者的高度重视和广泛关注。此外，美国经济学家阿尔钦（Alchian）、德姆塞茨（Deynseta）、奥利弗·威廉姆森（Oliver Williamson）以及中国香港经济学家张五常对这一概念进行了拓展性研究，形成了交易费用理论，该理论认为资源配置方式主要采用市场和企业组织的二分法。此外，还有一种与此相对立的资源配置方式——三分法，该方法由Powell于1990年提出，认为在市场和企业组织的基础上，将资源配置的

---

① Dyer J., Singh H.. The Relational View: Cooperative Strategy and Sources of Inter- organizational Competitive Advantage [J]. Academy of Management Review, 1998, 23 (4): 660- 679.
② 谢恩, 李垣. 基于资源观点的联盟中价值创造研究综述 [J]. 管理科学学报, 2003, 6 (1): 81- 86.
③ 方润生, 李垣. 基于关系的资源与企业资源获取行为的创租机制 [J]. 预测, 2003, 22 (2): 33- 37.
④ Dyer J. H., Ouchi W. G.. Japanese Style Business Partnerships: Giving Companies a Competitive Edge [J]. Sloan Management Review, 1993, 35 (1): 51- 63.

基本方式进一步拓展到网络。① 相对于二分法而言，三分法强调资源配置的基本方式不但包括市场和企业组织，还包括介于市场和企业组织两者之间的协调规则——网络，重点强调了网络在资源配置中的互补作用，网络化配置方式开始引起理论界和实务界的高度重视，研究的重点开始关注市场和企业组织协调之外的中间组织形态。借鉴斯密和钱德勒把市场和企业科层分别称作"看不见的手"和"看得见的手"的隐喻，拉尔森将网络间的协调称为"握手"。可见，对于企业价值网络而言，成员企业通过这一典型的关系网络实现了资源配置方式的"握手"，因而有助于培养价值网络的竞争优势，如图5-2所示。

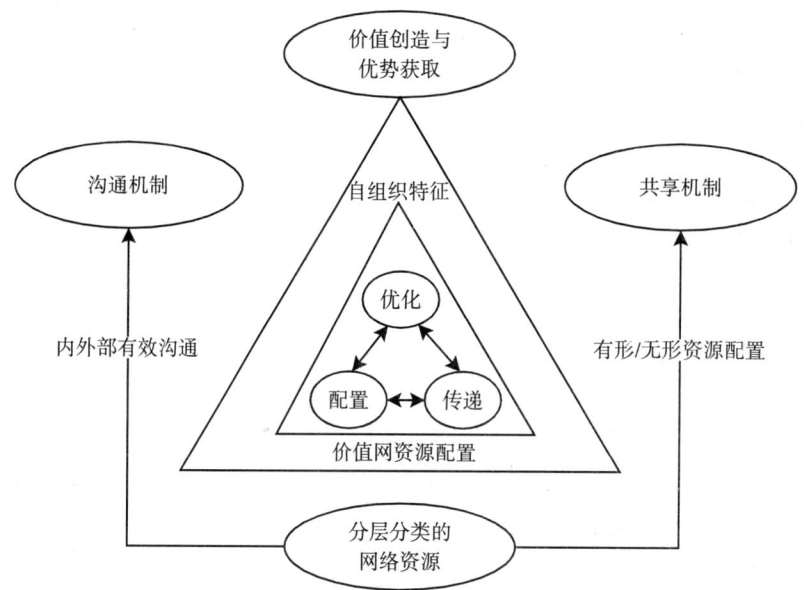

图5-2　价值网资源配置与竞争优势构建的机理

首先，在价值网络内部，成员企业的资源配置从企业内部进一步拓展到组织网络的环境中，使组织网络的内外部环境得到了有效沟通。一方面，这一变化使得企业内部的资源配置效率大大提高；另一方面，这一资源配置的变化使得企业价值网这一特殊关系网络中的社会信息资源得到了更加充分的利用，成员企业可以根据实际情况选择最适宜的资源进行配置，实现了成员企业内部与外部资源配

---

① Powell W. W.. Neither Market nor Hierarchy: Network for Mass of Organizational[J]. Research on Organizational Behavior, 1990, 12: 295-336.

第五章 价值网竞争优势来源之三：资源有效配置及资源共享

置的统一，提高了资源的配置效率，有助于竞争优势的培养和形成。此外，企业价值网络本身就是一种特殊的网络资源，具有不可替代、难以模仿等典型特征。在企业价值网络中，各个成员企业可以通过资源共享进行相关资源的开发以及利用，然而这种网络资源却是竞争对手难以模仿和代替的，作为企业构建核心竞争力的重要保障，这种独特的网络资源也是价值网络培育竞争优势的重要保障。

其次，在价值网络内部，成员企业不但可以借助组织内部的共享机制进行有形资源的配置（如技术、设备等），还可以进行无形资源的配置，这种配置是通过价值网络内部的信息共享机制来实现的，有形资源和无形资源配置的协调一致有助于显著提高配置效率。在知识经济时代，知识资本的重要性日益凸显，是现代企业最重要的战略性资源，特别是默会知识，这类知识蕴含于公司的组织实践和文化当中，对于企业发展更具有重要意义。知识获得更大发展的前提和根本途径是交流，企业与相关利益者之间要建立基于互惠协议的信任关系，其前提是建立企业间知识与信息的共享机制，营造出一种开放、自由的交流与学习氛围。另外，企业及其利益相关者间信息和知识的交互作用以及共享程度的深度和广度，也可以借由良好信任关系的建立及发展而得到进一步的拓展和延伸。合作创新的重要推动力就是知识信息的共享，这种共享能为企业及相关利益者各方带来关系租金，这是价值网络内成员企业获得竞争优势的主要方式之一。

此外，企业价值网络的自组织特征使其比其他资源配置方式更有效率。上文已提及，企业价值网络是一个复杂的系统，具有自组织的典型特征。根据学者哈肯的观点，自组织是一个特殊的体系，该体系在空间的、时间的或功能的结构获得过程中，不受外界"特定"干涉。需要提及的是，"特定"一词是指该体系的这种功能或结构是外界以特殊方式作用于该体系的，而并非是强加的。[①] 可见，"自组织"应当是事物自主、自发地走向组织的一个动态过程。换言之，"自组织"是"组织"概念分类方式中的一个子概念，是事物自发或自主，从无序状态逐步走向有序组织的一种方式或类型。一般来说，企业价值网络可以自行组织、自行创生、自行演化，也就是对于组织网络内部的资源配置，特别是以知识创新作为代表的无形资源的配置，能够依靠组织网络内部的扩散、传递等，在资源配置的过程中及时调整、改进与完善，从而达到对企业价值网络资源配置的柔性配

---

① 吴彤. 自组织方法论研究 [M]. 北京：清华大学出版社，2001：6-10.

置。相对于资源的外在性配置而言,价值网络的这种自我柔性配置具有更高的效率,有助于价值网络竞争优势的形成。

三、价值网中的资源共享机制与价值创造机理

对于价值网成员企业而言,资源共享的最终目的是运用所获取的资源创造出价值,而并非获取所需要的资源。价值网络中资源共享的机制如何,是如何通过资源共享方式创造价值的,不同类型资源共享中价值创造的机理如何等,这些都是下文要探讨的问题之所在。需要注意的是,资源的使用及开发活动过程是资源价值的来源,资源本身并不能创造价值。换言之,资源产生的价值因资源使用方式的不同而有所差异。如信息的传递既可以通过网络向所有需求者传递,也可以通过文件、电话或转述等方式逐一传递,但不同的信息传递方式的成本是不同的,所产生的风险和收益也有所不同。对于价值网络成员企业而言,其创造价值的方式依企业活动的独立程度划分为两类:合作创造与独立创造。其中,在集体合作创造中,资源的使用是借助一系列协调活动得以完成。Cook 和 Emerson 认为,网络成员企业的独立程度、价值交换的内容及运行活动等,是其能够对另外一个网络企业产生影响的重要制约因素。[①] 因此,为了提高交换网络一体化的效率,网络参与者可以采用系统的方法对价值交换的内容、运行活动等进行调整。对于价值网成员企业而言,关注整个网络组织价值的提高,要从自身不同科层组织的独立层级及交换价值分布的优化等方面着手。

价值网区别于其他网络组织的根本特征,就是网络组织成员企业跨组织的一体化运营。为了更好地对企业价值创造过程的相关机理进行理解,我们可以将整个价值网络的价值创造过程作为一个完整的产业价值链,在该价值链中,各个成员企业可以根据自身的能力以及所拥有的核心资源进行某一项或者某几项的服务或者生产活动。对于那些在价值网中占主导地位的企业而言,上述过程实际上是

---

① Cook Karen S., Richard M. Emerson. Power, Equity and Commitment in Exchange Networks[J]. American Sociological Review, 1978 (43): 721–739.

第五章 价值网竞争优势来源之三：资源有效配置及资源共享

将其价值链上的某些业务进行分解以及外包的过程。但是价值网创造价值的过程与分解外包并不是完全相同的，因为价值网络中核心企业在外包过程中对外包商的产品或服务的提供过程并不进行干预。尽管外包可以提升企业的运作效率等，然而外包也会导致核心企业逐渐丧失对外包商的控制，因此不利于顾客信息的获取及顾客忠诚的培育。Magretta指出，功能一体化及范围经济是价值网业务模式的基础，企业间跨组织边界、跨功能的一体化的过程即为范围经济实现的过程。[①]价值网络中功能一体化是相对于成员企业而言的，是指成员企业在利用其核心资源或能力时，借助各服务或者产品的内在联系，通过和价值网内其他企业的合作来实现其他的功能。举例来说，为了提供更多的服务并提升顾客的自主选择性，不同成员企业之间可以借由价值网络的共享机制来建立统一的业务平台。实际上在许多行业内部，价值网服务提供商提供给顾客的产品或服务，都是以一体化形式或捆绑的形式提供的。网络组织成员企业在向顾客提供服务或产品的过程中，为达到向顾客快速、高效及低成本提供所需价值的目的，通过信息资源共享等方式相互协调其行动以实现上述目标的过程就是过程一体化。例如，为了提高价值网络的运行效率，缩短产品或服务的提供周期，价值网可以实施"并行工程"。Greg等指出，以顾客需要作为出发点实现过程一体化是顾客价值以及供应商成本管理所面对的焦点，如何实现功能一体化是价值网内部运行关注的主要问题。[②]一体化强调价值网络的系统运行及成员企业相关活动的互相协调，使价值网络的整体价值最大化，从而对成员企业提出了较高的要求，要求成员企业之间有共同的文化、明确的合作态度、对核心目标的清楚理解以及灵活的模块等。可见，价值网络成员企业之间跨组织的系统协调行为实际上就是一体化管理的本质，也是价值网竞争优势的获得与持续的过程，这种协调行为能够帮助价值网络成员企业获得协同效应，有效降低组织网络成员企业之间的共享成本。Cooper和Kaplan认为，资源共享是价值网创造价值的基础，也是价值网竞争优势建立的基础。[③]其中，价值网企业协调行动的前提条件是充分的信息共享，特别是信息技术的快速发展为价值网成员企业资源共享的自动化和一体化提供了信息基础，

---

① Magretta J.. Why Business Model Matter [J]. Harvard Business Review, 2002, 80 (5): 86-92.
② Greg Hearn, Cassandra Pace. Value-creating Ecologies: Understanding Next Generation Business Systems [J]. Foresight: The Journal of Future Studies, Strategic Thinking and Policy, 2006, 8 (1): 55-65.
③ Robin Cooper, Robert Steven Kaplan. The Design of Cost Management Systems: Texts, Cases and Readings [M]. Prentice-Hall International, 1999: 221-225.

使得网络体系内部的实时沟通与交流成了可能。在信息技术的支撑下，价值网成员企业之间实现了"无缝联结"，可以就生产进度安排、顾客需要变化、存货等信息进行相互交换。Rayport 等（1995）指出，在价值网中使用互联网技术，可以有效实现上下游企业间的信息沟通与交流，促使价值链联结转化成收益，提升成员企业的竞争能力以及优势。除了信息流之外，对知识和能力资源的共享也是价值网创造价值的不可缺少的条件。

价值网竞争优势的获取实际上是成员企业跨组织进行资源整合的结果，其涵盖了能力、知识以及信息等多个方面，该能力是价值网竞争优势的根本来源，也是价值网创造价值的根本途径。

（一）价值网中的信息资源共享与价值创造

在价值网络内部，基于信息通信技术，以数字信息作为形式进行交换，是各个成员企业相互获取信息的主要途径。在价值网中信息通信技术是成员企业实现信息共享的工具和手段，在价值网信息共享、价值创造、竞争优势建立、参与者管理等方面发挥着重要作用。随着科学技术的发展和信息技术的不断深化，集成式的信息技术共享方式成为价值网成员企业信息共享的主流方式。在这种网络信息共享方式下，一个独立的信息集成中心就可以实现信息在价值网络内部的有效传递。根据需要，不同节点所需的信息经过信息集成中心的汇总、加工与处理，成为成员企业可共享的价值网信息资源。在实践过程中，建立共享信息资源的准入接口、实现定制化服务等是提高信息资源共享程度、降低信息资源共享风险的必要内容，以提高共享信息的有效性和准确率。

我们知道，价值网络内部的信息资源具有较强的公共性，具有容易转移的典型特征，因此价值网中共享信息使用中的边际成本相对低一些，且具有较大的外部性价值。Greg 等（2006）指出，信息使用的外部性价值主要来源于三个方面：一是信息共享有效降低了交易成本，价值网络中信息获取成本因其多次使用而被有效降低，相应的信息投入的回报率得到了较大提高。王晓光指出，信息本身成本（信息本身、加工、处理、开发与集成等）及信息资源成本（用户搜索成本、等待成本等）是价值网信息资源共享的主要成本。[①] 二是价值网络中信息资源共

[①] 王晓光. 信息资源共享效率初探 [J]. 情报科学，2003（11）：1125-1128.

享有效促进了信息资源的积累与形成,有助于实现价值的增值与收益的提升。叶南平指出,信息资源分配和流动的最理想的方式是网络,信息的快速交往因网络的平行连接和跨组织便捷的特点而成为现实,为价值网成员企业之间的相互联系和实时交流提供了可能。价值网络中大量共享信息有助于知识创新和技术创新,有助于新思想的产生和发展,信息资源通过网络的传递创造价值。[1] Greg 指出,在价值网络中,网络是一种典型的学习型组织,通过该组织相关企业可以及时获取有效的相关信息。三是价值网络中信息共享提高了网络透明度,能提高成员企业实现对机会主义的判断,有效降低损失。Alexis 等认为,通过价值网的信息资源的有效共享可以使组织网络的透明度得到有效提高,使成员企业之间的合作更加协调,价值网的黏聚性更强,有助于价值网整体竞争优势的培育。[2] 例如,通过信息共享顾客可以对其订购汽车的整个生产进行动态实时了解,对计划、采购、生产及存储等进行实时掌握,借助价值网的信息共享机制与企业进行互动,将需求情况及时传递给企业;企业根据顾客需求的变动,可以依据顾客的需求情况及时对计划、生产等情况进行调整,方便顾客参与计划、改变需求等。此外,价值网成员企业可以根据信息技术,对顾客进行跟踪,对顾客进行识别并对相关的顾客信息进行分类,为顾客提供所需要的产品和服务,提高产品定制的个性化和准确率。

综上所述,本研究认为,信息资源共享所带来的价值增加是信息共享所创造的主要价值,对信息获取成本的节约等不是信息资源所创造的价值。价值网成员企业之间通过信息共享,不但实现了信息资源在组织网络内部的有效转移,而且创造了更大的网络协同价值。需要注意的是,价值网络内部信息资源的共享贯穿于成员企业研发、供应链管理、市场营销和基础服务管理等各个过程,其创造价值的机理可以整理为如图 5-3 所示。

(二) 价值网中的知识资源共享与价值创造

在信息汇集和互动的影响下,新的知识的产生是必然的,因此从信息共享进

---

[1] 叶南平,叶恒一. 论有效信息的聚合 [J]. 南通师范学院学报 (哲学社会科学版), 2000 (4): 131-133.

[2] A. Barlow, F. Li . Online Value Network Linkages: Integration, Information Sharing and Flexibility[J]. Electronic Commerce Research and Applications, 2005, 4 (2): 100-112.

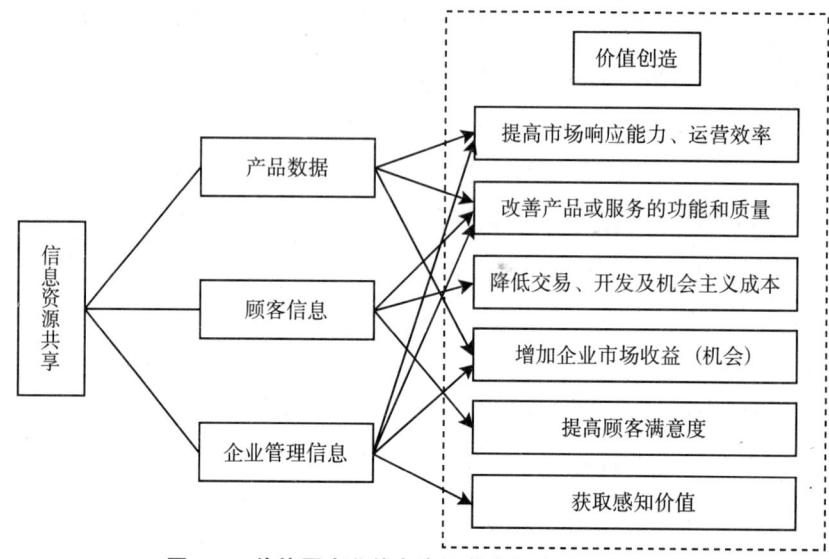

图 5-3 价值网企业信息资源共享创造价值的机理

一步拓展到知识共享也是必然的。共享创造价机理有其一定的相似之处,例如两者可以无限制地传播、重复使用及产生外溢效应。但两者也存在不同的地方,如信息相对于知识而言具有更强的时效性,但知识则具有较强的积累性和延续性,长期的知识积累有助于网络成员知识的创新和新的战略资源的形成。因此,价值网中知识共享的重要性要高于信息共享。在价值网络中知识创造价值的方式并没有统一的标准,以知识共享中是否跨组织转移为标准,其创造价值的方式可以划分为两种,即基于知识转移的价值创造过程及基于知识服务的价值创造过程。

1. 基于知识转移的知识共享创造价值原理

根据知识管理理论,知识具有一定的价值,这种价值主要表现在企业财务收益的增加和无形资产的增加两个方面,其中前者是直接的表现,后者则是比较隐蔽的表现。产品种类的增加、各种创新的应用、开发成本的降低、销售额的增加及利润的提高等都属于企业财务收益的增加。财务收益增加的根本原因不外乎新技术的采用、技术水平的提升、员工水平的增长等方面,以财务收益来衡量企业价值变化虽然可行,但财务收益指标显然无法反映企业价值变化的持续性。无形资产相对于直接收益而言能为企业创造更多的价值,这种价值创造是通过成员企业业务流程体系的改善、管理水平及员工业务水平的提升等来实现的。如图 5-4 所示,基于知识转移的价值网价值的创造过程实际上就是组织和个人的学习过

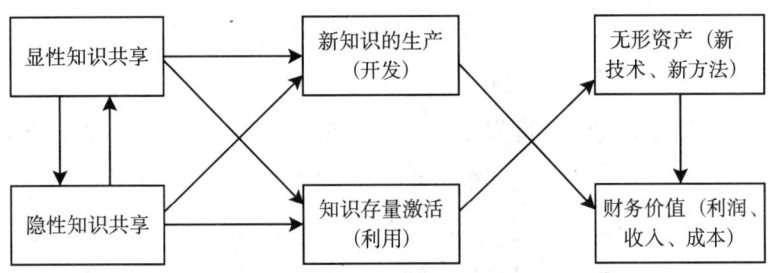

图 5-4　基于知识转移的价值网企业知识价值创造

程，这一过程是通过显性和隐性知识在组织、个人之间的四种基本作用来实现的。其所创造的价值不但包括无形资产等知识存量的增加，还表现为直接的财务收益，包括利润、成本及收入等。

通过对知识管理理论的简单阐述可以看出，知识共享过程创造价值的途径主要有四个方面，即知识的互动、学习、沟通与交换。从互动路径看，这一过程是成员企业不同知识的相互作用，其最终目的是知识的创造。学者野中郁次郎（Ikujiro Nonaka）和竹内弘高（Hirotaka Takeuchi）在出版的《创新求胜》一书中，基于知识创新的视角对价值网知识转移的潜移默化（Socialization）、外部明示（Externalization）、汇总组合（Combination）以及内部升华（Internalization）做出了详细阐述，这就是著名的 SECI 模型。根据两位学者的观点，知识转化的过程就是知识创造的过程，是价值网络内部隐性知识与显性知识两种不同知识相互作用、不断转化的过程。其中员工的个人知识是企业组织知识创新的基本"原料"，这类知识是员工在长期工作中逐渐积累形成的，通常以难以明确表达的模糊状态存在，如经验、技能等，因此在价值网络内部建立共享知识的"场所"，促进不同成员企业、不同知识的交互作用的过程实际上就是价值网知识创新的过程。完成知识交互作用过程中都有这样一个知识共享、创造和使用的场所存在，这种场所称之为"巴（Ba）"。[①] Nonaka 等以 SECI 模型为基础，对达到知识共享与转化的目的提出了明确的要求。[②]

在学习路径方面，其代表人物是当代最杰出的新管理大师，有"学习型组织

[①] [日] 野中郁次郎，竹内弘高. 创新求胜——智价企业论 [M]. 杨子江，王美音译. 中国台湾：远流出版社，1997：36-38.

[②] Ikujiro Nonaka, Hirotaka Takeuchi. The Knowledge Creating Company [M]. Harvard Business Revie, 2006（6）：96-105.

之父"之称的彼得·圣吉（Peter M. Senge）。1998年，彼得·圣吉基于学习的视角对知识共享的内在机理进行了深入诠释，他认为知识共享是一个创造和学习的过程，能够帮助对方开发新的行为能力，它不能给予共享者什么，这是知识共享与信息共享的最大区别。通过对彼得·圣吉理论的分析可以看出，一方面其观点使得知识共享的相关研究议题进一步拓展到学习的角度，包括知识共享的基本模式、过程等；另一方面将知识接受方纳入到知识分享的分析框架中，拓展了研究的视野，基于上述角度，知识参与个体间关系的研究将成为人们关注的焦点，并进一步拓展到社会资本对知识共享行为决策、共享效果等的影响。当前，不少学者在"学习路径"理论方面进行了拓展和创新性研究。如 Szulanski 在知识共享领域中创新性地引入了组织学习理论，认为成功的知识共享不是一系列简单的沟通过程，而是一个学习交互的过程。① 虽然彼得·圣吉对知识共享与信息共享进行了区分，但对于学习框架中知识共享概念的界定仍不明确。

知识共享"学习路径"的部分缺陷在"沟通路径"中得到了有效的弥补。自1949年Shannon 和 Weave 等提出的"沟通理论"开始，诸多学者都从沟通的角度出发对知识共享的机制进行了探讨，其代表人物是 Hendriks，他详细诠释。与Senge 的研究相似，Hendriks 对知识共享与信息共享的区别进行了分析，并指出在严格意义上讲，知识牵涉一个认知约束，因此是不能被共享的。② 换言之，对于知识共享的接受方而言，其知识共享的过程必须有一个知识重构的过程。因此，价值网成员企业中知识共享的过程除需要双方都具备最基本的共享知识外，还需要双方保持积极有效的沟通，而不是简单的商品自由转让的过程，其中基础知识主要是指沟通知识与技巧，以及编码与解码的相关知识等。Hendriks 把知识共享的过程划分为两个子过程，即内在化过程和外在化过程。前者是指知识接收方通过对模型、公式、符号、蓝图等知识信息的获取、理解、吸收以及重建等，将共享知识进一步转化成自己的知识。后者则是指以知识提取方所需目标知识为前提将共享知识转化为适宜重构的知识形式。实际上，早在 Daven Port 和 Prusak（1998）的研究中就已经开始了对沟通过程知识共享的研究，在研究中他们提出

---

① G. Szulanski. The Process of Knowledge Transfer: A Diachronic Analysis of Stickiness [J]. Organizational Behavior and Human Decision Processes, 2000, 82 (1): 9-27.

② P. Hendriks. Why Share Knowledge? The Influence of ICT on the Motivation for Knowledge Sharing [J]. Knowledge and Process Management, 1999, 6 (2): 91-100.

了"知识共享=传递+吸收"的框架。此外，Hendriks认为，在多方举措克服沟通过程中企业文化、思维模式、社会差距、语言及概念框架等的沟通障碍是知识共享所要解决的重点问题，以促进知识共享过程中双方的有效沟通，保证知识在传递中的真实性。基于Daven Port和Prusak等提出的知识共享框架，知识共享"沟通路径"中的研究重点开始转向信息沟通技术（Information Communication Technology，ICT），知识共享中ICT技术的选择、接受及ICT在知识共享中所发挥的作用等都成为该框架内衍生的研究视角。① 与知识共享的"学习路径"明显不同的是，"沟通路径"不但对知识共享与信息共享的区别进行了诠释，还对知识共享过程中的概念框架进行了详细分析，因此其具有与信息沟通理论相同的理论范式。需要指出的是，沟通理论和以"技术"为中心的知识管理理论。

概括来说，知识共享"交换路径"为探讨价值网中团队、组织及个人的知识共享提供了新的视角。在该视角中，知识被认为是构成个人和组织竞争优势的核心竞争力，是企业资源的重要组成部分之一，是独特的、可以被独占的。② 私有知识为个人带来价值的途径主要有两个方面，一是通过知识的转让和交换来获取市场价值，二是通过改变行为模式来提高行为效率。Daven Port和Prusak指出，对于知识拥有者而言，知识共享的本质是"交换"，知识共享给双方带来的直接或间接利益的预期是知识共享的基本动力来源；对于知识接受方而言，知识能够帮助他们达到工作目标，提高工作效率是他们寻找知识的最终目的，特别是当知识接受方所处的环境是不确定性的情况下，其获得知识的期望程度就越高，而知识提供方也想从知识共享中获得即期利益。③ 上述原因为知识市场的形成提供了基本动力。换言之，基于交换目的是知识交换的推动力，知识交换双方都非常重视各自的利益动机。对于企业组织而言，基于货币方式的知识共享奖励政策的根本依据是知识共享这一市场性特征。如果从理论的角度来解释知识共享的原因，无论是知识互动视角、沟通视角还是学习视角都未能给出明确的解释，但知识交换市场及知识市场视角为这一问题的解答提供了明确的答案，尽管该视角对于解

---

① S. L. Jarvenpaa, D. S. Staples. The Use of Collaborative Electronic Media for Information Sharing: An Exploratory Study of Determinants [J]. The Journal of Strategic Information Systems, 2000 (9): 129-154.

② T.H. Daven Port. Putting the Enterprise into the Enterprise System [J]. Harvard Business Review, 1998, 76 (4): 121-131.

③ C. K. Prahalad, V. Ramaswamy. The Future of Competition: Co-Creating Unique Value with Customers [J]. Academy of Management Executive, 2004, 18 (2): 1-8.

释"为什么"要进行知识共享的问题还存在一些不足,但却为基于能量的经济理论范式和经济理论范式的融合提供了契机和可能。此外,该视角为企业治理方式理论提供了新的框架。

上述理论已经对知识分享的过程进行了充分的说明。接下来我们需要将价值网络与知识创造方式联系起来分析。上文已提及,价值网属于一种学习型组织,它能够进一步推动价值网络内部各个成员企业知识的共享与交流,尤其是价值网络的默会知识。相较于传统组织来说,价值网络组织不管是在生产方面或者是在知识交易方面的效率都更加突出。Powell(1990)指出,组织间的网络以复杂的沟通渠道为基础,为组织成员企业间技术创新、默会知识等无形资产等的获取提供了有力的途径,使默会知识在组织内部的共享、流动和传播成为可能。喻卫斌(2007)认为,企业网络中知识交易活动受社会关系网络关系嵌入、结构嵌入等嵌入方式的影响,而社会关系网络的形成是通过群体和个体的互动来形成的。所谓关系嵌入,是指企业网络中成员企业之间的持续交易和互动联系,有助于促进网络中相互信任关系的形成,有利于保持成员目的、行动的一致性;所谓结构嵌入,是指网络中成员以系统为特征,通过第三方间接连接形成的关联结构,相关联的其他方受任何一方行动的影响。结构嵌入不仅能推动知识共享依赖的形成,而且能够有效抑制机会主义,推动默会知识的进一步转移。

2. 基于知识服务的知识共享创造价值原理

在实际中,价值网中有些知识受知识默会性、专用性、时效性及处于战略资源的保护目的等特征的影响是无法转移的。所谓知识的默会性,简单来说就是知识难以通过文字、语言、符号以及图表等进行明确的表述或转移等。尽管到目前为止人们尝试了很多种途径试图对这些隐性知识进行转移,但效果并不理想。即使其中的部分隐性知识能够被转移,但鉴于转移的成本较高或者效率较低,使其原有价值明显降低。知识的专有性与交易成本理论中资产的专用性相类似,如企业创新过程中给成员企业核心能力和竞争优势带来的特殊知识、知识的投入与产出、顾客与企业建立的特殊关系等,往往是很难复制且通过市场进行交易的。就实际而言,生产的专业化分工是以知识的分工为基础得以实现的,特别是构成企业核心能力的知识,知识的这种特性不但会对成员企业之间的关系和共享方式进行必要的约束,也使成员企业产生了互补协作的需求。所谓知识的时效性,是指在迅速变化和不确定的市场环境中,虽然知识的时效性要远强于信息,但在某些特殊情况下我们仍必须慎重考虑知识的这种时效性特点。此外，由于核心知识能给企业带来长期的战略价值，出于战略资源保护的目的，很多企业不愿意对某些核心知识进行转移。

但是，这些知识仍可以通过间接方式实现共享。在企业以知识服务方式进行知识共享的过程中，向成员企业提供服务的交换价值是由知识活动的产出来实现的，价值网络长期持续的交易关系是这种共享活动进行的前提和基础，而不是知识的转移（或称知识的投入）。知识服务方式实现的方式多种多样，归纳起来主要有无偿的市场关系和有偿的交易方式两种。当知识服务方式通过无偿交易关系方式进行实现时，知识通常是被界定为实物产品或附加值，经过捆绑后向顾客提供指导，实际上这一过程中知识也是有偿的，其最终目的是获得战略收益；当知识服务方式采用有偿的市场关系方式来实现时，知识活动的产出能够为企业带来价值，商品是其产出的直接表现。以日本丰田汽车公司为例，为了明确知识传播所带来的收益分配，丰田汽车投入巨资成立了管理咨询部，核心精益知识都由运营管理咨询部掌握，通过该部门向供应商提供无偿援助。但是，它并不要求供应商立刻降价，认为知识的产权不属于单个企业而属于网络，短期内知识的占有者将完全占有收益，但随着时间的推移，他们必然要与网络分享这种收益，换言之，随着供应商的进步丰田汽车本身也必将受益。①

在价值网络中，成员企业依靠其拥有的某项核心专业知识（核心能力）向其他成员企业不断提供知识服务，这有助于价值网络内部范围经济效应的产生。例如 Skype 公司，为了突破传统电信公司所达不到的经济性，该公司从传统的网络运营中将音频服务分析出来，而向顾客单独提供 Internet 声音服务和软件。这意味着对于价值网络的成员企业来说，创造价值的有效方式和途径是：在确定组织网络内细分市场后，依靠其自身所拥有的核心能力或专有知识，向其他成员企业提供特定的服务或者知识。从组织网络内部知识或服务提供方的角度来看，规模经济效应是价值创造的必然途径，规模经济效应的程度随着知识或服务提供商的增加而越来越明显。

在价值网络内部，任何成员企业都可以利用网络的"杠杆"功能，借助自身在核心能力或专有知识、基础运营管理及顾客关系管理等方面所具有的优势，从

---

① 范黎波.企业知识共享网络的创建和管理——以日本丰田公司的实践作为案例［J］.当代财经，2003（5）：70-73.

事一项或多项专门服务，或者为顾客提供一体化解决方案，在这一过程中成员企业将自身的知识或能力转变成了顾客价值，其所获得的价值要远高于单独使用某种资源时所创造的价值。① 这种"杠杆"功能是价值网成员企业依赖其专有知识或核心能力获得更大收益或创造更大价值的关键之所在。以银行为例，其所特有的隐性知识资源之一就是能够准确识别顾客的资产风险，这为银行提供金融服务提供了基础，同样对于保险公司而言，这一专有知识也是必需的。由于隐性知识是不能转移的，深嵌在银行组织体系之内，因此双方可以合作，银行利用这种专有知识或能力向顾客提供保险服务，保险公司则可以借助银行平台为顾客提供相关的保险服务。所以说，利用范围经济效应来创造价值是价值网成员企业依靠其专有知识提供多项服务来实现的。可见，社会关系网络中网络与资源传导方式的重构就是这个"杠杆"。一方面，成员企业通过价值网的社会关系网络实现了知识的有效集成，并促进了创新的开展。另一方面，在网络关联关系的促进下，杠杆通过自身的核心能力或者专有知识向其他成员企业提供服务，有助于实现范围经济效应与规模经济效应。

综上所述，价值网络内部基于知识服务和知识共享价值的创造，其作用机制与能力是密切相关的，实际上就是对隐性知识的运用过程。

（三）价值网中的能力资源共享与价值创造

现阶段，在国内外的研究中有关基于能力资源共享的价值创造的研究明显较少。从提供方的角度出发，一旦私有能力资源进一步转变为控制力资源，价值网内成员企业利用能力资源能够产生控制效应和防卫效应。② 在组织网络内部给予相应的剩余价值控制权是实现价值网目标的最有效的治理模式，这不但能够实现成员企业价值的创造，还能使组织网络内部能力资源向竞争对手转移，这一机理有效地说明了价值网络内部成员企业能力资源共享的动机。通过对以往文献的梳理，本研究认为，能力资源共享与价值创造机理如图 5-5 所示。

---

① Feng Lia, Jason Whalley. Deconstruction of the Telecommunications Industry: From Value Chains to Value Networks [J]. Telecommunications Policy, 2002, 26 (9): 451-472.

② Berman Brown R., Woodland M. J.. Managing Knowledge Wisely: A Case Study in Organisational Behaviour [J]. Journal of Applied Management Studies, 1999, 8 (2): 175-198.

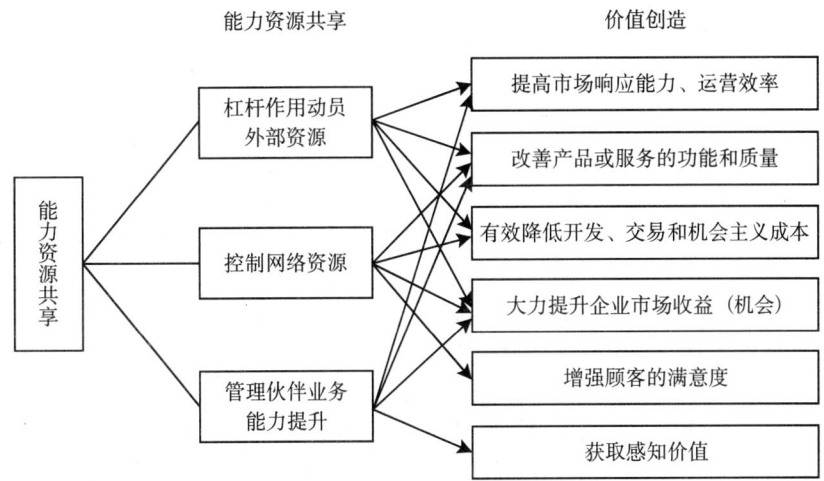

图 5-5 价值网成员企业能力资源共享与价值创造机理

通过图 5-5 我们可以发现，成员企业借助能力资源共享方式创造价值的机理的主要途径有如下三条：

第一，动员价值网络外部资源，这一价值创造过程是成员企业利用自身能力（尤其是核心能力）所带来的控制权获取其他企业资源的过程。各成员企业凭借自身实力参与价值创造的过程，其面临业务合作、业务咨询和指导、模块化生产以及业务外包或代理四种协作方式的选择。[①] 为了便于理解，我们以某旅游公司为例进行简单说明，首先解构某价值链的价值创造过程，并进行网络化重构，具体如图 5-6 所示。

在价值网的实际运行中，成员企业除了能够独立开展业务之外，还可以选取价值网中的任何一个增值环节，进行一体化方式协作。需要指出的是，不同成员企业顾客需求识别与获取的群体是相同的。所以，在这一环节上各个不同的企业可以相互联结成价值网的"节点"，经旅游公司（该价值网中核心能力最强的企业）根据顾客需求定制服务，实现对价值创造过程的组织和控制。在景点管理、交通管理、酒店管理、保险与银行等方面，成员企业具有某方面的核心能力，可以分别实施和运行价值链价值创造活动，从而形成了一体化的运行网络。作为该价值网中能力最突出的企业，旅游公司之所以在价值网络内某一节点上占据核心和控制地位，其最根本的原因是这种能力共享的低成本性。罗珉等指出，在价值

---

① 周应堂，狄小丽. 网络组织结构与企业竞争力分析研究 [J]. 科技管理研究，2010（4）：154-159.

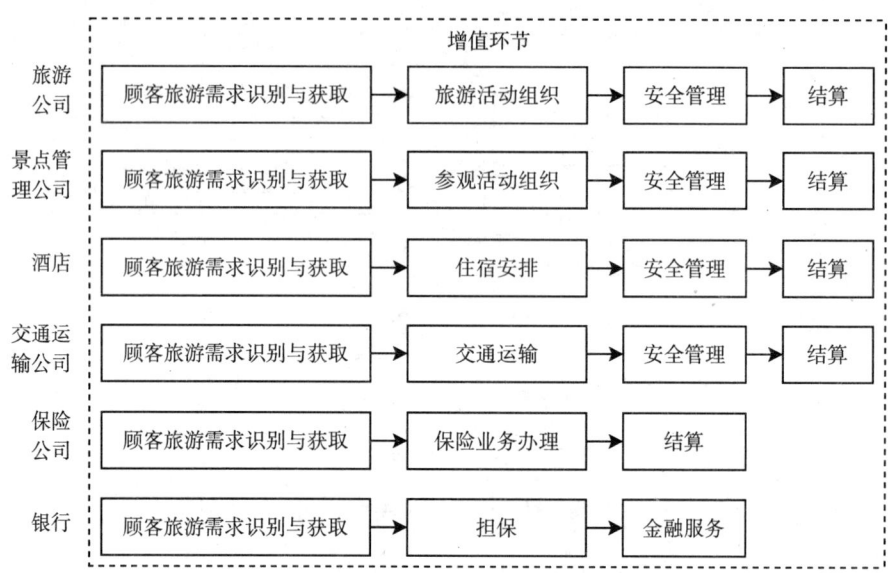

图 5-6　某旅游公司价值网基于资源共享的价值链活动分解

网络内部,能力要素的交换与商品交换一样都是在组织内部的市场中完成的,由于价值网络内部有成员企业共同认可的"规则"存在,因而能将各个组织模块的能力要素从产品中释放出来,因而能力要素是各组织模块的核心要素。[①] 在上述示例中,尽管各个成员企业有能力独立开展业务,然而较于其他成员企业,旅游公司在面对面的服务承诺、顾客活动组织,以及事后承赔等方面的核心能力更加突出。因此由旅游公司来承担顾客营销业务,通过旅游公司与价值网内成员企业的合作,能够降低营销费用的分担成本,也能有效降低管理成本。可以看出,价值网络内部成员企业能力资源共享与价值创造的机理可以归纳为:价值网成员企业在组织网络内部从事一项或多项业务活动的主要方式是其核心能力的创租活动,多项服务借助范围经济效应产生效益,单项服务通过规模经济创造价值。

第二,激活合作伙伴的内部资源,提升其能力。简单来说,在价值网络中,对内部资源的再利用即通过内部资源创造价值的过程,成员企业获取的资源价值是网络内部的。通常来说,组织内部和组织之间的学习的相互联系是密不可分的。内部资源创造是以组织间学习刺激内部学习,进行内部资源价值的开发与发

[①] 罗珉,赵亚蕊. 组织间关系形成的内在动因:基于帕累托改进的视角 [J]. 中国工业经济,2012(4):76-78.

掘。显然，经验的成熟和配合默契程度的提高等必然会引发能力和资源的积累效应，如果改善或替代方案得到进一步的改进、完善，则可能激励成员企业创造出新的技能。如果加大成员企业所面临的竞争，则组织间、组织内学习的功效会引发组织结构设计、运作方式的革新和变化，这种情况也会导致重要能力的积累效应。经验学习、传播与拓展等都会激活业务伙伴的内部资源，提升其能力。①

第三，内、外部能力资源整合。竞争优势理论指出，企业持续的竞争优势来源于企业内部资源、外部资源的"整合"。换言之，"租金"的产生仅依靠企业对内部某些异质性资源的锁定是不充分的，需要"整合"其他资源。价值网成员企业能力资源是一个复杂的动态过程，是成员企业竞争优势取得以及保持的基础，是对组织内部系统资源的有效整合。就实质而言，该过程是各个内容、各个机构、各个层次、各个来源的能力资源实现选择、汲取，以及激活、配置、有机融合的过程，是对原有能力资源体系重构的过程，使组织网络内部的能力资源更加具有价值性、条理性、柔性和系统性，以形成新的核心能力资源体系。

---

① Nonaka I., Takeuchi H.. The Knowledge Creating Company [M]. Oxford: Oxford University Press, Inc., 1991 (6): 91-105.

第六章 价值网竞争优势来源之四：知识流动与技术创新

一、知识流动与技术创新简述

20世纪90年代以来，随着知识经济的兴起和发展、经济全球化进程的不断加快及信息技术的日新月异，传统的生产组织形式也在日益发生着重大的变化，簇群化、融合化和生态化的产业发展趋势日益凸显。与此同时，信息经济的崛起与快速发展使得知识成为培育、发展战略性产业的第一资源和关键，对企业生存和发展的重要性不断深化，知识吸收和创新能力已成为形成和提高企业核心竞争力的根本所在。[①] 在企业价值网中，信息流主导物质流，通过知识建立起了知识对物质资源的整合关系，知识成为网络的主要生产要素，成为网络竞争优势培育和发展的重要智力资本。在以知识化、信息化和数字化为特征的知识经济时代，成员企业虽能摆脱对自然物的依赖，但无法摆脱对网络组织体系和知识的依赖，这种依赖成为组织不断创新、进化与发展的物质和精神基础，从而使企业组织逐步向网络组织结构转变，凸显出动态分工、知识共享等典型网络特征。[②] 根据组织理论和经济理论，无论是知识传播、组织学习、技术进步与创新等基本要素，还是职业创新、企业家精神等基本要素，都与知识息息相关，这些最基本的要素

---

① 芮明杰，刘明宇. 模块化网络状产业链的知识分工与创新 [J]. 当代财经，2006（4）：83-86.
② 党兴华，张首魁. 模块化技术创新网络结点间耦合关系研究 [J]. 中国工业经济，2005（12）：85.

并非单个独自的特性而是企业网络的特性。[①] 企业价值网是一种技术创新的合作网络，共享互补资源、促进知识整合、推动组织学习、鼓励技术创新、构建竞争优势是其形成的重要动因。成员企业可通过相互作用进行学习和创新，促进知识流动，能将新知识、新技术与自身核心竞争优势和能力等相融合，降低获取新知识和新技能的成本，同时有助于新知识、新技术的开发和创造，有助于整个网络组织生产效率和创新水平的提高，从而能促进网络组织竞争优势的培育和发展。

在本章中，我们将转换企业价值网络的研究视角，将知识理论引入网络组织进行分析，构建"知识流动—知识创新—技术创新"的分析范式，探讨企业价值网络内部的知识流动、整合与技术创新的动态过程及其相互作用机制。

（一）价值网络中的知识流动

知识流动和知识创新是知识管理研究领域的两大研究内容。英国著名物理化学家和哲学家波兰尼（Michael Polanyi）在1958年出版的《个人知识》和1966年出版的《隐性方面》著作当中，首次将知识分为隐性知识和显性知识。此后，基于该理论的各种关于知识创造、转化、共享等模型逐渐产生。知识创新在整个知识活动的过程中，往往发生在个体间相互交流、分享成果之后，知识的流动促成不同知识的广泛交流与融合，从而推动知识创新。所以在众多文献中，知识的流动和创新往往结合在一起。其中，最知名的模型是野中郁次郎和竹内弘高于1991年提出的SECI模型（见图6-1），他们研究和分析了知识转移和共享的机制，螺旋式过程中知识的相互作用促进了知识的更新创造。

知识流动，在学术研究中常常与知识传播、知识扩散、知识传导、知识转移等概念相联系，甚至被混淆使用。王炳富等学者对知识转移、知识传播、知识扩散等做了概念界定，认为知识转移是有方向的且"一对一"的知识移动过程，而知识传播和扩散则是"一对多"的过程，其中知识扩散更强调空间。国内著名学者左美云教授总结国内外学者对知识转移的定义，归纳为：知识转移是知识势能高的主体向知识势能低的主体转移知识内容的过程，过程伴随知识使用价值让渡，一般会带来相应的回报。至今，国内外学者在关于知识流动的研究当中提出

[①] [意] 安娜·格兰多里. 企业网络组织和产业竞争力 [M]. 刘刚等译. 北京：中国人民大学出版社，2005：217-220.

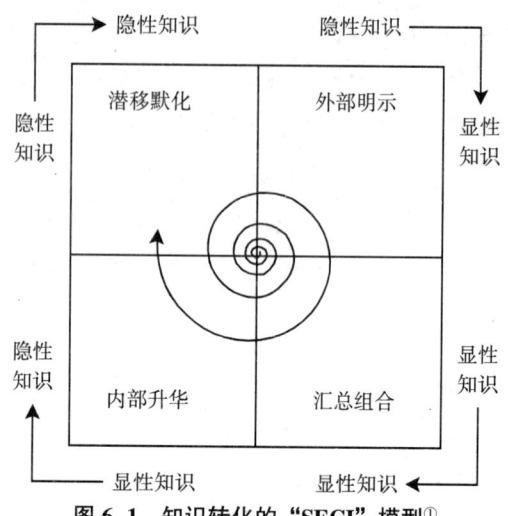

图 6-1　知识转化的"SECI"模型[①]

许多理论模型，Szulanski 在 1996 年提出了四阶段模型，认为知识移动是一个完整的过程，经历初始、实施、蔓延和整合四个阶段。1997 年，Alice 在四阶段模型的基础上分析置于特定情境的知识转移主体间的交流，提出基于情景的知识转移模型。2003 年 Jeffery 等学者结合以往研究，提出简化模型，知识源、知识接收方、转移的知识、转移情景等要素构成了知识转移活动。以上这些要素被众多学者作为影响知识转移的重要因素展开相关研究。在系统理论领域，Cowan 提出研究知识流动的新视角——知识交易（Knowledge Barter），将知识视为"有价格的产品"，知识可以通过交易转移，能够为新的拥有者盈利从而产生价值。[②] 该研究利用复杂适应系统的理论和多主体建模的方法，重点研究知识的交易过程，模拟个体间知识转移与更新创造的过程。Guanfeng Lin 和 Caihong Sun 采用上述的知识交易理论，基于异质网络结构，利用多主体建模的方式，对企业内部知识流动进行了相关研究。[③]

知识创新作为知识管理的核心内容，国内外学术界学者们在该领域的研究主

---

①［日］野中郁次郎，竹内弘高. 创造知识的企业：美日企业持续创新的动力［M］. 李萌，高飞译. 北京：知识产权出版社，2006：71.

② Robin Cowan, Nicolas Jonard. Network Structure and Diffusion of Knowledge［J］. Journal of Economic Dynamics and Control, 2004（28）：1557-1575.

③ Guanfeng Lin, Caihong Sun. An Agent-based Knowledge Diffusion Model on Mentor-protégé Network［J］. International Conference on Information Engineering and Computer Science, 2009：1-5.

要聚焦在知识创新活动、创新机理和模式、创新影响因素等方面。Wiig 提出知识创新是经过创造、显现、使用和转移四个过程来完成的支柱模型,研究了知识创新的过程以及各阶段知识创新的活动;[①] Barton 提出知识创新与核心能力模型,用于研究知识创新如何为企业提高核心竞争力和获得竞争优势,该模型包含核心能力四个维度和四个知识创新活动。[②] 野中郁次郎等在提出 SECI 转化和螺旋式上升的知识转移和创新模型后,又提出知识创新的 Ba 的概念,Ba 是知识创新过程不可缺少的场所,被分为四种类型,该研究关注空间对知识创新的影响。[③]

在企业价值网络内部,知识流动同样是一种基于知识的交流活动,是通过成员企业知识价值的交换与学习实现的。价值网是一种新型的网络组织形式,其基础是模块化生产,模块间以网络为纽带,知识的流动也以网络为渠道。企业价值网是一个由"看得见的设计规则"和"隐形的设计规则"组成的复杂系统,具体包括结构、界面和标准等显性知识和隐性知识。如图 6-2 所示,在价值网络外部环境与需求信息的共同作用下,成员企业通过挖掘组织内的知识资源并不断创造新的知识,新创造的知识经由价值网的共享机制和相互作用机制实现了在网络内的转移和传播,使新知识在网络组织内部得到了有效的整合和充分共享,同时在外界信息的影响下一些新的知识被重新发掘和创造出来。在价值网络内部,知识通过在成员企业之间的流动进行重新整合,实现了知识的创新,最终形成了基于一定联系规则的网络界面标准。

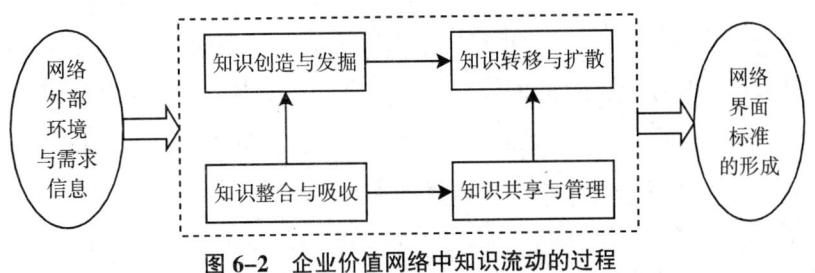

图 6-2 企业价值网络中知识流动的过程

---

① Wiig K. Knowledge Management Foundations [M]. Arlington: Schema Press, 1993.

② Dorothy Leonard - Barton. Core Capabilities and Core Rigidities. A Paradox in Managing New Product Development [J]. Strategic Management Journal, 1992 (13): 111-125.

③ Nonaka I., Toyama R., Konnon. SECI, Ba and Leadership, A Unified Model of Dynamic Knowledge Creation [J]. Long Range Planning, 2000 (33): 1-31.

(二) 价值网络中的技术创新

随着企业价值网络内部知识流动的加速带动了知识存量的持续增长，在知识获取、知识整合、新知识转移及应用等创新机理的作用下，网络组织内部的技术创新日益凸显。实质上，技术创新是一种动态的、复杂的、社会化的知识创造过程，其本质是知识。当前，历史已经进入了知识经济时代，知识在网络组织内部技术创新过程中的作用正受到越来越多的重视。面对变化迅速且难以预测的买方市场，网络组织内部的成员企业不再只是依赖于对稀缺资源的占有，而是通过不断学习、知识创造以及提高技术创新能力来获取竞争优势。目前，对于网络组织内部知识与技术创新之间的关系，现在得到较多认同的观点是：价值网的技术创新与知识之间有着内在联系。网络组织成员企业往往要借助知识提高技术创新的速度和创新的成功概率；成员企业对于知识的运用，增强了技术创新活动的可控制性，降低了风险性和不确定性。成员企业的技术创新和知识之间的这种目的和手段、客体和主体的关系说明两者在价值网成员企业中可形成共生关系，成员企业的创新能力与知识资源的运用能力密切相关。换言之，技术是成员企业所拥有的一种特殊的知识形式，其技术创新活动是在成员企业隐性知识与显性知识交流互动过程中实现的。从实践的角度来看，网络组织的技术创新是一个新知识不断涌现的过程，是基于知识流动、知识创新技术上的新知识创造过程。成员企业首先界定市场机会和相关的引用技术，形成产品概念，通过知识流动、整合并共享知识，最终以新产品的形式将新知识和旧知识的融合表现出来。[①] 技术创新的实质是将新知识应用于商业目的的复杂过程，企业要想在剧烈变动的外部环境中求得生存，不仅取决于企业的内部因素，还取决于企业的外部因素。在动荡的外部环境下，成员企业单纯依靠自身力量很难跟上技术发展的步伐。为了应对不断变化的外部环境，必须不断获取、消化、利用和积累知识，实现技术创新。

综上所述，价值网中的技术创新可以界定为：基于知识流动、知识整合基础上的新技术从新思想、新知识形成到向市场化推出适销产品的全过程。根据布瓦索的信息空间理论，任何新思想、新知识的产生过程都可以归纳为对新体验进行信息编码或抽象的过程。所谓信息编码，是指个体对外界信息进行形式转换的过

---

① Dougherty D.. Interpretive Barriers to Successful Product Innovation in Lager Firms [J]. Organization Science, 1992 (3): 179-202.

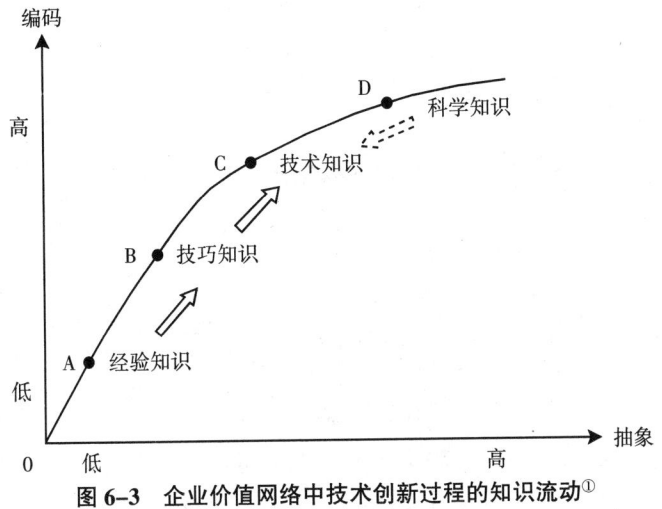

图 6-3　企业价值网络中技术创新过程的知识流动①

程，通过对外界信息的感知、思考、体验和操作等步骤，将重复和冗余的数据信息从信息集合中剔除出去；抽象则是指反复的感觉分类中，将某些重要的信息类别留下来，而将某些不重要的信息类别剔除出去。从认知发生的角度看，价值网络中的技术创新也可以看作是基于知识流动、整合技术上对新思想或体验的编码或抽象过程，成员企业以知识流动中产生的新知识或新经验为基础，将新想法或新体验借助于现有的知识进行编码和抽象，进而将其转化为应用性技术知识的过程。② 可见，网络组织内部无论何种形式的技术创新，其本质都可以理解为是认知活动的结果。网络组织内部技术创新过程中的知识流动过程如图 6-3 所示，可见，低编码、低抽象水平的隐性知识在技术创新过程中发挥着重要作用，是技术创新中新知识、新思想形成的基础和源泉。Polany 认为，成员企业技术创新中所需要探索的规则或者带有启示性的知识内容往往包含在未编码的隐性知识中，这些问题中大多包含着解决问题的思路，蕴藏着许多丰富的判断与探求。如何能采取有效的手段激发这类隐性的未编码的知识，并通过某种机制使此类知识在价值网络内部能够更好地共享、流动和整合，则该类知识导向问题的解决就能转化成

---

① 李伟, 刘军, 董瑞华. 关系网络在技术创新知识流动过程中的作用：基于信息空间理论的视角 [J]. 科学管理研究，2009（2）：68—71.
② [英] 布瓦索. 信息空间认识组织、制度和文化的一种框架 [M]. 王寅通译. 上海：上海译文出版社，2000：149.

编码知识，进而形成技术创新过程中所需的新知识。[①]

二、价值网中的知识流动与企业核心能力

（一）价值网中的知识流动的动力机制和主要模式

在企业价值网中，源单元知识的存量和激励水平、目标单元的吸收能力和激励水平、传输渠道等诸多因素都能影响知识的流动。在价值网中，源单元和目标单元分别是指价值网中知识流出时的模块化组织和接受知识的组织模块，前者包括模块供应商、模块设计师等。价值网中知识流动的决定因素和动力机制如图6-4所示。

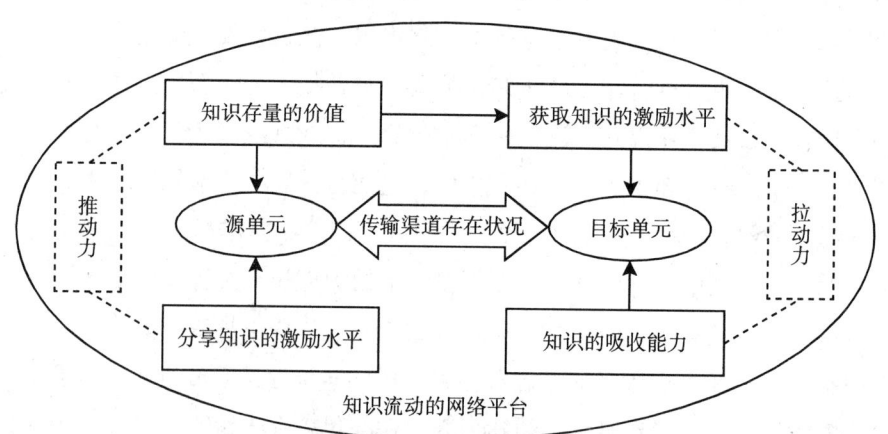

图6-4　企业价值网络内部知识流动的决定因素及动力机制

可见，源单元的知识存量及激励水平是价值网中知识流动的推动力，知识存量越高，激励水平越强，则知识在价值网中流动获得的推动力就越强。目标单元的知识吸收能力和激励水平则是知识流动的拉动力，吸收能力越高，激励水平越高，则知识在价值网中流动获得的拉动力就越强。此外，知识在价值网中的流动

---

① Polanyi. The Tacit Dimension [M]. London：Routlege & Kegan Paul，1966.

速度还受知识传输渠道的影响，知识流动速度随着传输渠道丰富、通畅程度而越来越频繁、越来越迅速。需要注意的是，除了源单元的知识存量及知识分享的激励水平之外，投入品的多样性、公司能力的差异性、自我定位和价值实现的需要、技术选择的多样性等也是价值网中知识流动的重要推动力。目标单元对知识的需求状况则是价值网中知识流动的重要拉动力，主要包括：①价值网成员企业中模块设计、生产及组合对隐性知识和显性知识的需要程度，其中隐性知识包括模块的设计和生产信息，显性知识则主要指模块的设计规则；②进行组织学习以适应外部环境的需要；③知识多元化以满足需求多元化的需要；④成员企业进行创新活动的需要。

从价值网络内部知识流动的载体看，编码化流动模式和人格化流动模式是价值网络内部知识流动的两种主要模式，前者以模块为载体，后者以人员为载体。所谓编码化流动模式，是指价值网络内部在共同的界面标准下，知识的流动是通过模块的流动实现的，知识以编码的形式存储于模块中；人格化流动模式则是指知识的学习、共享等是通过与知识创造者的直接接触和交流实现的。根据价值网中知识流动的基本模式，可以将知识流动的途径归纳为五种，即模块流动、人员流动、技术合作、专利转让和市场调查。通过模块流动的知识流动，是指知识通过信息处理过程被包含或被隐藏在模块内部，通过模块流动带动了知识在价值网络内部的流动，这一过程实际上是知识在价值网络内部"浓缩化"的过程。这种形式的知识流动说明，即便是没有事先、中央集权式的指挥，整体系统的改进与创新亦可以通过知识的信息化处理过程联系起来，从而达到系统的发展与创新。

（二）从知识流动方向看价值网竞争优势的演化

在价值网运作过程中，知识流动是一个知识优化的动态的过程。从组织的观点来看，这一动态过程在组织内部所经历的组织层次主要有业务层、管理层和决策层三个层次。[①] 其中，业务层处于企业组织结构的最底层，由于该层次所处理的多是与产品或技术直接相关的流程或工序，这一层次知识的流动多是基于工艺

---

① 白瑛，蔡建峰，骞永博.基于运作优化向可持续竞争优势演化的知识流动路径研究[J].科学学与科学技术管理，2007（12）：80-83.

或技术的,每一个子集的进步、效率的改善、质量的提高、新技术的引进、反应速度的提升及成本的降低等,都会产生新知识或新技术,进而通过知识传递将其转移到管理层。管理层处于企业组织结构中部,所处理的是价值网各个子系统的运行和协调,主要负责对资源的优化配置、关系协调、系统的监控优化等,知识在该层次经过筛选、整合并被转移到决策层(或称战略层)。决策层位于企业组织结构的顶部,知识的流动多是基于组织的,知识进一步被筛选、整合,最终形成知识库。组织网络内的显性知识与隐性知识之间是可以相互转换的,其转换的主要形式有如下几种:一是显性知识向隐性知识的转换或隐性知识向显性知识的转换,其目的是促进组织网络内部特有的隐性知识或显性知识技能的发展,促进核心能力的发展,培育核心竞争优势。二是显性知识向显性知识的转换或隐性知识向隐性知识的转换,其目的是对组织网络内部的知识进行整合、合并,促进知识在网络组织内部的学习、扩散。知识流动与可持续竞争优势的关系如图 6-5 所示。

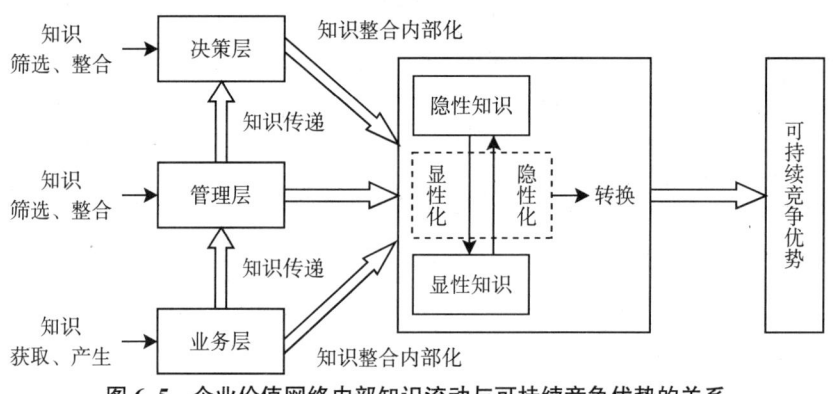

图 6-5　企业价值网络内部知识流动与可持续竞争优势的关系

根据知识在不同层次之间的流动,可以把知识流动划分为"内向型"知识流动和"外向型"知识流动两种类型,前者是在成员企业层级内部之间的知识传播和应用的过程,后者是指在成员企业层级之间的知识传播和应用的过程。

如图 6-6 所示是"内向型"知识流动的过程。在单个成员企业的组织层次中,知识在每一层级的流动路径呈"箭形"。知识流动的路径方向与组织运作优化活动的流程方向是一致的,在知识需求(或称知识运作优化的开始阶段)阶段就已经产生了知识,知识随着优化活动的开展不断地向下一级传递、流动,最终使得输出的资源价值高于输入的资源价值。虽然知识在成员企业不同组织层次中的优化手段有所不同，但知识流动路径总是沿着优化活动的进程流动，其路径大致相同。在业务层，生产活动的优化手段主要有需求分析、过程优化和成本控制；在管理层，生产活动的优化手段主要有资源配置优化、协作关系优化、系统监控优化等；在决策层，生产活动的优化手段主要有战略优化、理念优化、模式优化等手段。在上述过程中，随着优化活动的展开所产生的知识，在成员企业不同层次之间进行传递和流动。

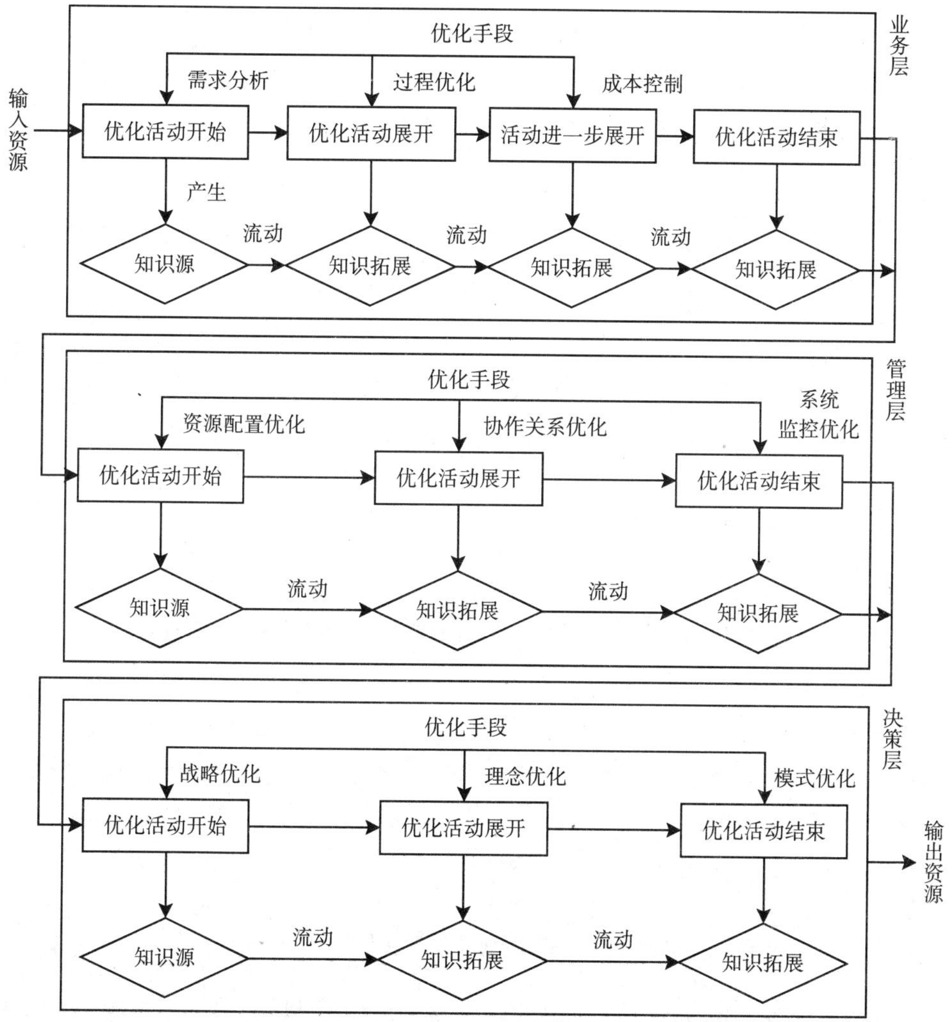

图 6-6　企业价值网络内部"内向型"知识流动路径

如图 6-7 所示是企业价值网中"外向型"知识流动路径,这一路径是与"内向型"知识流动路径相对应的,包括"直接传递型"知识流动和"间接跳跃型"知识流动两种基本流动方式。前者是指知识由组织较低层次依次向较高层次的流动,后者则是指知识从组织较低层次向较高层次流动过程中,跳过中间的组织层次,直接由较低的运作层转向较高的战略层。业务层是价值网中知识流动传递过程的源头,新技术、新知识等的采用产生了新的知识;新知识经过筛选、整合形成系统的业务层知识库,以"跳跃"的方式转移到决策层。此外,运作层中产生的新知识可能直接转移到决策层,在这一层中将知识融合、整合形成新的知识库。最终,战略层中的知识用于组织管理中,提升了成员企业的竞争力。

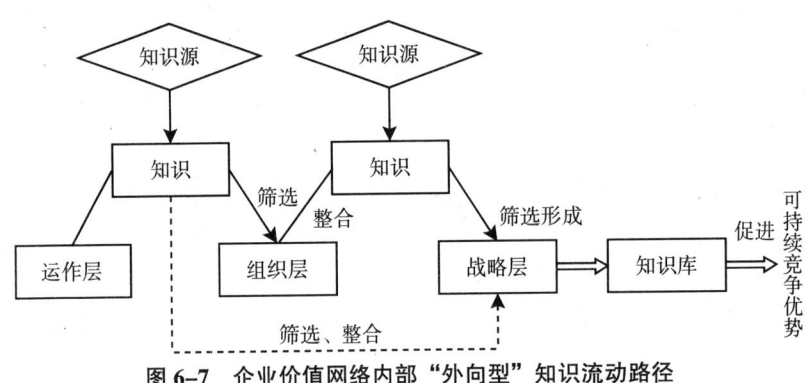

图 6-7 企业价值网络内部"外向型"知识流动路径

三、价值网中的技术创新与企业核心能力

技术可以看作是企业所拥有知识的一种特殊形式,上文的分析已经表明知识流动有助于价值网竞争优势的建立。作为一种特殊的知识形式,技术创新同样也有助于企业核心能力的提升与竞争优势的建立。

(一)企业价值网络与技术创新的耦合性

技术创新能够推动企业价值网络的升级,包括:过程升级(生产过程变得更加有效率)、产品升级(新价值模块和新产品的开发)、功能升级(增加网络附加

第六章 价值网竞争优势来源之四：知识流动与技术创新

价值）和网络升级（提升网络竞争能力）。技术创新是维持企业价值网络的竞争优势和持续增长势头的主要手段，技术创新能够突破企业价值网络中"锁定效应"（Lock-ineffect），打破网络惯性，保持组织内的界面标准的相对动态化，从而保持网络的生命活力和竞争优势。

企业价值网络的出现，实现了线性创新到交互式创新的演进。企业价值网络的技术创新可以整合创新资源、获得溢出效应、突破技术障碍、减少创新风险。同时，企业价值网络能够有效地保护创新成果，使组织获得创新的熊彼特租金。

（二）企业价值网络中的技术创新与竞争优势的关系

1. 企业技术创新评价指标的确立

价值网络组织内部成员企业技术创新是一个非常复杂的过程，要建立一个可操作的技术创新评价指标体系是非常困难的，在这一方面许多学者进行过专题探讨和分析。根据组织行为学理论，技术创新能力是一个复杂的动态过程，是企业创新能力、技术与信息获取能力、组织能力及适应能力等的综合。[①] 魏江认为对于企业技术能力高低的评价可以从信息情报能力的先进水平、组织协调与适应能力、生产设备与测试手段的水平、人的要素四个方面进行。[②] 宋春红和苏敬勤对企业核心能力评价体系进行了系统研究，在技术创新能力的测量和评价中两位学者认为，具体的评价指标至少应包括新产品开发数量、日期、技术水平、R&D投入与企业固定资产比值、专利授权量五个方面。[③] 周寄中（2002）认为，对企业技术创新能力的评价应包括研发技术水平、资金投入和研发人力资源三个维度。根据上述学者的研究成果，结合国家统计局发布的《中国自主创新能力分析报告》，本研究将企业自主创新能力的评价指标整理如图6-8所示。

2. 企业技术创新评价模型的建立

下面所要探讨的是企业价值网络中技术创新对价值网竞争优势的影响。在战略管理领域对竞争优势的研究中，关于竞争优势的来源主要有竞争优势内因论和竞争优势外因论两种观点，前者以企业资源基础理论为代表，后者以产业组织理论为代表。Rumelt认为，产业内长期利润的分散程度要远大于产业间的分散程

[①] 李元. 基于技术创新的产业国际竞争力研究 [D]. 哈尔滨：哈尔滨工程大学博士学位论文，2003.
[②] 魏江. 企业技术能力论技术创新的一个新视角 [M]. 北京：科学出版社，2002：26-29.
[③] 宋春红，苏敬勤. 企业核心能力评价系统研究 [J]. 价值工程，1999（S1）：180-185.

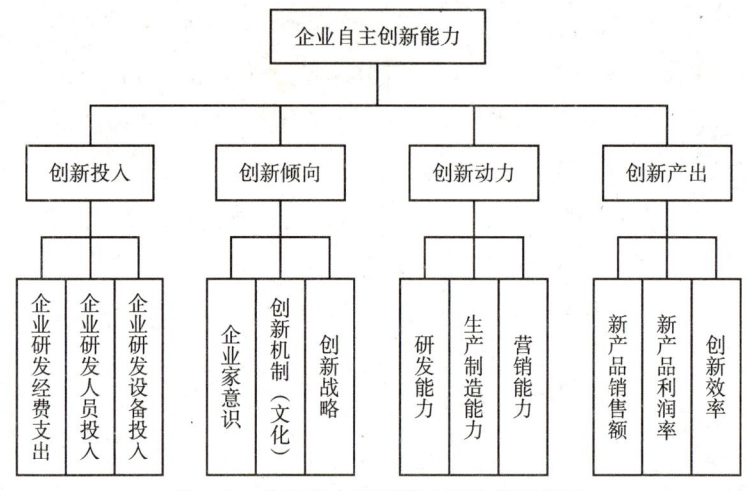

图 6-8　企业自主创新能力评价指标体系

度，企业具有的特殊性是超额利润的源泉。① 这表明，企业持续竞争优势的源泉是企业自身的核心竞争能力，这种能力是来自于企业内部的力量，并非完全来自外部力量，这是竞争优势内因论的主要观点。20 世纪 80 年代中期，随着核心竞争能力概念的提出，关于企业竞争优势理论的研究得到了不断深化，诸多研究都表明，企业有价值的资源和核心能力是企业竞争优势的来源。② 郭庆然指出，企业核心竞争力是一个动态的概念，不断更新的核心竞争力是企业长期成功的关键因素，而核心竞争力的更新其本质就是技术创新。③ 许庆瑞等④ 以及 Stuart T. E.⑤ 皆认为，企业发展的核心竞争力是技术，创新是企业创造核心竞争优势的主要途径，是企业实施竞争战略的关键推动力。可见，企业异质性的主要来源之一就是技术研发上的差异，技术创新是促进企业形成、增强和维持核心竞争能力的基础，是企业特定竞争优势的重要贡献者，高效率的技术创新已成为企业在激烈市场竞争中制胜的关键，缺乏技术创新的企业不但会导致其缺乏异质性和具备较强

---

① Rumelt R.. Competitive Strategic Management ［J］. Competitive Strategic Management, R. Lamb（ed.）, Prentice Hall, Englewood Cliffs, MD, 1984：556-570.
② Prahalad C. K., Hamel G.. The Core Competence of the Corporation ［J］. Resources, Firms, and Strategies: A Reader in the Resource-based Perspective, 1990：235-256.
③ 郭庆然. 基于技术自主创新的企业竞争力研究 ［J］. 科技经济市场, 2006（2）：60-62.
④ 许庆瑞, 谢章澍, 杨志蓉. 企业技术与制度创新协同的动态分析 ［J］. 科研管理, 2006（4）：116-121.
⑤ Stuart T. E.. Interorganizational Alliances and the Performance of Firms: A Study of Growth and Innovation Rates in a High-technology Industry ［J］. Strategic Management Journal, 2000, 21（8）：791-811.

竞争力的产品，甚至会导致企业被市场淘汰。

通过以上的分析可以看出，在价值网络中企业的竞争优势与其技术创新的能力呈正相关关系，即成员企业的竞争优势随着其技术创新能力的增强而增强。因此得到了进行研究的基本假设，如表6-1所示。

表6-1 价值网成员企业技术创新与竞争优势关系的假设（直接模型）

假 设	描 述
H1	企业的技术创新投入越强，则企业竞争优势越强
H2	企业的技术创新倾向越强，则企业竞争优势越强
H3	企业的技术创新动力越强，则企业竞争优势越强
H4	企业的技术创新产出越强，则企业竞争优势越强

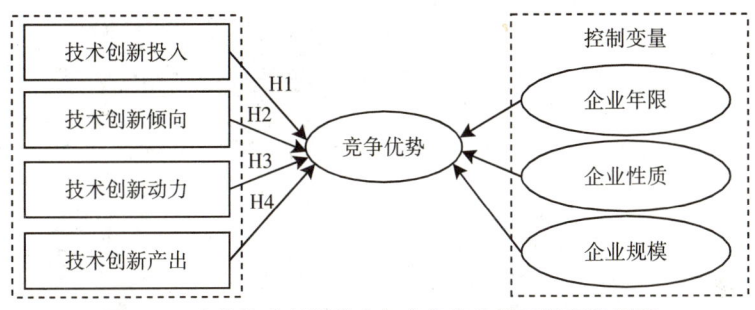

图6-9 企业技术创新能力与竞争优势关系的直接模型

图6-9是关于价值网成员企业技术创新与竞争优势关系的直接模型，该模型从成员企业技术创新内容的视角出发，对技术创新主要内容与成员企业竞争优势之间的相关关系进行了考量，目的在于发现技术创新不同内容对成员企业竞争优势影响程度的强弱关系。但该模型存在明显的缺陷，即未考虑技术创新内容内部的协同及交互作用，本研究在直接模型的基础上，将技术创新组成部分内部的协同与交互作用引入到模型之中。因此，可以将技术创新的内容划分为基础能力和独特能力两个部分。投入要素和战略资产是基础能力的主要组成部分，由于本研究中分析的企业是制造型企业，在R&D的人员投入、设备投入、经费投入及其他一些非研发投入等针对R&D的基本投入是主要的投入要素；成员企业通过一系列的有计划、有目的的长期投资积累的存量资产等战略资产，如企业家精神、

企业的创新文化、企业的专利等。① 独特能力是指企业基于投入要素、战略资产和企业知识的基础上,通过企业的组织活动和流程而形成的复杂的资源集合。对于价值网成员企业而言,在技术创新过程中仅仅通过投入和拥有战略性资产是远远不够的,只有拥有将投入、资产转化为产出的独特能力,才能优于其他企业。②

因此,在直接模型的基础上,我们将"技术创新组成各部分的交互作用"融入模型之中,得到了研究的间接模型及相关假设,如表6-2和图6-10所示。

表6-2 价值网成员企业技术创新与竞争优势关系的假设(间接模型)

假 设	描 述
H_{1a}	企业的创新投入越强,则企业竞争优势越强
H_{1b}	创新投入越强,则企业的创新产出越强,前者通过后者间接影响企业竞争优势
H_{2a}	企业的创新倾向越强,则企业竞争优势越强
H_{2b}	创新倾向越强,则企业的创新产出越强,前者通过后者间接影响企业竞争优势
H_{3a}	企业的创新动力越强,则企业竞争优势越强
H_{3b}	企业的创新动力越强,则创新产出越强,前者通过后者间接影响竞争优势

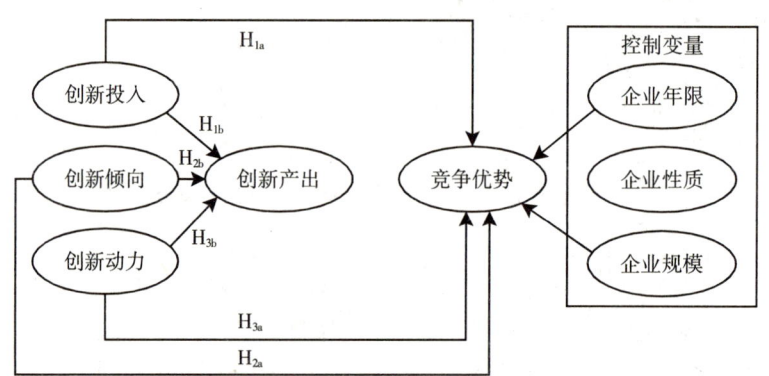

图6-10 企业技术创新能力与竞争优势关系的间接模型

3. 企业技术创新与竞争优势关系的实证研究

我们选择江西省某跨国集团为调查对象,该集团是一家以制造业生产、销售为一体的大型企业集团。近年来,该集团公司与供应链的各个环节的企业都保持着良好的合作关系,与供应商、消费者和零售商共赢,价值网络不断完善、优

---

① Amit R., Schoemaker P.. Strategic Assets and Organizational Rent [J]. Strategic Management Journal, 1993, 14 (1): 33-46.
② 王庆喜. 企业资源与竞争优势:基于浙江民营制造企业的理论与经验研究 [D]. 杭州:浙江大学博士学位论文,2004:31-32.

第六章 价值网竞争优势来源之四：知识流动与技术创新

化。从本质上看，该企业集团是一个非常成功的价值网络型企业。通过走访、邮寄等形式对该企业集团在全国的 10 家分公司的部分管理人员进行问卷调查，发放问卷 300 份，回收问卷 216 份，其中邮寄问卷、走访问卷分别回收 176 份和 40 份，有效问卷 189 份，有效问卷率为 63%。采用 Cronbach's α 系数来测量问卷的信度，其中技术创新投入、创新倾向和创新动力这三个潜在变量的 α 值分别为 0.859、0.794 和 0.886，创新产出和竞争优势的 α 值分别为 0.810 和 0.925，说明问卷具有很高的内在一致性，符合要求。采用结构方程模型（SEM）对成员企业技术创新潜在变量之间的关系进行分析，对直接模型进行修改和完善，采用 AMOS 4.0 软件对假设进行验证和分析，结果如表 6-3 所示。

表 6-3 直接模型的拟合优度指标

GIF	AGFI	CFI	IFI	RMSEA
0.925	0.917	0.932	0.931	0.078

从表 6-3 中可以看出，直接模型的拟合优度指标结果均达到了标准，拟合指标中 GIF、AGFI、CFI 和 IFI 均大于 0.9，模型拟合度很高，测量模型有效。直接模型分析结果如图 6-11 所示。

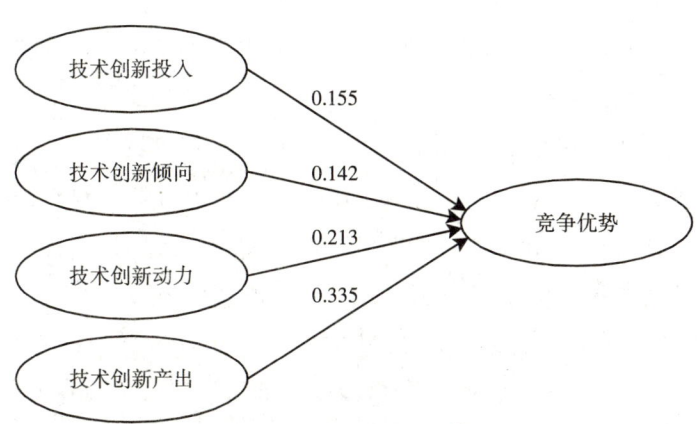

图 6-11 直接模型分析结果

对成员企业技术创新能力与竞争优势直接模型分析之后，采用同样的步骤和方法对间接模型进行测量，拟合优度结果如表 6-4 所示。

表 6-4　间接模型的拟合优度指标

GIF	AGFI	CFI	IFI	RMSEA
0.945	0.943	0.967	0.965	0.077

在间接模型中，所有的拟合度指标较直接指标的测试结果皆有不同程度的提升（见图 6-12），说明间接模型优于直接模型，更符合研究要求。

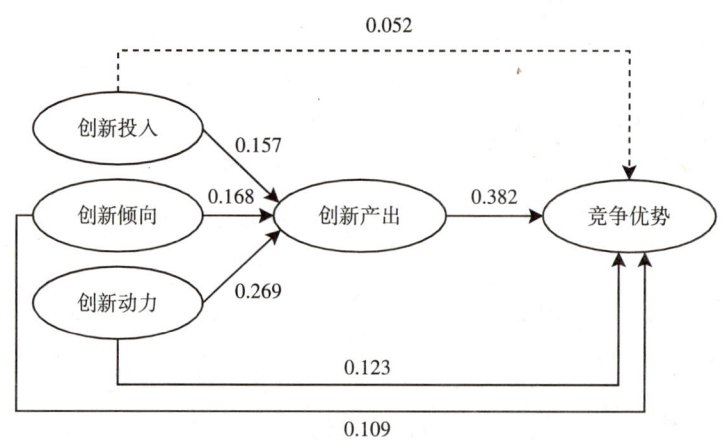

图 6-12　间接模型分析结果

从分析结果可以得到如下结论：

结论一：技术创新能力是影响价值网成员企业发展的主导型资源，能够直接促进竞争优势的产生与发展；同时，技术创新投入的影响要明显低于技术创新动力和技术创新产出的影响。在直接模型中，将成员企业的技术创新能力划分为四部分内容，即技术创新投入、技术创新动力、技术创新倾向与技术创新产出，技术创新能力的四部分对成员企业的竞争优势皆有显著的正向作用。同时，技术创新产出的路径系数为 0.335，明显高于创新投入的路径系数，说明技术创新动力对竞争优势的影响明显高于技术创新产出的影响。换言之，对于制造型企业而言，虽然在技术创新中投入很多，但并非所有的投入都能转化为企业的竞争优势。

结论二：价值网成员企业的技术创新能力可以划分为基础能力和独特能力两部分，基础能力是形成竞争优势的基础，独特能力是企业形成竞争优势的关键，基础能力向独特能力的转化是成员企业形成竞争优势的必然。在直接模型的基础上本研究将成员企业技术创新能力内部相互关系引入模型之中，建立了技术创新与竞争优势的间接模型，从分析结果可以看出在引入创新产出的中介效应后直接模型对竞争优势影响显著的创新投入影响程度下降,而创新动力、创新倾向等的影响程度也明显变弱,结果说明:对于成员企业而言,仅拥有获得竞争优势的基础资源——投入要素是明显不够的,只有具备区别于其他企业的独特资源才能够获得竞争优势,也只有具备独特能力才能将投入有效转化为产出。在间接模型中,成员企业的创新投入对竞争优势的影响变得不显著,其对竞争优势的影响是通过技术创新产出来间接影响的。

第七章 价值网竞争优势来源之五：利益相关者战略与顾客忠诚

一、基于价值网的利益相关者战略与竞争优势

（一）利益相关者的内涵

对于任何企业组织而言，企业的利益相关者是与之关系最密切的。根据利益相关者理论，企业是相互影响的利益相关者相互联系的联结体，利益者的相关责任和义务受企业各种隐性与显性契约的规范与制约。[①] 因此，企业的所有者不能仅仅局限于股东，所有的利益相关者之间的权利是独立的、平等的，这就在某种程度上也为企业社会责任理论的发展扫清了障碍。

传统管理理论把利益相关者只看作是那些供应资源或购买产品、服务的个人或群体，现代管理理论却赋予利益相关者更为丰富的内涵。1984年，弗里曼（Freeman）出版了《战略管理：利益相关者管理的分析方法》一书，正式提出了利益相关者管理理论。在此书中，弗里曼做出了一个经典的广义定义："一个组织里的利益相关者是可以影响到组织目标的实现或受其实现影响的群体或个人。"[②] 更确切地说，应该把供应商、客户、雇员、股东、当地的社区以及处于代理人角色的管理者都包括到这一群体里。企业的主要利益相关者如图7-1所示。

[①] 陈宏辉. 企业利益相关者的利益要求：理论与实证研究 [M]. 北京：经济管理出版社，2004：37-38.
[②] Freeman R. E.. Strategic Management: A Stakeholder Approach [M]. Pitman Publishing Inc., 1984: 111-115.

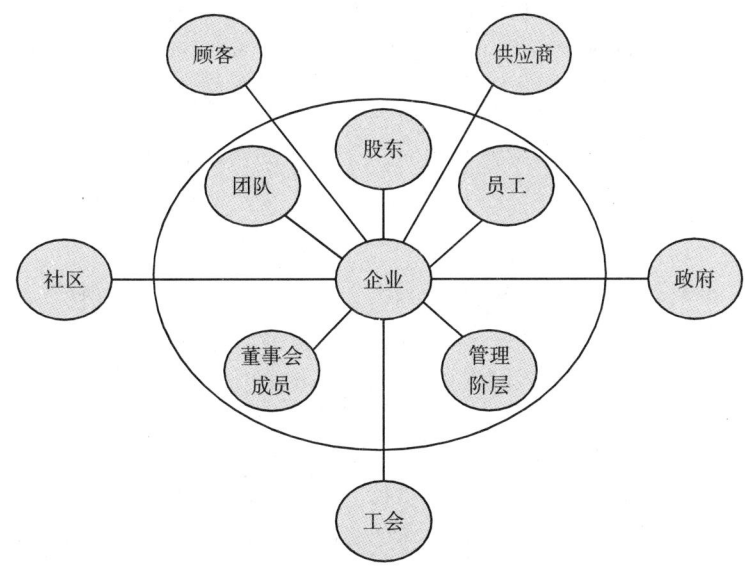

图 7-1 企业的主要利益相关者

（二）基于利益相关者战略的关系营销

关系营销是市场营销理论的重大进步与突破，在传统营销理论基础上实现了巨大的突破，强调企业重视长期关系，而不是传统营销中只重视交易。关系营销已经将营销的重点逐步拓展到一些与企业有交易关系的关键群体，而不仅局限于企业与顾客的关系。在关系营销的早期研究中，并未涉及利益相关者的知识与内容。1999 年，Kotler 和 Armstrong 在研究中提出了关系营销的定义，指出关系营销是以长期关系为导向的，其目标是将长期的价值传递给顾客，长期的顾客满意度是衡量关系营销是否成功的关键。关系营销概念的提出引发了学界对利益相关者的广泛关注，此后 Polonsky 等（2002）及 Ballantyne 等（2003）在研究中对关系营销中涉及的利益相关者问题进行了进一步探究，不同学者的研究皆指出商业环境是一组利益相关者集合体，关系营销应当突破传统的企业与顾客的关系而拓展到企业利益相关者层面。卢东斌和李文彬指出，在企业与相关利益者构成的复杂关系网络中，公司本身单一的网络建设和治理已经不是企业生存和发展的关键因素，公司与相关利益者组成的价值关系网络对企业的重要性日益凸显。① Berman 等认为，企业价值网络是一种相关利益者组成的价值生产、分配、转移和使用的特殊的关系和结构。② 可见，价值网中的利益相关者战略与关系营销是密不可分的，价值网成员企业实施基于利益相关者的战略，实际上就是成员企业通过相关利益者建立、维持和提升紧密关系的营销活动，其最终目的是价值网将内外部环境中的经济、社会和环境价值等传递给利益相关者，以促进价值网可持续的绩效增长及竞争优势的培育。

首先，价值网成员企业实施基于利益相关者的关系，营销其核心概念是"关系"，其主要内容是从成员企业利益相关者的现实情况出发，与各利益相关者建立、发展和维持关系。根据系统论观点，企业是一个与环境发生关系，且内部各要素之间彼此联系、相互作用而构成的一个不可分割的整体。企业内部各要素只有按照一定的规则才能够构成系统的整体，而不是各要素的简单叠加。此外，由于企业不是独立存在的，每个企业都受大环境的制约，故企业与内部各要素之间又是相对的。在环境的影响和制约下，企业既要适应环境，还要保持自身的独立性。根据系统论的观点，相对于社会经济这个大系统而言，企业实际上是一个动态开放的经营管理系统，这一系统由众多要素组成，与外部环境不断发生着物质、能量及信息交换。作为社会经济大系统中相对独立的子系统，企业总是在一定的社会环境中开展活动的，是构成大系统这一有机整体的基本细胞，不能脱离大系统这一特殊的环境而独立存在。就单个企业而言，影响和制约企业营销活动的大环境也是由诸多要素共同组成的，包括消费者、中间商、竞争者和其他利益相关者。企业必须适应这些环境，并能被动地对这些环境进行改造。但传统营销理念将重点局限于消费者方面，导致系统"细胞"与"身体"的脱节，显然只针对消费者开展营销是无法满足企业发展需要的。对于价值网成员企业而言，必须认真审视与相关利益者的关系，与利益相关者建立、维持和发展长期、密切的关系，积极开展全面的影响活动，这是价值网和价值网成员企业生存与发展的基础。

其次，与所有利益相关者建立良好的关系，是价值网成员企业实施基于利益

---

① 卢东斌，李文彬. 基于网络关系的公司治理 [J]. 中国工业经济，2005（11）：95-102.
② Berman S. L., Wicks A.C., Kotha S., T.M. Jones. Does Stakeholder Orientation Matter? The Relationship between Stakeholder Management Models and Firm Performance[J]. Academy of Management Journal，1999（42）.

相关者战略的重心之所在。价值网中成员企业获得的基础就是关系的建立,而基于关系基础上的自然行为就是交易。传统的市场营销以单次交易行为利润最大化为目标,是企业基于市场需求出发在市场中进行的经营销售活动。在买方为主的市场条件下,企业通过市场竞争环境分析明确竞争态势,通过市场分析、营销策略组合等手段制定途径最大化利润。交易是营销的基础,企业在营销活动开展中强调利益最大化的满足,把每一次交易利润最大化作为营销活动的重心,忽视了与企业利益相关者建立和保持密切的关系。将关系营销引入利益相关者战略之中,在企业营销活动开展中充分考虑利益相关者因素,与利益相关者建立一种稳定、牢固的长远关系,进而通过关系的建立构成一个系统的网络。在这一过程中,成员企业活动开展的目的由追求网络成员利益关系的最大化取代了追求每次交易利润的最大化,最终形成了价值网成员企业的共同发展。

(三) 利益相关者价值在价值网中的增值与传递

1. 利益相关者价值的内涵

在了解利益相关者价值之前,我们有必要首先对客户价值的概念进行简单的了解。客户价值(Customer Value,CV)是 20 世纪 80 年代中期以来理论界研究的重点问题,诸多学者从不同角度对客户价值进行了探讨,归纳起来主要有:客户满意理论、买方价值理论、客户认知价值理论、4Cs 营销理论及客户让渡价值理论等。虽然上述学者和理论从不同角度对客户价值理论进行了诠释,但大部分研究在根本认识上与客户价值理论是一致的,既认为企业看待产品和服务的价值时应站在客户的角度上,这种价值是由客户决定的而不是由企业决定的,实际上这种客户价值就是客户的认知价值,而客户认知利得(Perceived Benefits)与认知利失(Perceived Sacrifice)之间的均衡就是客户认知价值的核心。① 认知利得是指客户从一系列产品或服务中所认知的一系列利益,而认知利失是指客户为认知某一产品或服务所付出的一系列成本。② 综上所述,本研究认为,客户从某一产品或服务中获得的利益,与其在评估、获得和使用某一产品或服务预计所付出成本之间的差额,就是客户价值。其公式可以表达如式(7-1)和式(7-2)所

---

① Ravald A, Grönroos C.. The Value Concept and Relationship Marketing [J]. European Journal of Marketing, 1996, 30(2): 19-30.
② 胡银花. 基于顾客价值的营销战略研究 [D]. 湘潭:湘潭大学硕士学位论文, 2006.

示。可见，获得精神上或物质上的收益，是客户购买某一产品或服务的最终目的，此过程中客户需要付出一定代价，如购买、使用费用等。可见，客户的利益需求、预计支出的有关费用等都会影响客户价值的大小，这些影响因素不但关系到产品或服务对客户的吸引力，也直接制约了客户对产品或服务的满意度与忠诚度。

$$客户价值(CV) = 客户认知价值(CPV^{①}) = \frac{认知利得}{认知利失} \quad (7-1)$$

或：

$$客户认知价值(CPV) = 认知利得 - 认知利失 \quad (7-2)$$

实际上，价值网中的客户就是消费者，也是价值网成员企业中诸多利益相关者的一种。结合以往西方学者对客户价值的研究成果，本研究认为，对于价值网中利益相关者价值概念的界定可以在客户价值概念的基础上进行适当拓展，即利益相关者在价值网中获得的价值与评估、获得或使用某产品或服务时向价值网某环节传递的价值之间的差额。同理，利益相关者价值的实现过程也就是利益相关者认知价值的实现过程。因此利益相关者的价值可以表达为：

$$利益相关者价值(SV^{②}) = 利益相关者认知价值(SPV^{③}) = \frac{认知利得}{认知利失} \quad (7-3)$$

或：

$$利益相关者认知价值(SPV) = 认知利得 - 认知利失 \quad (7-4)$$

需要注意的是，利益相关者的价值是由利益相关者决定的，而不是由企业决定的，其核心是认知利得与认知利失之间的平衡。

2. 利益相关者与价值网的价值关系

对于成员企业而言，利益相关者利益的增值和传递离不开价值网这一特殊的环境。一方面，利益相关者在价值网成员企业之间的传递是通过物质和非物质的形式进行的，在价值网的某些环节或节点中发生了价值交换；另一方面，利益相关者价值增值的过程是价值网成员企业价值增值过程的一部分，其过程离不开价值网增值的过程。需要注意的是，成员企业利益相关者价值增值的实现，是其在

---

① VPV 即客户认知价值 Customer Perceived Value 的简称。
② SV 即 Stakeholder Value 的简称。
③ SPV 即 Stakeholder Perceived Value 的简称。

价值网增值过程中依靠认知利得与认知利失之间的"差额"实现的。换言之，只有认知利得大于认知利失才能够实现利益相关者价值，其自身不能实现价值增值。① 因此，对利益相关者和价值网成员企业价值增值和传递的分析，可以从价值变化的角度开展，两者之间的关系如图7-2所示。

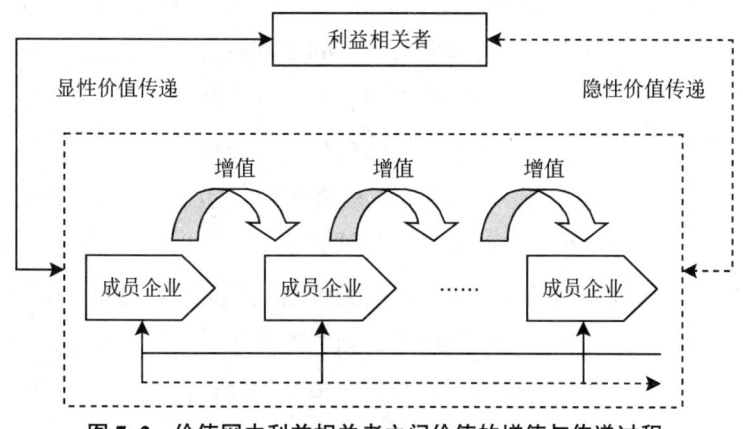

图7-2 价值网中利益相关者之间价值的增值与传递过程

图7-2中虚线方框内所示的是价值网内成员间价值增值、传递的过程。价值网是一种动态、有机的价值创造体系，是通过成员企业之间的相互联结形成的。价值网的增值过程也是由不同成员企业的若干增值环节组成的。换言之，就是不同成员企业不同环节增值过程的集合。对于价值网中单个成员企业而言，外部资源的输入、产品或服务的输出是其价值增值和传递过程的起点和终点，外部资源的输入既包括人力、物资、财务等显性资源，也包括成员间默会知识等隐性资源，其所创造的价值在整条价值链的增值环节中都得到了不断地增加和传递，通过一环环增值过程最终实现了成员企业价值的增值。需要注意的是，价值网成员企业价值的增值，既包括显性价值的增值也包括隐性价值的增值。

前文已经指出，对于企业和价值网这样特殊的系统而言，其生存与发展离不开各种利益相关者的特殊大环境。换言之，价值网离不开利益相关者而单独发生价值传递与增值活动，包括显性价值和隐性价值。② 在这一过程中，利益相

---

① 刘刚. 利益相关者价值状态、合作关系与价值网络绩效 [J]. 系统工程学报，2012（6）：847-853.
② 吴应宇，丁胜红. 企业关系资本：价值引擎及其价值管理研究：基于利益相关者理论视角 [J]. 东南大学学报（哲学社会科学版），2011（5）：43-51.

关者同样通过价值网实现了价值的传递与增值。例如，价值网成员企业接受员工提出的创新方法或者接受投资者的投资之后，有助于加快企业价值增值的速度，也可以说利益相关者在价值网络中传递了价值，实现了企业价值的增值。同时，企业向提供创新方法的员工发放奖金并给予荣誉称号，让员工在得到物质奖励的同时获得精神上的满足，帮助员工实现显性价值与隐性价值的同时增长；企业向投资者反馈利润，让投资者获得远大于投资的实际收益，显性价值明显增长，也就是说投资者在企业价值增值中的认知利得大于认知利失。综上所述，我们可以说企业价值网络是实现利益相关者价值的途径，利益相关者的价值增值过程离不开价值网这一特殊环境，价值增值是在与企业价值传递过程中发生的。

3. 利益相关者与价值网增值环节的价值关系

前文我们对利益相关者与企业价值网的价值关系进行了分析，通过分析了解到价值网某些价值环节中存在价值增值活动，但并不是所有的价值环节都存在价值增值活动。同理，价值网增值环节中显性价值与隐性价值有可能同时发生，但也有可能只有其中一种价值的增值。因此，在对利益相关者与价值网增值环节的价值关系进行分析探讨时，有两个方面应特别注意，一是是否发生了价值传递，二是发生了哪种价值传递和增值，如图 7-3 所示。

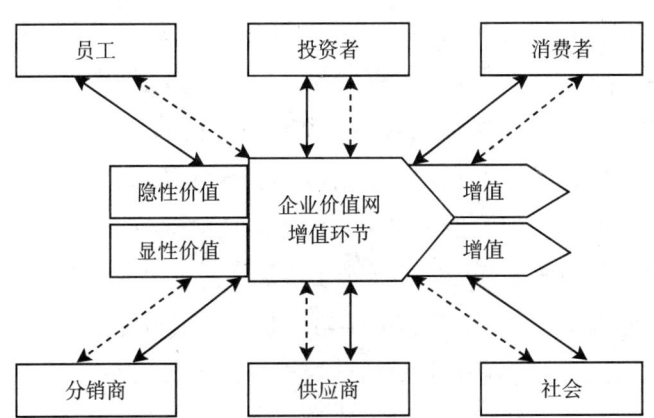

图 7-3　利益相关者与价值网增值环节的价值关系

从图 7-3 可以看出，价值网中成员企业利益相关者与增值环节的价值关系主要体现在以下三个方面：

（1）利益相关者与价值网增值环节的价值关系具有不确定性的特征。对于价值网成员企业而言，价值网内部组织中发生价值增值的某些环节与发生价值关系的利益相关者的关系是不确定的。针对某一成员企业的某一增值环节，有可能所有利益相关者都发生了直接的价值关系，也有可能是一到两个利益相关者发生了直接的利益关系。例如，价值网中某成员企业的内部后勤活动是一个价值增值环节，其发生价值关系的利益相关者主要有四个，即投资者（资金投资者、设备投资者等）、员工、供应商及社会，在价值增值过程中并没有与分销商、消费者等发生直接的价值传递关系。但对实际中这一价值增值环节进行分析时能发现，价值网中成员企业外部后勤活动没有和供应商发生价值关系，但和分销商或消费者都发生了相关的价值关系。也就是说，从价值网的角度出发，价值网内部的增值环节并不是与所有的利益相关者都会发生价值关系。从不同成员角度出发，即便是在相同的增值环节都发生了价值关系，其相关利益者也可能是不同的。因此，厘清价值增值环节中与之发生价值关系的利益相关者，是分析利益相关者与价值网价值关系的前提和必要条件。

（2）价值网成员企业增值环节和与之发生价值传递的利益相关者的价值类型是不同的，也就是说利益相关者在增值环节中传递的价值类型不同，既有可能单独传递显性价值，也有可能单独传递隐性价值，还有可能同时传递显性价值与隐性价值。例如上文的举例，对于价值网成员企业的内部后勤活动而言，作为利益相关者之一的员工，在价值增值过程中既有相关专业知识学习或付出等隐性价值的传递，也有工资、奖金或服务等显性价值的传递。但对于投资者这一利益相关者而言，在这一增值环节中发生的则只有资金、设备等显性价值的传递。同样的道理，不同企业、不同行业利益相关者传递的价值类型也有所差异。

（3）利益相关者在增值环节中的价值传递与价值增值过程可能是同步的，也可能是不同步的，即价值传递与价值增值可能会同时发生。例如，对于价值网的消费者而言，其向成员企业付出货币资本来购买某商品或服务的过程中，就向企业传递了"货币"这一显性价值；同时，企业在消费者购买商品或服务的过程中，向消费者反馈了商品价值、品牌价值等显性价值或隐性价值。可见，针对成员企业销售活动这一增值环节，价值传递与价值增值是同时发生的，消费者在这一增值环节中的认知利得大于认知利失，也就是说消费者实现了其价值。但在更多情况下，利益相关者的价值传递与增值很难在同一增值环节实现，价值增值往往是在不同价值传递环节中实现的。例如，成员企业的投资者向生产环节投入资金,这一过程中投资者向企业传递了"资金"这一显性价值,而企业要向投资者反馈获得利润这一价值,显然必须在销售环节完成之后。

综上所述,价值网成员企业利益相关者的价值增值,往往是在一个或几个价值增值环节中进行价值传递而实现的。如图7-4所示是利益相关者在增值环节的价值增值模型,成员企业的利益相关者在价值网增值环节i中进行显性价值与隐性价值的传递,利益相关者价值的实现既可以由价值网增值环节i直接反馈获得,也有可能由价值网增值环节j反馈价值时获得。

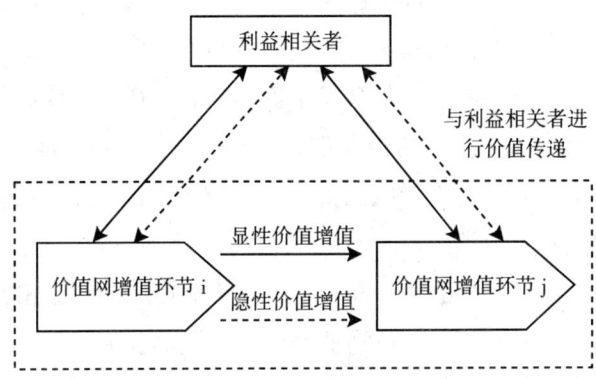

图7-4 利益相关者在增值环节的价值增值模型

二、基于价值网的顾客价值与顾客忠诚

不论是服务企业、制造企业还是公共部门,与顾客的接触不仅不可避免,而且至关重要,许多企业越来越依赖于同顾客的密切互动。在这种情况下,关系问题日益成为企业关注的焦点,企业价值网也不例外。关系营销的核心就是企业与顾客的关系问题,其最终目的是培养顾客忠诚,通过与顾客建立、维护和强化(包括中止)这种关系来向顾客提供高质量、高价值的产品或服务,在企业提高顾客满意度和塑造顾客忠诚进而获得竞争优势的实践中扮演着十分重要的角色。

(一) 顾客忠诚的内涵

顾客忠诚的研究始于 20 世纪 20 年代，其概念原型是"顾客持续"，这一概念最早是由美国学者麦尔文·科普兰（Melvin Copeland）提出的。自这一概念被提出之后日益引起理论界和实务界的高度重视，迅速成为国外专家、学者的重要研究内容。诸多研究指出，顾客忠诚是企业获得长期利润和增长的重要动力。

关于顾客忠诚内涵的界定，不少学者从不同角度提出了自己的观点。早期关于顾客忠诚的研究多是从消费者行为的角度出发的，关于顾客忠诚的界定主要有两大阵营。一个阵营的学者认为，是否产生购买行为是界定顾客忠诚的关键点，而持续购买行为则是顾客忠诚的最大价值之所在，代表性人物如纽曼（Joseph W. Newman）、乔治·布朗（George Brown）、塔克（Tucker）、沃贝尔（Richard A. Werbel）等。其中，美国学者塔克认为，顾客连续三次购买某企业或某品牌的产品或服务行为就是顾客忠诚。[1] 纽曼认为，反复购买某品牌或企业的产品或服务，而不考虑其他品牌或企业的产品或服务的客户就是忠诚的客户。[2] 布莱博格（Blattberg）和森（Sen）提出，由于不同行业、不同商品的消费价值存在巨大差异，单纯以购买次数来界定顾客对某品牌或企业产品或服务的忠诚程度显然是不合理的，应当把购买比例作为顾客忠诚行为的测算基础。这类学者多是从企业视角出发对顾客忠诚的概念进行界定，对顾客忠诚的衡量多是从企业销售产品或服务时获得的利润角度出发进行的，尝试从购买可行性、顺序及购买比例等方面的测量来解释顾客的重复购买行为，并将此作为评判顾客是否忠诚的重要标准。另一个阵营的学者认为，无论是以购买次数还是以购买比例作为界定顾客忠诚的标准其可靠性都不高。他们认为，情景因素或随机因素的影响也有可能导致顾客产生高频次的购买行为，显然顾客的忠诚行为并非对品牌或企业的忠诚行为，在相同条件下也不能保证顾客不会有选择其他产品的可能。所以这部分学者对顾客忠诚的定义进行了修改，将顾客购买产品时的态度引入到顾客忠诚概念的界定中，认为真正的顾客忠诚是顾客有较高的态度取向并产生重复购买行为。代表性人物

---

[1] 梁远芳，聂会星，徐枞巍. 引入推荐行为的顾客忠诚三维分类模型 [J]. 改革与战略，2011（2）：17-18.

[2] 张辉，邹长城. 顾客认知忠诚的规范解释与模型 [J]. 南华大学学报（社会科学版），2007（1）：46-49.

如戴（Day）、切斯纳特（Chestnut）和雅各比（Jacoby）等。进入20世纪90年代以后，顾客忠诚理论在实践中不断丰富和发展，以琼斯（Jones）和萨瑟（Sasser）为代表的诸多学者将顾客满意理论引入到顾客忠诚的理论研究中，顾客忠诚理论的地位得到了极大提升，理论体系趋于完善。他们对顾客忠诚与顾客满意之间的关系进行了诠释，并基于两者之间关系程度的高低给出了顾客忠诚矩阵分析图（见图7-5）。

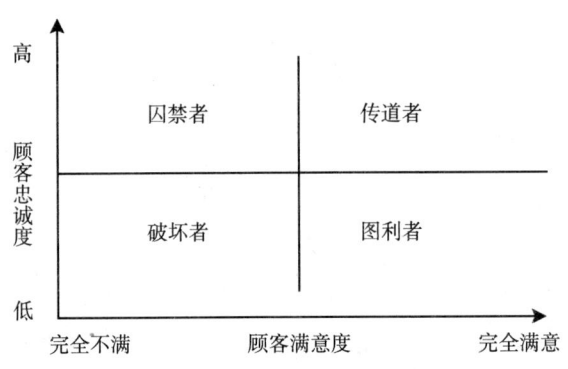

图7-5　顾客忠诚度与顾客满意度之间的关系矩阵

根据上述两位学者的观点，顾客忠诚的前提是顾客满意，而顾客满意的关键条件是顾客需求的满足。根据上文对关系营销的分析可知，关系营销将介于顾客和产品之间的关系放在企业价值网络中，重视顾客与企业之间关系的管理，强调在企业与利益相关者之间建立一种长期、巩固的关系，谋求与顾客关系的长期维持和稳定发展是关系影响的核心目的。可见，融入顾客满意理论的顾客忠诚已经成为关系营销的核心。实际上，在产品或服务购买过程中顾客满意程度的高低是由顾客的认知水平决定的，换言之也就是顾客满意或不满意心理的形成，其根源在于顾客感知的产品或服务的质量，这种感知水平的不同会导致顾客出现满意、愉悦和不满意三种心理状态。如图7-6所示，我们以一个图形来表示这种关系。

如图7-6所示，顾客期望接受的服务质量与实际接受的服务质量（实际服务效果）分别用 q_0 和 q_1 表示，当服务效果远大于期望的服务质量时，顾客会产生愉悦的心理；当服务效果大于或等于期望的服务质量时，顾客会产生满意的心理；当服务效果小于期望的服务质量时，顾客则会产生不满意的心理。从以上的分析可以看出，消费者购买期望与顾客忠诚有着密切关系。

第七章 价值网竞争优势来源之五：利益相关者战略与顾客忠诚

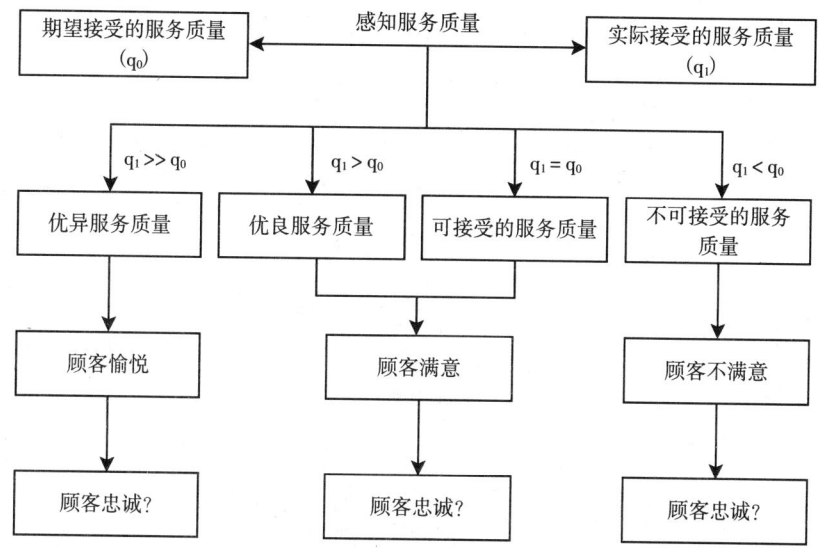

图 7-6　顾客感知服务质量与顾客满意、顾客忠诚关系示意图

（二）顾客价值概念的引入

根据 Kothandaraman 和 Wilson 提出的价值网模型（见图 7-7），创造更优的顾客价值是价值网运行的最终目标。

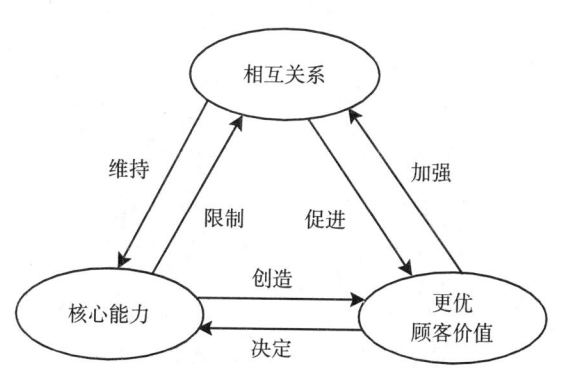

图 7-7　Kothandaraman 和 Wilson 的价值网模型[①]

顾客价值是顾客忠诚与竞争优势的中间变量。目前，关于顾客忠诚对竞争优势的研究非常少，大多数研究集中在顾客价值对竞争优势的研究方面。为了探讨顾客忠诚与价值网竞争优势之间的关系，可将顾客的行为意向看成是与顾客忠诚

---

① 张燕. 价值网——一种新的战略思维组合[J]. 价值工程，2002（2）：14-17.

等价的概念，因此探讨顾客忠诚与竞争优势之间的逻辑关系，可借由顾客价值对竞争优势之间的逻辑分析来证明，如图 7-8 所示。

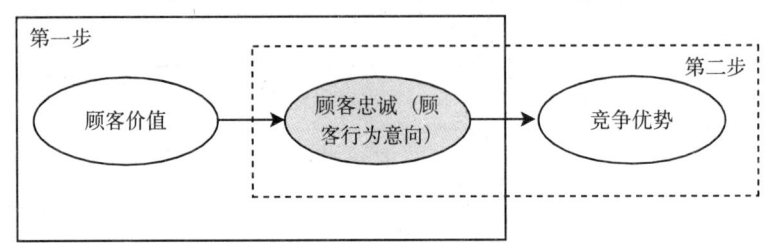

图 7-8　顾客价值、顾客忠诚与竞争优势的论证逻辑

（三）顾客价值动态性对价值网竞争优势的影响

作为研究顾客忠诚与价值网竞争优势的中间变量，顾客价值的动态性特征是否有助于企业竞争优势的培育是一个亟待探讨的问题，这是间接验证顾客忠诚对价值网竞争优势的重要途径。目前，理论界关于顾客价值动态性的研究已经为数不少，但大多数研究都是基于"企业—顾客"关系中一些影响因素来间接分析顾客价值的，忽略了企业间的竞争对顾客价值动态性的影响。本研究通过对以往文献的回顾和梳理，提出顾客价值动态性的全新视角，依据边际效用递减法则分析顾客价值要素对价值网竞争优势的作用。

1. 根据边际递减规律分析价值网竞争对顾客价值的影响

从本质上讲，顾客是价值网成员企业竞争的最终目标，任何竞争手段或途径的采用其最终目的都是更好地满足顾客需要。顾客价值的本质是顾客感知，在成员企业采取满足顾客需要的措施时，措施或方法的不同会导致顾客感知发生不同的变化。究其原因，顾客感知具有主观性和动态性的特征，是依据他们在自身体验中对产品或服务的主观感知来形成的，这种感知随着商品或服务的不同不断发生变化，这是边际效用递减规律在发生作用。[①] 通常情况下，顾客在购买第一个单位的产品或服务时得到的边际效应是最大的，随着购买单位的不断增加，虽然产品或服务的性质没有发生变化，但顾客对效应的感知却一直在变化，边际效应

[①] Richins M. L.. Valuing Things: The Public and Private Meanings of Possessions [J]. Journal of Consumer Research, 1994, 21 (12): 504-521.

持续下降。根据边际效用递减规律，顾客对某种产品或服务的渴求是有限的，消费者的满足感会随着产品或服务数量的增加而得到不断满足，对特定产品或服务的渴求程度会随之下降，其自身对产品或服务效应的感知也会下降。

一方面，顾客从某价值要素上获得的满意程度存在边际递减。顾客对某要素的边际满足感会随着企业在某要素上绩效的提升而不断下降，这一点和消费数量与边际效应的关系相类似。具体讲，顾客对个体要素的强烈期望是企业创造竞争优势的基础和前提，为了不断提高顾客的满意感，从而建立与顾客之间稳固、持续的关系，企业需要在该要素的绩效上不断改进。在价值要素绩效提升的初期，消费者的边际满足感会因绩效的改变而达到一个非常高的水平，可见这种绩效的提升对于促进购买者的消费决策有较强的激励作用。随着该价值要素绩效的持续提升，顾客对企业改进的敏感程度大幅下降，虽然顾客的整体满足感在不断提升，但相同程度企业绩效改变引发的顾客满意程度的提升却大幅下滑。换言之，该要素对顾客的激励作用明显下降（见图7-9）。以质量提升为例对上述观点进行简单例证：在质量竞争的初期，即便是小幅度的质量提高都有可能促使消费者的满足感发生较大的提升，此时对消费者购买决策影响最大的便是质量因素。换言之，对于企业而言质量成为竞争优势的重要来源。但是，顾客对质量满足感因质量水平的不断提升而显著下降，也就是说顾客对质量的满足感存在边际递减效应，质量不再是竞争优势的源泉。同理，成本、服务竞争都存在同样的边际递减效应。Levitt认为，成本竞争、质量竞争、服务竞争都存在"近视症"的可能。[①]

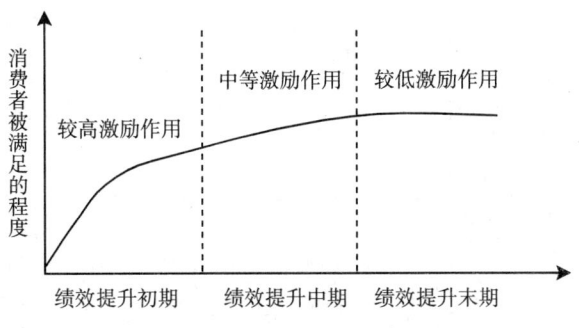

图 7-9 顾客边际满足感递减

[①] Levitt T.. Marketing Myopia (with retrospective commentary) [J]. Harvard Business Review, 1975 (9): 55-64.

另一方面，顾客对竞争性企业同一价值要素上的绩效差别的感知程度存在边际递减。企业的竞争战略与竞争程度密切相关，不同竞争程度的企业竞争战略不同。近年来，随着全球经济一体化的形成，价值网成员企业之间的竞争加剧，成员企业竞争策略趋同的现象日益明显。在消费者看来，竞争策略的趋同使不同企业在竞争要素上的绩效差别不断缩小；对于成员企业而言，必须要有越来越大的投入才能形成与组织网络内部其他成员企业有显著差别的绩效。"雁行效应"可以对这一现象进行很好的诠释，对于行业落后者而言，可以以领先者为标杆借鉴和学习领先者的先进方法、经验和教训，以最短时间缩小与先进者的差距；对于行业领先者而言，其要保持在竞争要素上的优势难度越来越大。例如，质量竞争曾是日本企业"以质取胜"的重要手段之一，但随着越来越多的企业学习、借鉴日本企业的 TMQ、6O'，世界范围内企业的质量水平都有了大幅提升，结果是日本企业在质量管理上的优势越来越不明显。

2. 顾客价值动态性变化规律及对企业竞争优势的影响

顾客价值在上述两个边际递减规律的作用下，呈现出和以往显著不同的规律性变化，表现为组织网络内部不同要素对重复购买行为、顾客价值行为等有不同的影响。价值网内顾客的价值要素主要有四种类型，包括潜在要素、激励要素、保健要素及引起注意的要素，各要素之间的关系如图 7-10 所示。

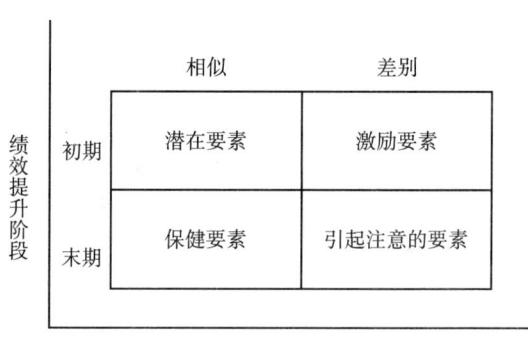

图 7-10　顾客价值要素的类型

其中，潜在要素是在未来能对顾客的价值判断和购买决策产生影响的因素。当前这些因素还未进入绩效提升阶段或正处于绩效提升阶段的初期，不是顾客价值判断的主要因素，价值网内不同成员企业在此类要素上的绩效都比较低。但随着保健要素逐步取代旧的激励要素，顾客对它们的渴求随之提高，重视程度也有显著提升。成员企业采取的提升绩效的行为将导致绩效差别的产生，并推动潜在要素转化为激励要素。可见，潜在要素是价值网成员企业竞争优势的潜在源泉。激励要素是一种具有较强正激励作用的顾客价值因素，能对顾客的价值判断和购买决策产生较强的正面作用。一般情况下，激励要素处于绩效提升阶段的初期，由于相关技术、方法不成熟，成员企业在此要素方面的绩效差别比较大，绩效的提升能够使顾客显著感受到企业付出的努力。如果企业在此类要素上拥有较高的绩效，则有助于显著提升顾客的感知价值并吸引顾客购买，还能培养顾客忠诚度，吸引老客户重复购买。可见，激励要素是价值网竞争优势的直接源泉，是成员企业吸引、留住顾客的关键。保健要素指具有负激励价值的要素，简单地讲就是此类价值要素对顾客的价值判断和购买决策有负面的激励作用。保健要素处于绩效提升阶段的末期，虽然此类要素是顾客价值的组成部分之一，但由于此时顾客的满意程度已处于较高的水平上，持续的绩效提升不会再带来顾客满意感的提升。此外，由于成员企业在竞争中相互借鉴经验与教训，不同成员企业在此类要素上的绩效非常接近且都比较平稳，此类要素已经不能成为顾客区别各企业的标准，也不会导致差异的产生。但是，为了避免顾客产生负面的价值感知而对企业既有的竞争优势形成不利影响，成员企业仍需要将此类要素保持在行业的平均水平上。还有一类要素是引起注意的要素，这类价值要素同样处于绩效提升阶段的末期，是由于不同成员企业间存在绩效差别而引起顾客的满意感差异所产生的。由于此类要素绩效的改变已经无法促进顾客满意感的提升，其主要作用就是为企业获取竞争优势提供辅助作用，继续吸引顾客目光，无法激励顾客产生更高的价值感知与购买意向。

上述不同类型顾客价值要素的转变使得顾客价值呈现出动态性的显著特征。由于价值网竞争优势建立中激励要素贡献较高，其必然会引起成员企业的广泛重视，在激烈的竞争中每一个成员企业为了不断接近甚至超越顾客的要求，都会致力于该要素绩效的改进与提升，提高顾客的感知与满意程度，降低顾客在该要素上的边际满足感。同时，随着共享机制下企业技术的不断成熟，不同企业在此价值要素方面的绩效差别不断缩小，直至顾客很难察觉。在此过程中，此类价值要素对顾客和企业竞争优势的高激励作用逐渐丧失，要素的性质发生了改变，不再是顾客购买决策的主要判断标准。如果此类要素对顾客感知价值的影响非常低甚至无影响，则此时该要素已经转变成为过时要素，要从顾客价值要素中剔除；如果此类要素仍是顾客价值中不可缺少的组成部分，则该类要素已经转变成为保健要素。此时，由于顾客的满意程度已经达到了一个较高的水平，以往一些被忽视的要素重新被顾客认识与重视，成为企业新的激励要素（如图 7-11 所示，图中 a 代表顾客的价值感知程度，x 代表顾客的购买决策）。

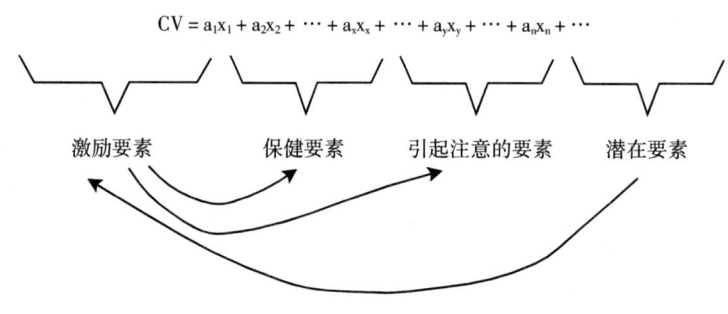

图 7-11　顾客价值要素的动态变化

根据顾客价值要素的变化规律及性质，为了提高应对顾客需要变化的能力，成员企业应对顾客价值变化的动向和趋势进行提前预测。其中，成员企业基于实际需求建立自身的顾客价值要素集是关键的一步，并对其建立的顾客价值要素集进行不断检验和及时补充，使顾客价值要素集得到不断的完善，同时将过时要素及时从顾客价值要素集中剔除出去（见图 7-12）。董大海等（2004）指出，"具有良好应变能力的企业应该保持本企业的顾客价值要素集像沙漏一样处于动态"。[①]

如图 7-13 所示是价值网成员企业新、旧顾客价值要素更替的时机。最理想的情况是：顾客的边际满足感在某一激励要素 x_1 对顾客的满意程度达到 s 点时已经非常小了，说明该激励要素此时对顾客感知价值和购买决策的激励作用迅速下降。此时，为了补充顾客价值要素集应寻找用 x_2 替代 x_1。

（四）顾客价值创造与价值网竞争优势

价值网是以顾客为核心的价值创造体系，整个组织网络运作的最终目的是满足顾客的各种需要，因此价值网模型中价值创造的最终目标是优越的顾客价值。

---

① 董大海，权小妍. 顾客价值动态性及其对竞争优势的影响 [J]. 预测，2004（1）：11-15.

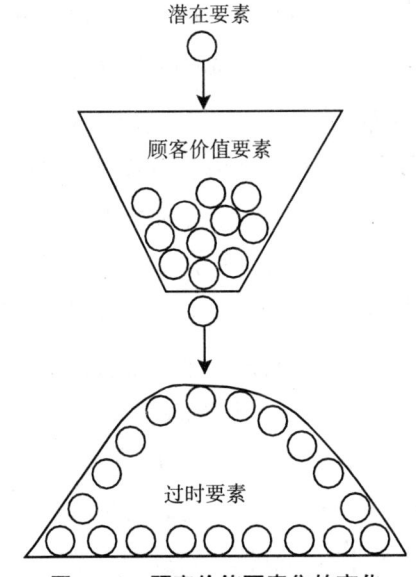

图 7-12 顾客价值要素集的变化

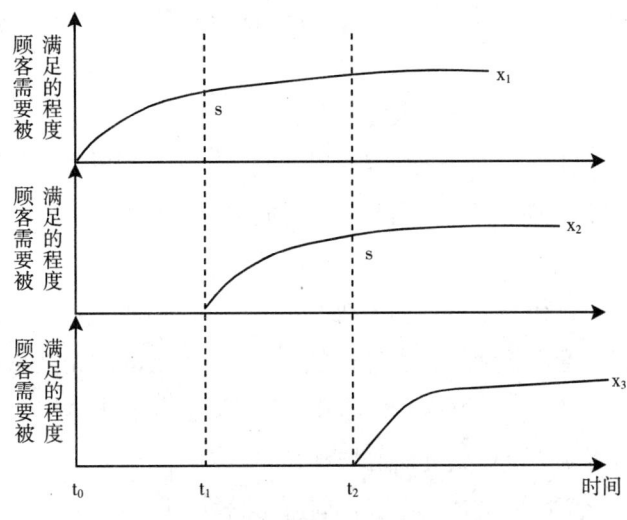

图 7-13 新、旧顾客价值的更替

正确认识顾客的需要，以顾客价值为核心的理念作为成员企业整个活动的起点和核心，创造顾客价值，增强价值网竞争优势，对于价值网的生存和发展具有重要的战略意义。顾客价值的创造和竞争优势的培育涉及价值网的整个环节，需要整个价值网的协同运作才能实现营销目标，成员企业的营销部门显然无法承担关系营销的任务。换言之，价值网运行的最终目标是创造顾客价值，成员企业通过顾客价值的创造来培育、维系其竞争优势。顾客价值可以表示为：

顾客价值 = 顾客感知利得 – 顾客感知利失 = (产品价值 + 服务价值 + 人员价值 + 形象价值) – (货币成本 + 时间成本 + 精力成本 + 体力成本)　　(7-5)

在价值网的某一环节中，成员企业将上游获得的原材料、零部件等输入价值导入自身的价值链中，使输入价值在成员企业内部沿价值链纵向移动，经过加工和组装等步骤将输入价值转换为半成品、成品，进而通过成员企业的渠道将产品转移到顾客手中。在这一价值创造过程中，顾客为获得该产品付出的感知利失包括其购买产品所支付的货币成本、时间成本、精力成本及体力成本等，而通过产品获得的感知利得则包括产品价值，服务价值、人员价值和形象价值等。其中，产品的货币成本在企业与顾客之间的货币转移，既包括成员企业在该产品制造过程中的成本投入，也包括产品从企业向顾客转移过程中成员所获得的利润，其余三种成本称之为顾客非货币成本，是社会资源的真实牺牲，原材料转变成产品并到达顾客过程中牺牲的价值就是成员企业的生产成本与顾客非货币成本。价值网成员企业所创造的价值，就是顾客获得该产品感知利得与感知利失的差额。

由于：

顾客价值 = 顾客感知利得 – 顾客感知利失

　　　　= 顾客感知利得 – 顾客非货币成本 – 顾客货币成本

　　　　= 顾客感知利得 – 顾客非货币成本 – 生产成本 + 生产利润　　(7-6)

可以得到：

顾客价值 – 生产利润 = 顾客感知利得 – 顾客非货币成本 – 生产成本　　(7-7)

可见，顾客价值是通过产品或服务在企业与顾客之间的相互转移实现的，成员企业所创造的总价值就是顾客价值与利润的综合。其基本过程如图7-14所示，顾客价值是价值网成员企业创造价值的核心。

可见，对于价值网成员企业而言，创造比竞争对手更多的顾客价值，是创造比同行业更高的利润水平，赢得和维系竞争优势的关键之所在。创造价值高于竞争对手的成员企业，不但能使其创造的顾客价值不低于成员企业，同时使其所获得的生产者利润也高于竞争对手，这都是竞争优势形成的重要保障。当然，在保持创造价值不变的情况下，成员企业亦可通过降低顾客价值来提高生产者利润，但顾客价值的降低会导致顾客满意度的降低、顾客忠诚度下降，会导致产品或服务所获得顾客的市场份额或因之降低，生产者利润也就无从谈起了。因此，以顾

第七章 价值网竞争优势来源之五：利益相关者战略与顾客忠诚

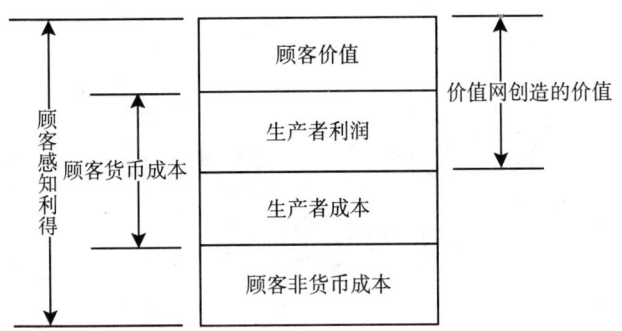

图 7-14 价值网成员企业创造的价值构成①

客价值为基础向顾客让渡的竞争，可以视为价值网成员企业之间的竞争。对于成员企业而言，在价值网络中创造比对手更多的价值，才能使让渡的顾客价值高于竞争对手，相应地自身的利润也会得到提升，在竞争博弈中赢得竞争优势。

---

① [美] 戴维·贝赞可. 公司战略经济学 [M]. 武亚军总译校. 北京：北京大学出版社，1999：378.

第八章 价值网竞争优势构成要素的协同机制研究

价值网竞争优势是多种竞争优势构成要素在相互作用、互相影响下共同促成的。上文我们已经对价值网中不同竞争优势构成要素竞争优势的创造机理进行了分析,从结果可以看出,价值网要创造和发挥竞争优势,必须要求系统的整体具备较高的动态协同性,以适应现代社会动态复杂的经济环境。传统的对价值网竞争优势获取的相关研究,多是基于战略管理或经济学角度探讨"是什么"及"为什么",在竞争日益激烈的市场环境中其局限性日益凸显。本研究将拓展研究思路,以自组织理论、协同机制理论为基础,研究价值网不同竞争优势构成要素是如何通过协同机制来获取竞争优势的,从而使价值网竞争优势的创造机理有了进一步的发展。

一、价值网协同机制生成的自组织演化分析

(一)价值网协同机制生成的自组织特性

系统由一种相对平衡、稳定的状态逐步转变、转化为另外一种相对平衡、稳定的状态的过程,就是系统的演化过程。[1]价值网是由诸多成员企业所组成的,其本质上也是一个动态的自组织演化系统。

根据系统论的观点,系统的基本成分是要素。换言之,系统是由诸多要素共

---

[1] 曾国屏.论系统自组织演化过程[J].系统辩证学学报,1998,6(1):13-17.

同组成的。不同要素之间相互联系，相互影响，共同作用，在系统的内外部形成了一定的结构和秩序，从而使整体与环境、整体与要素及系统与要素之间形成了相互联系、相互作用的协同机制。价值网就是具有特定社会功能、由诸多成员企业按照一定方式组成的有机整体，不同的组成部分之间相互联系，互相影响。我们知道，价值网从属于社会环境、经济环境这个更大的系统，而在价值网系统的内部，这些组成部分则构成了价值网系统的子系统。因此，可以将价值网这一整体系统划分为两大系统，即硬件系统与软件系统，其中前者是后者的基础，前者是价值网系统内部的自然条件，后者在价值网中则承担着对不同成员企业及整个价值网系统的管理、组织与协调等功能的部分。两种不同的子系统在价值网系统中各自发挥着其承担的作用，并通过相互影响、紧密联系的协同机制实现了资源的高效组织和配置，帮助价值网获取竞争优势，推动价值网系统朝着又快又好的方向发展。为了清晰认识价值网系统的本质，明晰价值网在竞争优势获取过程中协同机制的运行脉络，需要了解价值网系统的主要特点。研究指出，价值网系统具有如下三个方面的特性：① 一是目标性。价值网作为一个具有特定功能的整体系统，具有一个成员企业所认同的共同目标，这种总目标具有较强的导向作用，能使各子系统在目标的引导下互相协同。二是价值网系统具有显著的整体性。依据系统论观点，系统作为一个整体具有不可分割性，其具体体现就是系统与各要素之间互相依存的关系，对于系统的研究不能从单个要素的角度出发，而应当从整体的视角探讨不同要素之间的作用与关系。从非线性系统的视角，价值网系统不同要素之间的相互作用是一种非线性作用，可在系统整体范围内将部分分离出来。价值网系统的功能不是单个功能或要素的累加，而是在有机和复杂的联系中。三是具有层次性。价值网处于一个高度开放的对外系统中，是一个多层次的系统，价值网自身作为一级系统，与外部的社会、经济这一大的外部宏观系统存在着大量的信息、能量与物质交换，价值网内各子系统作为价值网次一级的系统，在价值网络内部同样存在着大量的信息、能量与物质交换，无论是外部宏观系统还是内部子系统都会对价值网的运行与决策产生不同程度的影响，构成了价值网系统的整体运行特性。②

---

① 徐玲，刘艳萍.价值网与传统业务模式的比较分析及启示[J].武汉科技大学学报（社会科学版），2005（1）：7.
② 杨淑君，李娜.企业战略联盟复杂性及其分析[J].河北经贸大学学报，2002（5）：73-76.

根据自组织理论的观点,系统所具备的耗散结构特性在系统演化过程中发挥着重要作用,这是系统演化的关键与前提。组织的特性归纳起来主要有两类:一是系统必须是开放系统;二是系统内部存在非线性作用且系统处于非平衡状态。[①]价值网皆具备上述条件:一是价值网作为一个经济系统,具有开放性的特点,它包括"对内开放"和"对外开放"两层含义,前者是指价值网内部成员企业之间的协同,其主要目的是帮助成员企业强化组织系统的各项功能;后者是指系统与外部宏观环境特别是扰动因素的输入,要求价值网系统能够根据环境的变化进行实时调整,推动价值网系统重新实现平衡态势。[②]二是价值网系统具有非平衡性,一方面,在价值网系统中不同成员企业的资源具有异质性特征,此外不同成员企业的管理、生产、知识积累等都有一定差异,在知识共享、技术创新等方面都是非平衡的;另一方面,由于企业组织结构、文化、学习速度等方面差异的存在,以及由这些客观差异所导致的互信程度、目标期望值的不同,引发了不同成员之间各种形式的冲突,价值网的合作机制被减弱,导致系统协同机制被弱化,从而对价值网的发展规律、速度、效率等产生了不同程度的影响,这些都会导致价值网系统由平衡状态转向不平衡。价值网系统进行自适应调整并出现有序结构的前提就是价值网的这种典型的非平衡特点。此外,价值网系统内部具有非线性作用,具有显著的相干性特点,系统内部的不同要素间不是简单的从数量、功能上进行叠加所产生的整体效应,而是互相影响、相互制约并相互耦合形成一个整体。假设价值网的状态变量用 X_i 表示,则价值网系统的演化方程可以表示为:

$$\frac{dX_i}{C_i} = f_i(X_1, X_2, \cdots, X_n, C_1, C_2, \cdots, C_m) \tag{8-1}$$

式中,$X_i(i = 1, 2, \cdots, n)$,$C_i(i = 1, 2, \cdots, m)$。

从式(8-1)可以看出,价值网是线性系统的条件是 f_i 中所有的变量均为线性函数,只要有一个非线性函数存在则价值网就是非线性系统。非线性作用及随机涨落是价值网实现有序演化的内在动因。非线性作用能推动协同机制的产生与发展,导致系统局部的涨落的产生,从而使系统的状态发生了变化(由相对稳定

---

① 卜华白. 基于耗散结构理论的战略性新兴企业价值网演化控制研究——以新创战略性新兴智能物流企业价值网为例[J]. 控制工程期刊(中英文版), 2013(3): 224-230.
② 张坚. 自组织与企业技术联盟[J]. 工业技术经济, 2005(7): 15-18.

第八章 价值网竞争优势构成要素的协同机制研究

状态到不平衡状态再到新的稳定状态的演化过程)。

(二) 价值网协同机制生成的序参量演化分析

自组织系统是由诸多子系统构成的,而不同的子系统又包含诸多状态变量,不同变量间相互影响、互相联系,很难逐一描述。各状态变量相互作用而导致系统发生质变的过程就是自组织的过程,这一点为我们分析价值网的协同机制奠定了基础。协同学创始人哈肯提出的"序参量"(Orderparameter)概念,指出当系统处于无序状态时可能有一个或多个变量其值为零,其值在系统逐渐由有序取代无序的过程中,由小向大变化或从零向正有限值变化,这些变量被认为是描述系统有序程度的重要变量,称为序参量。[1] 由于系的整体演化过程受序参量的主宰,如何确定序参量自然就成为协同论研究的重要内容。[2] 价值网体现了优势创造的战略思维,是一种以顾客价值为核心、以合作为基础的价值创造系统,企业如何更好地融入这种价值创造系统中是赢得持续竞争优势的关键。本研究认为,价值就是价值网自组织演化的序参量。依据经济学定义,对于顾客而言,消费者剩余就是消费者付出一定货币或物质的实际支付与效用之间的差额。对于价值网成员企业而言,高于市场公平交易价格的溢价就是价值。可见,在价值网中价值的创造过程就是价值网竞争优势的获取过程。需要注意的是,价值网中的价值创造过程是成员企业的共同行为,是组织网络内部的利益相关者基于资源基础上的协同作用实现的。[3] 本研究得出如下结论:价值网系统自组织演化的序参量就是价值。

依据协同学理论,建立系统的自组织模型是进行协同机制分析的前提。关于自组织模型,诸多学者进行了探讨与分析,得到了一些结论,其中广受大众认可的是协同学创始人哈肯的哈肯模型,这一模型用数学形式解释、描述了一定外部条件下系统在内因驱使的自组织作用下发生演变的过程。[4][5][6]

---

[1] 李柏洲,刘建波.企业进化系统的序参量探讨 [J].管理世界,2005 (9):162-163.
[2] 苗东升.系统科学原理 [M].北京:中国人民大学出版社,1990:520-540.
[3] 赵湘莲.商业生态系统的序参量探讨 [J].经济与管理研究,2006 (11):70-74.
[4] [德] 哈肯.协同学:理论与应用 (系统科学) [M].凌复华译.上海:上海人民出版社,1987:403-425.
[5] 郭治安,沈小峰.协同论 [M].山西:山西经济出版社,1991:101-235.
[6] 郭莉,苏敬勤.基于哈肯模型的产业生态系统演化机制研究 [J].中国软科学杂志,2005 (11):161-165.

$$\frac{dq_1}{dt} = -\lambda_1 q_1 - aq_1 q_2 \qquad (8-2)$$

$$\frac{dq_2}{dt} = -\lambda_2 q_2 + bq_1^2 \qquad (8-3)$$

式（8-2）与式（8-3）中，t 表示时间；q 表示短时间内为 t 的函数，因而是 q_1、q_2 状态参数；λ_1、λ_2 表示阻尼系数，反映状态系统相互作用的强度。

由于 λ 代表一种耗散机制的强度，假定 $\lambda_1 \leq \lambda_2$，说明 q_2 是迅速衰减的快变量，采用绝热近似令 $\dot{q}_2 = 0$，则由式（8-3）可以得到：

$$q_2(t) = r_2^{-1} b q_1^2(t) \qquad (8-4)$$

将式（8-4）代入式（8-2）中可以得到：

$$\frac{dq_1}{dt} = -r_1 q_1 - \frac{ab}{r_2} q_1^3 \qquad (8-5)$$

在这里，q_2 是由 q_1 决定的，寿命长、阻尼小的 q_1 称之为系统的序参量，也就是系统的价值，而系统的演化则受这种序参量的制约和影响。

对于式（8-4），由：

$$\frac{dq_1}{dt} = \frac{\partial V}{\partial q_1}$$

可以得到其势函数 V，并进一步绘制出自组织的势函数曲线（见图 8-1）。

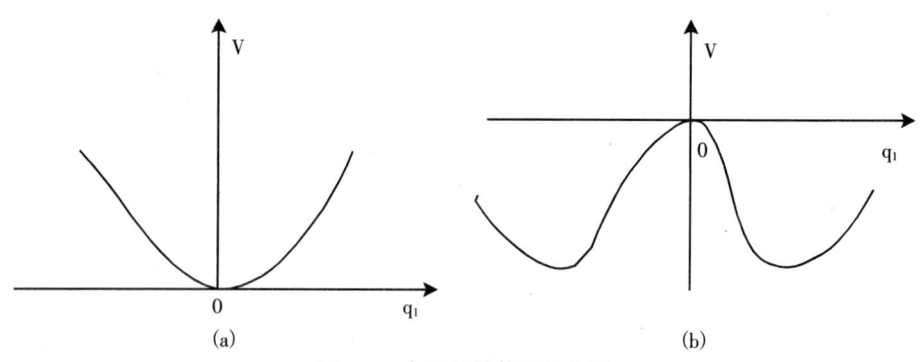

图 8-1　自组织的势函数曲线

得到：

$$V = 0.5 r_1 q_1^2 + \frac{ab}{4r_2} q_1^4 \qquad (8-6)$$

采用回归的方法将式（8-5）变换成非简谐振动方程的形式。假定价值网系统演化过程用 α 表示，这一控制参量是由价值网系统演化过程中协同机制中维持各子系统原有状态的控制及线性控制力共同决定的，令：

$$\alpha = -r_1, \quad \beta = \frac{ab}{r_2}$$

随机涨落力的作用用 $\Gamma_1(t)$ 表示，则可以由式（8-5）得到价值网系统序参量的演化方程，其数学表达式为：

$$\frac{dq}{dt} = \alpha q - \beta q^3 + \Gamma(t) \tag{8-7}$$

依据系统的自组织原理，系统正常运转并有效发挥作用的前提是保持一定的稳定性，因此系统理论关系的首要问题就是演化模型的稳定性问题。

假定式（8-7）中 $\Gamma(t) = 0$，而 q 为价值序参量，则式（8-7）可以转换为：

$$\frac{dq}{dt} = \alpha q - \beta q^3 \tag{8-8}$$

式（8-8）的不动点方程为：

$$\frac{dq}{dt} = 0, \quad 即 \alpha q - \beta q^3 = 0 \tag{8-9}$$

本研究引入对称的概念，令 $q_1 \to -q_1$，将式（8-5）中的 q_1 用 $-q_1$ 替换，得到：

$$-\frac{dq_1}{dt} = -r_1(-q_1) - \frac{ab}{r_2}(-q_1^3) \tag{8-10}$$

假定式（8-5）对于 $q_1 \to -q_1$ 保持不变，得其势函数 V 也保持不变。通过上述分析，可以得到式（8-8）的方程演化分岔图，如图 8-2 所示。

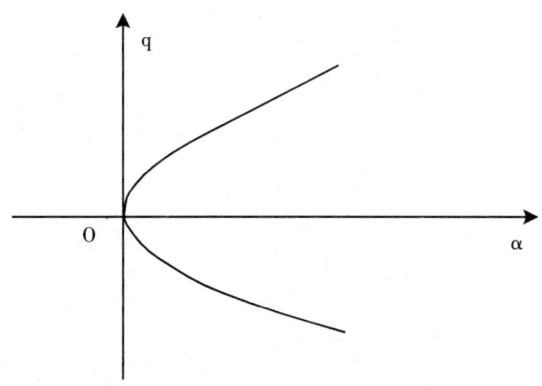

图 8-2 价值网系统序参量演化分岔

对于式 (8-8)，有如下两种情况：

当 $\alpha < 0$ 时，有且只有一个实数解 $q_1 = 0$，代表价值网系统的平衡稳定态；

当 $\alpha > 0$ ($\beta > 0$) 时，有三个不动点，即：$q_1 = 0$，$q_2 = +\sqrt{\alpha/\beta}$，$q_3 = -\sqrt{\alpha/\beta}$。

容易证明，q_2，q_3 为稳定点，而 q_1 为不稳定点。

从图 8-2 中可以看出，系统序参量的分岔点是当控制参量 $\alpha = 0$，当系统从负向逐渐增大并跨过 $\alpha = 0$ 这一分岔点时，系统的由三个定态逐步取代了一个定态，系统的性质发生了根本变化，并逐渐由稳定态转变为不稳定态。当控制参量不断增大，上下两个分支形成对称时标志着新的稳定态形成。

假设价值网演化过程中，维持各子系统原有状态的控制力量用 N 表示，而协同机制的非线性控制力量用 M 表示，则价值网的序参量演化方程可表示为：

$$\frac{dq}{dt} = (M - N)q - \beta q^3 \qquad (8-11)$$

通过式 (8-11) 可以对价值网系统序参量的演化过程做进一步分析：

当 M < N 时（$\alpha < 0$），此时系统处于稳定状态，此时新投入的非线性的控制力很小，尚不足以导致系统的状态发生变化，系统的有序状态处于较低层次。

当 M > N 时（$\alpha > 0$），系统由不稳定状态逐步取代稳定状态，新投入的非线性的控制力很大，使系统原有的稳定状态被打破，系统出现分岔，并进入不稳定状态，但图 8-2 中左右两个平衡点出现时标志着系统转向新的稳定有序的结构。整体而言，这种系统的演变过程会导致如下两种情况的发生：一是当价值网系统的创造价值（序参量）为正（图 8-2 中 X 轴上方），组织网络内部各子系统在协同机制的作用下产生了协同作用，促进了系统的演化与发展；当系统的创造价值（序参量）为负（图 8-2 中 X 轴下方），系统内部由有序状态转向衰退的态势。上述分析表明，虽然序参量在价值网自组织的演化过程中起主宰作用，并主导着子系统的行为，但序参量是成员企业合作的度量和表征，是组织网络内部微观子系统集体运动的产物。各子系统在系统接近分岔点时才会形成系统关系，系统的序参量产生，标志着系统由无序状态进入了一个新有序状态。[①]

可见，在价值网序参量的演化过程中，真正起决定作用的是协同机制的非线

---

① 高超. 企业集团战略协同的关联因素分析 [J]. 全国商情（经济理论研究），2006 (9)：5-7.

性控制力。换言之，在自组织运行过程中，依靠组织网络体系内部的协同机制的作用，形成价值序参量，并在序参量的驱动下创造价值，获取竞争优势。

二、价值网协同机制建立的逻辑分析

价值网是一个复杂的、非线性的系统，其演化与发展的最终目的是获取竞争优势。下面通过对价值网协同机制建立的逻辑分析，探讨价值网不同竞争优势构成要素是如何将其动能转化为组织网络的竞争优势的。

（一）价值网协同机制建立的逻辑架构

价值网络整体竞争优势的动态演化过程，实际上就是不同子系统之间相互影响、相互作用和相互联系的过程。换言之，价值网络是复合与非线性竞争优势的有机体，其竞争优势构成要素是广泛而复杂的力量。[①]

第三章中我们采用层次分析法对价值网竞争优势的构成要素进行了遴选，并采用归类法对相关因素进行了归类，最终确定了价值网竞争优势的五大构成要素。要将不同竞争优势构成要素转化为竞争优势，要求价值网具备一定的动力要素整合能力，能对不同竞争优势构成要素进行有效整合，而协同机制则是根本的动力机制。如何充分挖掘、有效拓展价值网络的竞争优势构成要素，培育、创新组织网络的协同机制，并推动竞争优势构成要素这些动力要素不断向竞争优势的转化，是价值网不断获取竞争优势的内在逻辑。协同机制的建立与发展在价值网运行中发挥着重要作用，这一功能的正常发挥不但能提高价值网络系统在获取竞争优势过程中对相关构成要素能力和方式的利用能力、效率，也能够推动组织网络的子系统或主体获取或更新更有价值的竞争优势构成要素。[②]成熟的协同机制能充分利用组织网络体系内部一切可以获得或利用的竞争优势构成要素，并将这些竞争优势构成要素借由协同机制对系统动力要素的提升路径而有效地转化为竞

[①] 朱亚涛. 价值网的构建、实施与运行机制研究 [J]. 大连理工大学学报，2005（2）：79-81.
[②] 孟琦. 战略联盟竞争优势获取的协同机制研究 [D]. 哈尔滨：哈尔滨工程大学博士学位论文，2007：80-81.

争优势，如图 8-3 所示。

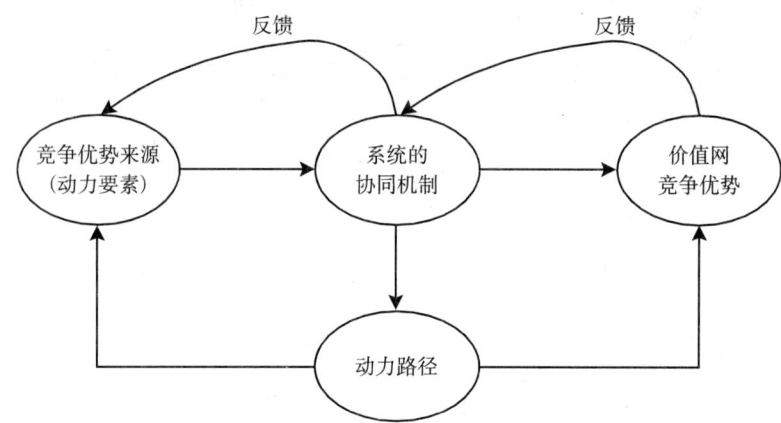

图 8-3　价值网协同机制建立的逻辑框架

依靠价值网络内部的协同机制的成熟度及系统的自组织演化特性，能推动网络组织不断获取竞争优势，推动竞争优势的起伏增长。如图 8-4 所示，自组织调整时间越短，协同机制越成熟，竞争优势的获取、增长就越快。

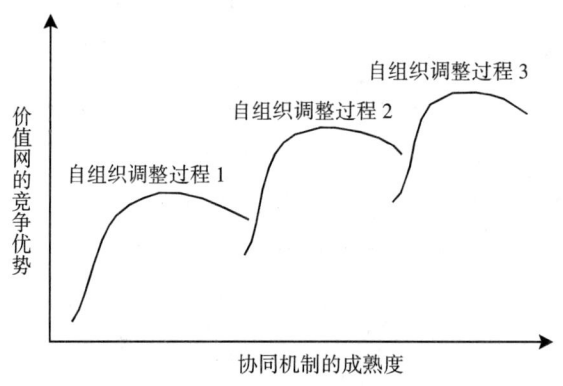

图 8-4　价值网协同机制建立的自组织调整

（二）价值网五维协同机制的生成框架

在价值网络中，成员企业之间既相互影响、互相联系，却又彼此独立，各种资源、能力与信息等输入价值网络在协同机制的作用下，生成并输出各种产品或技术，这种输入与输出相互作用并形成超循环，推动了价值网络的发展和竞争优势的获取。可见，价值网竞争优势的获取包括三方面含义：一是竞争优势的获取是价值网络为适应外界环境变化而进行的适应性变化；二是竞争优势的获取是成员企业综合能力的体现；三是价值网的整体能力在子系统持续的自组织协同作用引导下不断演化和提升，竞争优势的获取是多种动力要素共同努力的结果。协同机制是价值网络获取竞争优势的动力机制。对于一个复杂的系统而言，要对该系统进行详细的描述，其描述的方面是不同的。然而，受限于研究条件，在研究开展过程中不可能穷尽所有的方法来描述它，这就要求依据所研究的问题、研究对象的性质，选择合理、合适的侧面来完成对复杂系统的有效描述。

假定价值网络用 S 表示，组织网络竞争优势构成要素获取竞争优势的协同机制用 F 表示（价值网协同机制作用下的协同效应函数），价值网的子系统用 X_i（$i = 1, 2, 3, \cdots, n$）表示，则价值网络 S 可以表达为：

$$S = F(X_1, X_2, X_3, \cdots, X_i) \tag{8-12}$$

由式（8-12）可以得到价值网各子系统的协同效应函数：

$$\begin{cases} X_1 = F(X_2, X_3, X_4, \cdots, X_i, S) \\ X_2 = F(X_1, X_3, X_4, \cdots, X_i, S) \\ X_3 = F(X_1, X_2, X_4, \cdots, X_i, S) \\ \vdots \\ X_i = F(X_1, X_2, X_3, \cdots, X_{i-1}, S) \end{cases}$$

假定价值网络系统的协同效应价值（系统序参量）表示为 V_S，用 V_{xi}（$i = 1, 2, 3, \cdots, n$）表示价值网络各子系统独立运作时的效用价值。为了简化计算过程，假设组织网络内部各子系统独立运作时忽略互补性和关联性，则可以得到：

$$V_S = V_{X_1} + V_{X_2} + V_{X_3} + \cdots + V_{X_i} \tag{8-13}$$

但价值网中的子系统通常都不是独立运行的，假设某价值网络内部的协同机制运行良好，表示组织网络内部的各子系统之间互补性、关联性较强，协同程度较高，其数学表达式为：

$$V_S^* = V(X_1 + X_2 + X_3 + \cdots + X_i) \tag{8-14}$$

假定价值网协同机制下增效价值为 ΔV，则：

$$\Delta V = V_S^* - V_S = V(X_1 + X_2 + X_3 + \cdots + X_i) - (V_{X_1} + V_{X_2} + V_{X_3} + \cdots + V_{X_i}) \tag{8-15}$$

当 $\Delta V > 0$ 时，说明价值网络在协同机制的作用下产生了增效价值，协同成本小于协同收益，也就是说组织网络内部的协同机制有助于提升协同程度。

假设时间用 k 表示，则这种关联性的数学表达式可以描述为：

$$X_0 = \{X_0(k) | k = 1, 2, \cdots, n\} = (X_0(1), X_0(2), \cdots, X_0(n)) \qquad (8\text{-}16)$$

假设该价值网中 m 个子系统的效应函数用 m 个比较数列表示，则：

$$X_i = \{X_i(k) | k = 1, 2, \cdots, n\}$$
$$= (X_i(1), X_i(2), \cdots, X_i(n)), \ i = 1, 2, \cdots, m \qquad (8\text{-}17)$$

则比较数列 X_i 对参考数列 X_0 在 k 时刻的关联系数可以表达为：

$$\zeta_i(k) = \frac{\min\limits_{i}\min\limits_{k} |X_0(k) - X_i(k)| + \rho\max\limits_{i}\max\limits_{k} |X_0(k) - X_k(k)|}{|X_0(k) - X_i(k)| + \rho\max\limits_{i}\max\limits_{k} |X_0(k) - X_i(k)|} \qquad (8\text{-}18)$$

式中，ρ 为分辨系数，$\rho \in [0, 1]$。

由于价值网是一个动态的系统，不同时刻的关联数有很大差异，将每个时刻的关联数进行拟合，则两者的关联度可以表示为：

$$r_i = \frac{1}{n}\sum_{k=1}^{n}\zeta_i(k) \qquad (8\text{-}19)$$

式（8-19）可以将不同时刻过于分散的信息进行有效的集中处理，进而将子系统间的关联性清晰地描述出来。

价值网中不同竞争优势构成要素的互补性是影响价值网协同效度及价值的关键因素。米尔格罗姆和罗伯茨等对互补性进行了数学定义：

设函数 $f: R^n \rightarrow R$ 是超模态的，当且仅当对于 $\forall x, y \in R^n$，
$$f(x) + f(y) \leq f(\min(x, y)) + f(\max(x, y)) \qquad (8\text{-}20)$$

式（8-20）表示 x, y 关于目标函数 f 互补。本研究将互补性的数学概念引入到价值网协同机制的研究中，价值网的子系统用 x, y 表示，两者相互作用所产生的效应函数 f 则是这种互补性关系的充分体现。由于子系统之间的互补性能使得不同子系统之间在相互作用中产生正反馈机制，这种相互"吸引"使得不同竞争优势构成要素的协同机制产生协同效应，同时通过选择与反馈贯穿于整个演化过程。

上文已提及，资源配置与共享、竞争与合作、分工与柔性生产、知识流动与技术创新、利益相关者战略与顾客忠诚五个维度构成了价值网竞争优势的主要构成要素，这五个维度之间既存在关联性又存在互补性，价值网成员企业应围绕价

值网的共同目标在协同机制作用下充分利用竞争优势构成要素展开，通过五个维度之间的有效协同，最大限度地追求协同效应并帮助价值网企业获取竞争优势。本书依据价值网竞争优势的构成要素（获取竞争优势的动力）、价值网竞争优势建立中协同机制的逻辑机理等方面来构建价值网的协同机制，如图 8-5 所示。

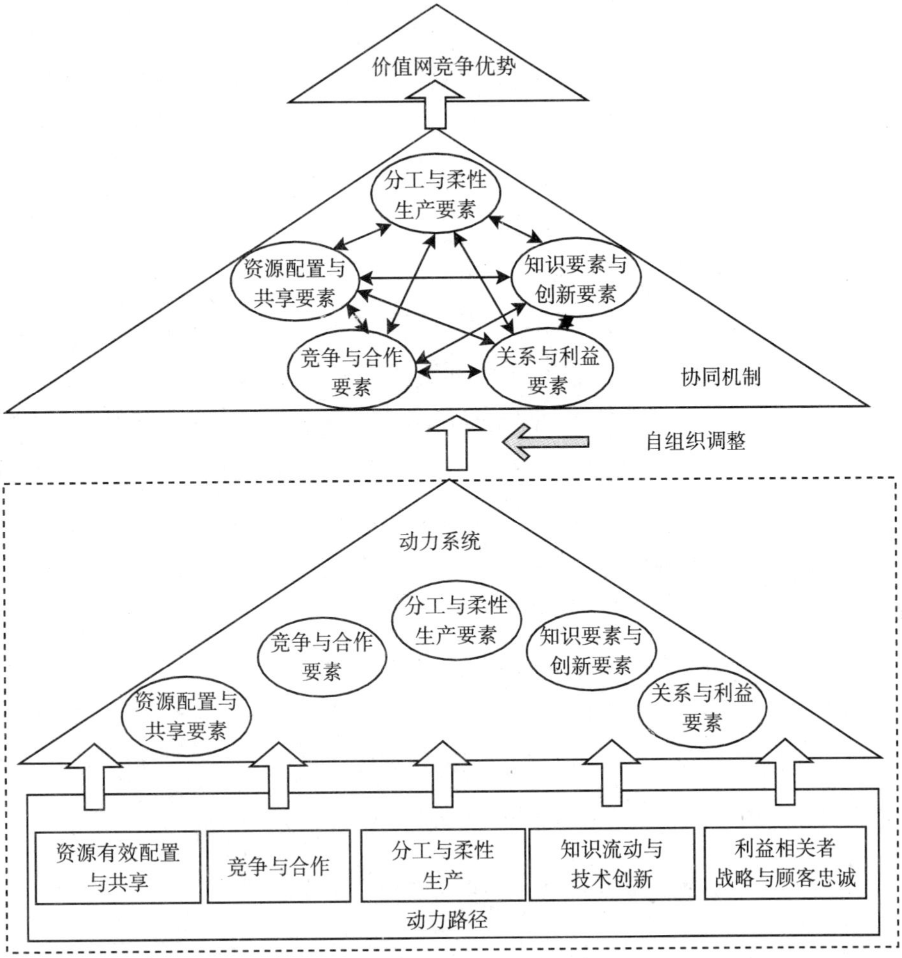

图 8-5 价值网协同机制分析的生成框架

三、价值网五维协同机制耦合作用关系分析

从本研究构建的价值网五维协同机制生成框架可看出,价值网内部不同竞争优势构成要素的协同机制依竞争优势构成要素的不同,其构成可划分为资源配置与共享协同机制、竞争与合作协同机制、分工与柔性生产协同机制、知识流动与技术创新协同机制、利益相关者战略与顾客忠诚协同机制五部分。基于系统的视角来描述价值网络系统的协同机制,其本身就具有系统层次的复杂性,并且价值网的协同机制因竞争优势构成要素不同也由不同维度的协同机制构成,单个维度协同机制其本身也作为复杂的系统,与组织网络内各竞争优势来源相互作用、相互影响,同时通过自组织的非线性作用推动价值网络获取竞争优势。[①]

作为复杂的系统,价值网不同竞争优势构成要素的协同机制各维度间互相联系、相互影响,而不是独立存在的,不同的维度之间形成了一种耦合互动的关系。资源配置与共享协同机制、竞争与合作协同机制、分工与柔性生产协同机制、知识流动与技术创新协同机制、利益相关者战略与顾客忠诚协同机制(或称价值网的协同机制的子系统)分别表示为 P_1、P_2、P_3、P_4 和 P_5,则价值网竞争优势与不同竞争优势构成要素的协同机制可以表达为:

$$F = f(P_1, P_2, P_3, P_4, P_5) \qquad (8-21)$$

可以将价值网不同竞争优势来源获取竞争优势过程中的协同机制耦合关系用构成图的方式直观地表现出来,如图 8-6 所示。

(一) 资源配置与共享协同机制的耦合作用分析

价值网是基于不同成员企业的异质性资源所形成的一种战略思维组合。资源是价值网正常运行的基础与首要条件,价值网系统的正常运作需要耗费各种各样的资源,这些资源既包括价值网的外部资源也包括组织系统内部的资源,但无论

[①] 彭正银,何晓峥.企业网络组织协同竞争的理论与效应解析[J].现代财经:天津财经学院学报,2007(1):41-45.

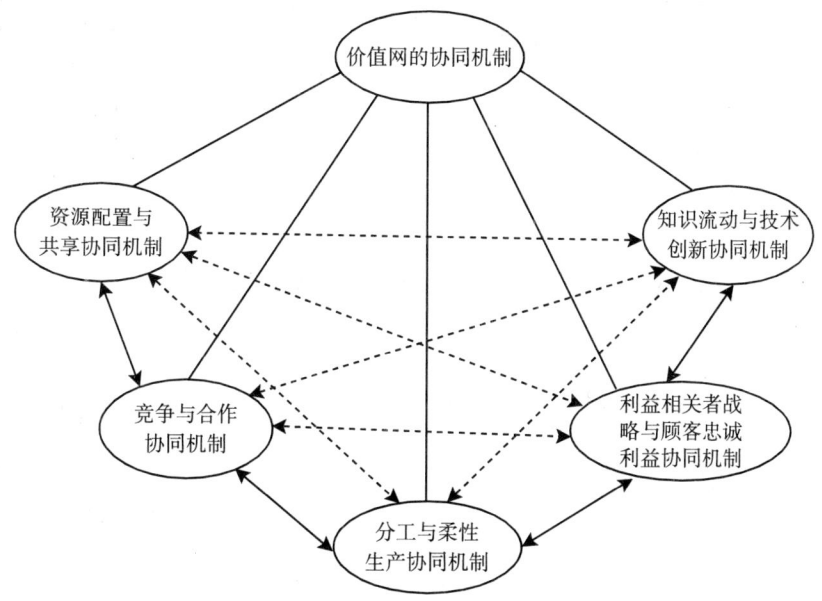

图 8-6 价值网五维协同机制的构成一览

何种资源都会影响价值网战略目标的实现。换言之，价值网创造竞争优势构成要素并非产业环境的差异，而是来自于资源的配置与共享。所有协同机制运行的最终结果都是各类资源的配置、共享，通过资源配置与共享的协同机制，在组织网络的主体间将有效的资源进行最优化的分配与共享，能使资源的效应得到最大化的发挥，为价值网创造更多的价值。

战略资源学派认为，如何帮助企业培育独特的战略资源，以及通过有效的策略完成对这种战略资源的优化配置与共享是企业战略的主要研究内容。价值网是由诸多子系统共同构成的，不同子系统的资源具有异质性差异，价值网因子系统获得及运用异质性资源能力方面的差异，是企业价值网获取竞争优势的构成要素。价值网中资源配置与共享的协同机制，实际上就是以价值网中资源的配置与共享活动为基础，通过资源配置与共享的优化过程，调动组织网络系统内其他协同机制的正常运行，并带动整个系统平衡状态在不平衡与平衡之间的动态循环演化。价值网是一个复杂的系统，是诸多因素匹配互动的结果，任何一种资源要素的不匹配或短缺都会对价值网的运行造成不同程度的影响，导致企业无法获取或维持竞争优势。资源结构必须符合价值网成长的实际需要，通过优化实现动态平衡。价值网资源配置与共享的协同机制，能实现有限资源的最优配置及优化，对于降低资源配置程度、实现成员企业资源的互补，进而实现整体效应的涌现。在资源配置与共享的协同机制的作用下，在价值网其他协同机制运行中可以通过选择共同、关联或互补性的资源协同来寻求合作与援助，借助资源的优势或弥补自身的资源不足来实现自身的发展并推动价值网其他成员企业的发展，使不同资源之间产生更广泛、更深刻的协同效应，从而为价值网的运行奠定物质基础。

（二）知识流动与技术创新协同机制的耦合作用分析

目前，价值网的研究尚处于起步阶段，对于价值网中知识流动与技术创新协同机制的研究还很薄弱，其包括知识流动共享机制与技术创新共享机制两部分。

价值网中知识流动的协同机制是指价值网络系统内部各个知识源、知识点开展互动的知识活动规则，或组织网络内部不同知识体系中各知识构成要素之间的相互制约、相互联系的关系。① 价值网中知识协同机制的最终目的是通过建设、形成良好的知识协同模式，提高组织系统中知识的利用效率，以实现知识转移、创造和共享的最优化目的。在价值网中，在知识流动的协同机制作用下，子系统以知识动力要素为支撑进行技术创新，推动了价值网创新能力的提升及创新行为的增加。知识流动能有效推动组织网络内部各种创新要素的有效结合，推动创新活动的开展。价值网知识流动的效率与规律，直接决定了技术创新的运行与最终结构。与此同时，有效的知识流动协同机制能为其他协同机制的有效运行提供知识和理论基础，促进竞争与合作的开展，优化资源配置与共享的效率，协调利益相关者关系并最终达到顾客忠诚的最终目标。在知识流动协同机制的作用下，价值网成员企业通过内部与外部的学习，形成了价值网内部所需的关键性知识与重要资源，为价值网获取竞争优势创造条件，实现利益最大化。

技术创新协同机制的最终目的，是通过技术创新实现技术扩散，通过新工艺或新技术来推动知识流动，提升资源配置和共享效率，进而以技术为原动力促进竞争与合作的开展，有效实现价值网技术创新的最终目标。价值网技术创新协同机制的良好运行能促进价值网中知识的流动，从而实现知识要素的更新与有效积累。实际上，价值网中新技术在组织系统内的扩散过程，就是成员企业之间的学习过程，成员企业通过技术创新获取超额价值之后，会引发和带动其他成员企业

---

① 陈继祥，张源. 企业竞争优势中的合作协同作用[J]. 企业经济，2000（7）：36-38.

的学习和仿效，使成员企业在共享价值网知识的基础上对获取的信息进行加工、处理，实现知识的积累与更新。此外，由于新技术的出现，必然会引发价值网竞争的加剧，引发不同利益相关者收益分配方面的冲突；竞争的激烈必然又会引发一定程度上的合作，导致系统的资源配置与共享发生变化，这都是技术创新协同机制对其他协同机制产生的耦合作用。

（三）竞争与合作协同机制的耦合作用分析

在价值网中，竞争与合作的协同机制是指成员企业为追求组织系统整体价值的最大化，以合作为手段在互相之间的价值联结点上所进行的协调行为。依据协同理论，价值网中的竞争是合作中的竞争，合作也是竞争中的合作，协同是合作与竞争的统一，竞争与合作的关系构成了价值网成员企业间的基本关系。

从图 8-6 中可以看出，竞争与合作的协同机制是以成员企业资源的异质性或核心能力为基础的，资源配置与共享的协同机制同样也是竞争与合作协同机制得以正常运转的保障与基础，竞争与合作协同机制运行的过程实际上就是企业资源配置及优势资源共享的过程。资源的异质性必然会引发价值网成员企业的竞争，导致组织网络内部子系统（包括成员企业、利益相关者和顾客等）之间的冲突，并导致优胜劣汰，打破了价值网络的平衡状态。成员企业为了生存与发展，必然会通过价值网内部的知识流动与技术创新协同机制，学习、积累新的知识、新的技术。合作实现了资源的优化配置，并使得成员企业的技术得到了发展，管理得到了创新。同样，通过资源优化配置使得成员企业获得了足以支持其生存与发展的稀缺资源，而资源的稀缺性也推动了成员企业的合作和专业化协作，并在分工与柔性生产协同机制的作用下推动了成员企业生产能力的改善。只有各成员企业之间开展广泛而有效的合作，才能使得价值网的规模经济效应和范围经济效应得到充分有效的发挥，能推动利益相关者战略和顾客忠诚协同机制发挥作用，使组织网络内部各方利益得到平衡，并最大限度地满足顾客需要。可见，价值网的竞争并非对抗性和宽容性竞争，而是一种合作性的竞争，其竞争的最终目的是提高价值网的竞争优势，使成员企业在整体优势中获取更大的利润和个人竞争力。竞争与合作协同机制在资源配置与共享协同机制的基础上，对组织网络内部其他协同机制产生推动作用，导致价值网系统的平衡状态发生了改变，引发了组织网络内部自组织的演化，而其他协同机制又对竞争与合作的协同机制产生了不同程度的影响,在多种协同机制共同作用下推动系统重新达到新的平衡状态。

(四) 分工与柔性生产协同机制的耦合作用分析

分工与柔性生产的协同机制是价值网协同机制的重要组成部分,这一协同机制通过价值网的非线性作用与其他协同机制一同帮助价值网获取竞争优势。

上文的研究已经指出,价值网分工与传统分工有显著区别,是在传统分工基础上的改进,在分工经济性、价值创造方式以及资源与能力、制度与技术、协调与整合等方面具有不同于传统分工方式的新特性,这些新特性是分工与柔性生产协同机制发挥耦合作用的重要基础条件。如图 8-6 所示,分工与柔性生产协同机制能对价值网的竞争与合作协同产生作用,其主要原因是价值网络内部成员企业中的竞争与合作是并存的,在这种协同机制的作用下,价值网络内部成员企业的操作工序、劳动者的分工及分工后学习效应都发生了较大的变化,引发了生产方式的创新并导致柔性生产的产生,导致价值网由平衡态势向不平衡态势演化。分工与柔性生产协同机制能够推动网络组织的企业基因重组,使网络组织形成了一些新的特性,必然会引发组织网络成员企业知识需求的变化,使企业产生技术创新的驱动力,能推动知识流动与技术创新协同作用的发挥,促进网络组织成员企业的技术创新步伐,进而通过模块设计规则的优化及模块产品性能的改进等有效降低模块的设计和生产成本。同时,分工与柔性生产协同机制诱发的知识流动和技术创新为网络组织进行资源的配置与分享奠定了基础,使得组织网络系统能在资源配置与共享协同机制的作用下,依据价值网分工与柔性生产的实际需要,重新进行资源的最优化配置与分享,在分工与柔性生产协同机制作用下的成员企业能充分发挥其在资源、要素及能力方面的比较优势,有助于组织应变能力和适应能力的提高。与此同时,价值网系统平衡态势的变化,导致利益相关者的利益分配及顾客的需求都发生了变化,使得成员企业的内外部环境更加动态、复杂和不可预测,如何充分协调利益相关者达到平衡并满足顾客需求,是此时价值网系统重新达到平衡状态所必须解决的问题。可见,利益相关者与顾客忠诚协同机制会充分发挥作用,在分工与柔性生产协同机制及其他机制的耦合作用下,通过协同机制有效化解大规模生产与个性化需求之间的矛盾,并使各方利益得到了有效的协调与平衡,重新推动价值网向平衡的方向演化。

(五) 利益相关者与顾客忠诚协同机制的耦合作用分析

利益相关者与顾客忠诚协同机制是指价值网从维护利益相关者（包括顾客）的角度出发，通过利益的协调，实现利益共享与共赢，而产生多赢合作的基础与前提则是价值网成员企业间的资源共享、优势互补，这种共享与互补作用是通过价值网资源分配与共享协同机制的作用提供的。换言之，资源分配与共享协同机制为利益相关者与顾客忠诚协同机制的运行提供了前提，而利益相关者与顾客忠诚协同机制的变化则会导致资源分配与共享协同机制发生变化。同时，在利益相关者与顾客忠诚协同机制作用发挥过程中，共赢的观念是贯穿始终的。利益相关者与顾客忠诚协同机制是否完善、能否正常运行，是不同利益相关者关系能否得到有效协调的关键，并直接决定和制约了价值网其他协同机制的运行效率。

从图 8-6 可以清晰地看出，利益相关者战略与顾客忠诚协同机制为价值网资源配置与共享协同、竞争与合作协同、知识流动与技术创新协同、分工与柔性生产协同等提供了物质驱动力和资金支持，为竞争优势的创造提供了保障。

第九章 结论与展望

一、研究结论

企业价值网是一种立体的空间思维模式,突破了传统价值链的直线式沟通,即由供应商—企业—顾客的价值递增模式,将其转变为网络内成员企业多向沟通、全面价值共享的模式。价值网是一种新的战略思维组合,是一种新型的业务模式,它的出现打破了传统价值链价值活动顺序分离及线性思维的机械模式,成为 21 世纪企业获取竞争优势的最佳模式。目前,关于价值网竞争优势形成机理的研究还比较薄弱,系统的研究成果不多,对于价值网价值创造和竞争优势形成机理而言,有利于解释价值网成为新型战略模式的原因,从而丰富该领域的研究。此外,通过揭示企业价值网价值创造及竞争优势形成机理,对帮助我国企业寻找竞争优势构成要素,加快实施国际化战略,提高国际化分工地位,增强企业竞争力和产业竞争优势,具有较强的现实意义。

本研究从价值网的演进逻辑和形成动因出发,采取总—分—总的研究思路,首先采用层次评价法对价值网竞争优势的构成要素进行了分类,进而系统分析了价值网竞争优势的形成过程。在此基础上,从第三章至第七章分别从价值网分工与柔性生产、竞争与合作、资源有效配置及资源共享、知识流动与技术创新、利益相关者战略与顾客忠诚五个方面深入剖析了价值网竞争优势的构成要素及相关构成要素价值创造的机理。以自组织理论、协同机制理论为基础,对价值网竞争优势的十个构成要素之间的协同机制进行了分析,研究价值网不同竞争优势构成要素是如何通过协同机制来获取竞争优势的。最后,在第九章中对本书的研究成果进行总结，对研究中存在的不足及今后的研究方向进行展望。价值网由多个节点组成，本研究主要是针对核心企业的竞争优势，研究的是制造型企业。本书的研究结论如下：

(1) 价值网竞争优势主要有五大来源、十个方面。价值链作为一个整体，其竞争优势来源于价值活动本身、价值链内部和外部联系三个方面。与价值链竞争优势来源不同，价值网下竞争优势的来源主要有两个方面：一是企业内生性优势，即核心知识与能力的整合；二是企业外生性优势，即核心知识与能力的协同。本书所探讨的价值网竞争优势属于一种持久的竞争优势，这种持久竞争优势是一种内生性优势，来源于组织的内部，是组织通过变革而产生的。为了厘清不同构成因素在价值网竞争优势中的重要性程度，引入层次分析法对部分构成因素的重要性进行评价，根据专家意见取权重大于 0.20 的因素为价值网竞争优势最重要的构成因素，确定的因素共有十个，即分工与柔性生产、竞争与合作、资源有效配置与资源共享、知识流动与技术创新、利益相关者战略与顾客忠诚。

(2) 价值网分工与柔性生产是企业价值网竞争优势的来源之一，是价值网竞争优势形成的基础。价值网的本质是在专业化分工的生产服务模式下，在相应的治理框架下通过一定的价值传递机制，由价值链上的企业及其利益相关者组合在一起，帮助成员企业实现战略目标，并为顾客创造价值。价值网分工是一种以顾客价值为导向的经济行为，是对传统分工的延伸和超越，在资源与能力、制度与技术、分工后的协调与整合等方面具有不同于传统分工方式的新特性，提高了模块化企业价值网络的生产效率、经济效率，推动网络组织内部的"企业基因"重组，为价值网采用大规模定制生产方式奠定了基础，推动了网络组织内部市场的形成，有利于组织网络保持竞争活力，从而增强竞争优势。柔性生产同样是价值网竞争优势的重要来源之一，在动态的竞争环境中，客户需求的不确定性是企业产品定位、投资、技术创新等诸多环节的最终检验环节，这种不确定性因素的存在使得企业管理职能的实现无法依靠预测、计划、组织及实施这一精准的生产模式来实现。价值网是一个柔性体系，在价值网中，柔性生产能够通过经营链低成本和差异化的兼顾、经营链的快速反应与速度经济优势，以及柔性化的组织结构与柔性管理等方面使客户资源网、企业内部网和供应合作网的合作更加紧密，从而帮助价值网企业确定竞争优势。

(3) 竞争与合作是价值网获取和保持竞争优势的重要保证。价值网中企业与企业之间的基本关系就是竞争与合作关系，企业价值网络既是合作型组织也是竞争型组织，价值的创造是由成员企业之间的竞争与合作共同完成的，成员企业创造价值的能力借由有效的竞争得到切实提升，而成员企业的能力转化为价值网络竞争优势则是依靠成员企业的合作来实现的，从而最大限度地、更好地创造和实现顾客价值。整体而言，价值网成员之间的竞争可划分为三种类型，即模块设计竞争、标准竞争和模块生产的竞争，实际上就是围绕"是设计师，还是模块制造者"的选择展开的竞争；企业价值网成员企业之间的合作主要有两种形式，即生产设计方面的合作和研发合作。根据价值网的非线性拓扑结构，本书构建了供应商和集成商间的两阶段动态博弈模型，从而对价值网内部各成员企业间存在的竞争与合作关系进行分析探讨。结果显示，有效的合作战略将使企业价值网络能够充分发挥每一位成员企业的潜力、知识和经验。

（4）资源有效配置及资源共享是促进价值网竞争优势形成的重要机制。企业资源基础理论认为，企业是通过资源的使用获得竞争优势的，而可持续的竞争优势来源于满足特定条件的资源的使用。对于资源学派来说，其资源理论与能力理论共同的焦点为租金的创造，这两种理论皆认为经济租的产生是价值创造的最终来源。传统的资源理论对于企业价值创造的分析多是以资源识取机制出发讨论的，强调决定企业绩效不同的主要因素是资源的差异性，导致经济租产生的根本原因是相对于对手而言企业能更加有效地识别、获取独特的资源。现代资源学派理论认为，企业组织是一组资源的组合，其并非是单一存在的，不同资源及组织间具有资源结构的差异和资源的互补性，实现"1+1>2"效应的前提就是具有互补性关系的资源能够有效组合在一起。成员企业通过关系网络实现了资源配置方式的"握手"，有助于培养价值网的竞争优势。此外，价值网竞争优势的获取实际上是成员企业跨组织进行资源共享的结果，其涵盖了能力、知识及信息等多方面，资源共享是价值网竞争优势的根本来源，也是价值网创造价值的根本途径。

（5）价值网络中的知识流动与技术创新是一个相互作用、互相影响的动态过程，成员企业通过网络组织内部的知识流动实现了知识的充分共享，能降低知识与技术的获取成本，同时有助于网络组织创新的提升，提高生产效率。价值网是一种技术创新的合作网络，共享互补资源、促进知识整合、推动组织学习、鼓励技术创新、构建竞争优势是其形成的重要动因。知识唯有流动和整合才能构成组织的核心能力，这种流动和整合创造出新的知识，并为技术创新提供了必备要素和动力。价值网为知识流动和技术创新提供了平台,知识流动、知识整合和技术创新能够增强价值网的知识吸收和创新能力,强化网络竞争优势。

(6) 利益相关者战略与顾客忠诚是价值网竞争优势形成的重要推动力。对于任何企业组织而言,企业的利益相关者是与之关系最密切的。价值网中的利益相关者战略与关系营销是密不可分的,价值网中的成员企业实施基于利益相关者的战略,实际上就是成员企业同相关利益者建立、维持和提升紧密关系的营销活动,其最终目的是将价值网内外部环境中的经济、社会和环境价值等传递给利益相关者,以促进价值网可持续的绩效增长及竞争优势的培育。企业价值网络是实现利益相关者价值的途径,利益相关者的价值增值过程必须离不开价值网这一特殊环境,这是在与企业价值传递价值过程中发生的,往往是通过一个或多个价值传递环节来实现的。

(7) 价值网竞争优势是多种竞争优势构成要素的协同机制下共同促成的,价值网络内部不同竞争优势构成要素的协同机制依竞争优势来源的不同其构成可划分为资源配置与共享协同机制、竞争与合作协同机制、分工与柔性生产协同机制、知识流动与技术创新协同机制、利益相关者战略与顾客忠诚协同机制。基于系统的视角来描述价值网络系统的协同机制,其本身就具有系统层次的复杂性,并且价值网的协同机制因竞争优势的构成要素不同也由不同维度的协同机制构成,单个维度的协同机制其本身也作为复杂的系统,与组织网络内部各竞争优势来源相互作用、互相影响,同时通过自组织的非线性作用推动价值网络获取竞争优势。

二、研究展望

本书主要是通过对价值网组织模式与其他组织模式的对比,探讨其为什么可以产生竞争优势,即其形成机理。整体而言,研究还存在如下不足:

(1) 部分问题需要通过建立理论模型进一步深化研究。例如,知识流动、知识整合与技术创新的内在作用机理需要建立理论模型进行深入分析,揭示三者之间相互影响、相互作用的内在机制;在分析分工与柔性战略和价值网络竞争优势形成机制时,如果能够构建理论模型,可能使分析更加简洁和富有说服力。

(2)实证分析有待加强。本研究的研究思路是基于总—分—总的思路,先归纳竞争优势的构成要素,进而分述价值网不同竞争优势的来源,然后对价值网竞争优势的这十个构成要素之间的协同机制进行分析。全书以理论研究为主,实证研究为辅,但实证分析还不够全面和深入,整体上不同竞争优势构成要素对价值网竞争优势影响的实证研究还没有形成。这需要开展大型调研活动,一是进行长期深入的实地调研,形成典型案例;二是通过问卷调查建立大型数据库,进行定量分析,包括变量的定义,指标体系的设计,数据的获取,计量模型的构建,分析软件的选择,计量结果的检验与分析。笔者将在整理、完善、充实已有研究成果的基础上,继续申请课题经费资助,开展后续研究。

附录一　调查问卷

尊敬的专家：

您好！价值网是一种新的战略思维组合，是一种新型的业务模式，它的出现打破了传统价值链价值活动顺序分离及线性思维的机械模式，成为21世纪企业获取竞争优势的最佳模式。价值网竞争优势主要来源于组织网络的属性以及价值网内成员企业的行为方式，其竞争优势来源有很多方面。为了厘清不同构成因素在价值网竞争优势中的重要性程度，本研究引入层次分析法，请您对相关竞争优势来源的重要性进行评价。

您的宝贵意见和建议对研究开展有重要意义，此问卷不记姓名，我们保证对您的回答严格保密，希望您根据自己的实际情况如实地回答问卷中所设的问题。

谢谢您的参与！

一、基本信息

年龄：_____　　性别：_____　　职称：_____

二、请选择您认为正确的答案

层级分析法（Analytical Hierarchy Process，AHP）是著名运筹学家Thomas L. Saaty教授于1977年提出的一套弹性且有效的多属性决策工具，主要运用在不确定情况下及具有多数评估准则的决策问题中，可以将复杂问题逐步系统化，通过不同层面的层级分解和量化判断，为决策者的决策提供依据。简言之，AHP就是将复杂的问题交由专家学者评估出要素之后，以简单层级结构表示，接着再以尺度评估来做成要素的成对比较且建立矩阵，然后求得特征向量，再比较出层级要素的先后顺序，之后再检验成对比较矩阵的一致性，看看有无错误，是否可以作为参考。

下列因素是笔者与导师共同探讨后所确定的 13 项因素，具有典型代表性，请各位专家根据自己对价值网竞争优势的理解，对各项因素的重要性程度进行评价。

1. 资金运作能力
   □非常重要   □比较重要   □重要   □一般   □不重要

2. 人才开发能力资源的可获取度
   □非常重要   □比较重要   □重要   □一般   □不重要

3. 价值网分工
   □非常重要   □比较重要   □重要   □一般   □不重要

4. 柔性化生产
   □非常重要   □比较重要   □重要   □一般   □不重要

5. 竞争
   □非常重要   □比较重要   □重要   □一般   □不重要

6. 合作
   □非常重要   □比较重要   □重要   □一般   □不重要

7. 资源的有效配置
   □非常重要   □比较重要   □重要   □一般   □不重要

8. 卓越的组织结构
   □非常重要   □比较重要   □重要   □一般   □不重要

9. 资源共享
   □非常重要   □比较重要   □重要   □一般   □不重要

10. 知识流动
    □非常重要   □比较重要   □重要   □一般   □不重要

11. 技术创新
    □非常重要   □比较重要   □重要   □一般   □不重要

12. 利益相关者战略
    □非常重要   □比较重要   □重要   □一般   □不重要

13. 顾客忠诚
    □非常重要   □比较重要   □重要   □一般   □不重要

感谢您抽出宝贵的时间填写本问卷！

附录二 企业技术创新调查问卷

亲爱的朋友,您好:

为全面了解贵企业在技术创新方面的现状,特开展本次调查。这是一份学术性问卷,主要了解您对所在企业在技术创新方面的认识,您无须填写姓名,所有内容我们会严格保密,仅用于学术研究,请如实填写,不要漏项!

填写说明:

在本问卷中,每个问题分别有 6 个数字可供选择,每个数字分别对应其上面的文字。您需要对每个问题选择一个最准确的数字,且不能多选。例如下面的第一个问题:"本企业的领导热爱学习,积极参与各种培训课程",若您认为这句话和您所在企业的实际情况非常符合,请选择 6;若是极不符合,则选择 1;若是有点符合,则选择 4。其他问题依次类推。

一、在下列问题的表述中,请依据您对所在企业工作的感受,在相应的数字上打"√"(若是填写电子版的问卷,请把相应的数字标为红色)

		极不符合	不符合	不太符合	有点符合	较符合	非常符合
1	本企业的领导热爱学习,积极参与各种培训课程	1	2	3	4	5	6
2	本企业的领导支持员工积极进行技术创新	1	2	3	4	5	6
3	本企业的领导经常有新的理念和想法并去尝试	1	2	3	4	5	6
4	本企业员工的创新倾向比较强	1	2	3	4	5	6
5	本企业为技术创新提供了强大的动力	1	2	3	4	5	6
6	本企业的领导能够信任部属并进行适当的授权	1	2	3	4	5	6
7	本企业的领导能够在技术创新上给予较多的投入	1	2	3	4	5	6
8	本企业的领导鼓励员工尝试新工艺、开发新产品	1	2	3	4	5	6
9	本企业的领导对于员工的创新行为提供各种支持	1	2	3	4	5	6
10	本企业的领导对于因创新而导致的失败持宽容的态度	1	2	3	4	5	6
11	本企业员工主动学习的意识比较强	1	2	3	4	5	6
12	本企业员工能够从不同角度看待问题	1	2	3	4	5	6

续表

		极不符合	不符合	不太符合	有点符合	较符合	非常符合
13	本企业员工善于寻求解决问题的新主意与新方法	1	2	3	4	5	6
14	本企业员工有较强的创新意识	1	2	3	4	5	6
15	本企业员工敢于尝试有挑战性的研究课题或方向	1	2	3	4	5	6
16	本企业员工在业务上不迷信于权威	1	2	3	4	5	6
17	在同行业里,本企业员工的创新能力具有领先地位	1	2	3	4	5	6
18	我们企业制定了比较完备的科技管理制度	1	2	3	4	5	6
19	我们企业制定了技术创新战略或规划	1	2	3	4	5	6
20	我们企业有较为完善的技术创新组织管理体系	1	2	3	4	5	6
21	我们企业对技术创新有较为完善的激励机制	1	2	3	4	5	6
22	我们企业的科技制度符合企业的行业特点和实际情况	1	2	3	4	5	6
23	我们企业的科技制度得到员工的拥护和支持	1	2	3	4	5	6
24	我们企业的科技制度保障了企业研发的开展	1	2	3	4	5	6
25	我们企业的科技制度提高了企业的创新能力	1	2	3	4	5	6
26	我们企业的科技制度中注重了对知识产权的研发和保护	1	2	3	4	5	6
27	本企业所处行业内有着众多的竞争者	1	2	3	4	5	6
28	本企业所处行业的进入门槛较低	1	2	3	4	5	6
29	本企业的主导产品的可替代性较强	1	2	3	4	5	6
30	本企业所处行业的竞争不断强化和激烈,而非弱化	1	2	3	4	5	6
31	本企业在行业中属行业领先者	1	2	3	4	5	6
32	本企业所在行业的市场环境不断发生变化	1	2	3	4	5	6
33	本地政府支持本行业的发展,并制定了相关扶持政策	1	2	3	4	5	6
34	本地政府重视技术创新和知识产权工作	1	2	3	4	5	6
35	本地政府的领导关心和支持本企业发展	1	2	3	4	5	6
36	本企业能享受到一些税收减免、财政补助等优惠政策	1	2	3	4	5	6
37	政府部门对本企业的服务或监管比较到位	1	2	3	4	5	6
38	相对于产出而言,本企业的科技投入是有效的和值得的	1	2	3	4	5	6
39	技术创新保证了本企业能够跟得上市场变化的速度	1	2	3	4	5	6
40	技术创新保持和巩固了本企业的市场地位	1	2	3	4	5	6
41	技术创新保证了本企业相对于其他竞争者的技术优势	1	2	3	4	5	6
42	近几年的新产品为企业贡献了较大的利润	1	2	3	4	5	6
43	技术创新构成了本企业的核心竞争力	1	2	3	4	5	6
44	技术创新为本企业的长远发展奠定了较好的基础	1	2	3	4	5	6

二、在现有的创新机制下,贵企业的创新绩效为

请对贵企业最近两年在技术创新方面同主要竞争对手相比所表现出的水平进行评价(5——表示绝对领先,4——表示领先,3——表示中游水平,2——表示中下游水平,1——表示下游水平)。

在下列问题的表述中,请依据您对所在企业工作的感受,在相应的数字上打"√"(若是填写电子版的问卷,请把相应的数字标为红色)

		下游水平	中下水平	中游水平	领先水平	绝对领先
1	新产品数	1	2	3	4	5
2	申请的专利数	1	2	3	4	5
3	新产品销售额占总销售额的比重	1	2	3	4	5
4	新产品开发速度	1	2	3	4	5
5	创新产品的成功率	1	2	3	4	5

三、您认为影响企业技术创新绩效的主要因素是什么?

A. 请从以下的选项中按照重要程度选出三个,在相应问题前面的数字上打"√"。

1 企业控股股东的因素	7 企业有没有研发机构
2 企业主要管理者的因素	8 企业的创新文化、创新氛围
3 企业管理团队的因素	9 政府扶持力度
4 企业科技投入的多少	10 企业产学研合作的力度
5 企业研发团队的能力	11 企业管理水平的高低
6 企业的科技管理、创新激励制度	

B. 请对以上的选项进行排序,对企业技术创新绩效影响最大的因素是____;其次是____;最后是____。

C. 如果您认为以上选项都不重要,请具体写出您认为对企业技术创新绩效影响较大的因素是_____、_____、_____。

四、下列问题是关于企业的创新氛围，请依据您对所在企业工作环境的感受，在相应的数字上打"√"（若是填写电子版的问卷，请把相应的数字标为红色）

		极不符合	不符合	不太符合	有点符合	较符合	非常符合
1	企业不断强调一种信念，即勇于超越，力求尽善尽美	1	2	3	4	5	6
2	企业会适时地提出阶段性的新目标和新思路	1	2	3	4	5	6
3	企业关注市场需求，客户的难题就是创新的课题	1	2	3	4	5	6
4	企业具有良好的市场竞争意识，力求在创新上比竞争对手快一步	1	2	3	4	5	6
5	企业培育员工的市场意识，强调把市场需求与创新活动相结合	1	2	3	4	5	6
6	企业具有良好的市场危机意识，强调以创新御风险，以创新求发展	1	2	3	4	5	6
7	企业能够对员工的创新成果给予公正的评价	1	2	3	4	5	6
8	企业能够对员工创新给予奖金、分红等物质奖励	1	2	3	4	5	6
9	企业会重用和提拔一些具有创新进取精神的员工	1	2	3	4	5	6
10	企业经常举办专题论坛和技术研讨等活动，推动员工深入学习	1	2	3	4	5	6
11	企业定期对员工进行有针对性的讲座和培训	1	2	3	4	5	6
12	企业鼓励员工在实践中学习，并学以致用	1	2	3	4	5	6
13	企业有畅通的沟通渠道，鼓励员工碰撞思想火花（如内网、论坛）	1	2	3	4	5	6
14	在企业里，团队的创新活动能合理分工，真诚合作	1	2	3	4	5	6
15	我所在的团队支持我的创新活动	1	2	3	4	5	6
16	企业为我们的创新工作提供资金支持	1	2	3	4	5	6
17	如果创新工作有需要，企业可以配备相应的人员进行协助	1	2	3	4	5	6
18	员工可以通过正常程序获得与创新工作相关的信息资料	1	2	3	4	5	6
19	企业发现并表彰创新先进个人，并及时传播他们的事迹和经验	1	2	3	4	5	6
20	企业评选并表彰创新先进团队，宣传他们的成果和经验	1	2	3	4	5	6
21	企业通过经验介绍、宣传报道等方式扩大创新榜样的影响力	1	2	3	4	5	6
22	我的上级允许发表不同意见和建议，营造宽松的工作氛围	1	2	3	4	5	6
23	我的上级允许我有一定的自由度和时间弹性	1	2	3	4	5	6
24	在我熟悉的领域，我的上级让我放手工作，大胆开拓新局面	1	2	3	4	5	6

五、您的基本情况（不用填写姓名）

1. 您所在企业的名称：_____
2. 性别

☐男　　　　　　　☐女

3. 年龄

☐30 岁及以下　　☐31~40 岁　　☐41~50 岁　　☐51~60 岁　　☐60 岁以上

4. 学历

☐高中及以下　　☐专科　　　　☐本科　　　　☐硕士　　　　☐博士

5. 职称

☐无　　　　　　☐初级　　　　☐中级　　　　☐副高级　　　☐高级

6. 已在本企业工作的时间

☐2 年及以下　　☐3~5 年　　　☐6~10 年　　☐11~15 年　　☐16~20 年

☐20 年以上

7. 职位

☐企业中层　　　☐基层主管　　☐普通职员

8. 部门类别

☐研发类　　　　☐生产类　　　☐营销类　　　☐行政管理类

☐其他 _____

六、请问您对政府和科技主管部门有什么建议和意见？（若填写不下可用问卷的反面空白处撰写，畅所欲言）

参考文献

一、中文文献

[1] 亚德里安·J.斯莱沃斯基，大卫·J.莫里森，劳伦斯·H.艾伯茨等. 发现利润区——战略性企业设计为您带来明天的利润 [M]. 凌晓东等译. 北京：中信出版社，2002.

[2] [美] 大卫·波维特，约瑟夫·玛撒，R.柯克·克雷默. 价值网 [M]. 仲伟俊，钟德强，胡汉辉译. 北京：人民邮电出版社，2001.

[3] 余东华. 模块化企业价值网络——形成机制、竞争优势与治理结构 [M]. 上海：格致出版社，2008.

[4] [美] 迈克尔·波特. 竞争优势 [M]. 陈小悦译. 北京：华夏出版社，1997.

[5] [英] 布瓦索. 信息空间——认识组织、制度和文化的一种框架 [M]. 王寅通译. 上海：上海译文出版社，2000.

[6] 魏江. 企业技术能力论——技术创新的一个新视角 [M]. 北京：科学出版社，2002.

[7] [意] 安娜·格兰多里. 企业网络组织和产业竞争力 [M]. 刘刚等译. 北京：中国人民大学出版社，2005.

[8] [日] 野中郁次郎，竹内弘高. 创造知识的企业：美日企业持续创新的动力 [M]. 李萌、高飞译. 北京：知识产权出版社，2006.

[9] [芬] 克里斯廷·格罗鲁斯. 服务管理与营销——基于顾客关系的管理策

略 [M]. 韩经纶等译. 北京：电子工业出版社，2002.

[10] [美] 菲利普·科特勒，凯文·莱恩·凯勒. 营销管理（第13版）[M]. 上海：格致出版社，上海人民出版社，2009.

[11] 陈宏辉. 企业利益相关者的利益要求：理论与实证研究 [M]. 北京：经济管理出版社，2004.

[12] 杨刚，文福华，陈国生. 现代企业经营与管理新编 [M]. 北京：对外经济贸易大学出版社，2008.

[13] [美] 戴维·贝赞可. 公司战略经济学 [M]. 武亚军总译校. 北京：北京大学出版社，1999.

[14] 林祥. 企业核心资源理论与战略 [M]. 北京：人民出版社，2004.

[15] 吴彤. 自组织方法论研究 [M]. 北京：清华大学出版社，2001.

[16] [日] 野中郁次郎，竹内弘高. 创新求胜——智价企业论 [M]. 杨子江，王美音译. 中国台湾：远流出版社，1997.

[17] 白金碚. 竞争力经济学 [M]. 广州：广东经济出版社，2003.

[18] 马士华，林勇. 供应链管理 [M]. 北京：机械工业出版社，2005.

[19] 邹统纤，周三多. 战略管理思想史 [M]. 天津：南开大学出版社，2011.

[20] [英] 亚当·斯密. 国民财富的性质和原因的研究（上卷）[M]. 郭大力，王亚南译. 北京：商务印书馆，1972.

[21] [德] 马克思. 资本论 [M]. 中共中央马克思、恩格斯、列宁、斯大林著作编译局译. 北京：中国社会科学院出版社，1983.

[22] 张仁德，王昭风. 企业理论 [M]. 北京：高等教育出版社，2003.

[23] 陈继祥等. 产业集群与复杂性 [M]. 上海：上海财经大学出版社，2005.

[24] 杨国亮. 企业竞争优势论 [M]. 北京：中国经济出版社，2007.

[25] [美] 迈克尔·波特. 国家竞争优势 [M]. 李明轩等译. 北京：华夏出版社，2002.

[26] 邓超. 信息系统工程监理知识体系与操作实务 [M]. 北京：中国经济出版社，2007.

[27] 王京安. 企业规模决定论——基于信息和知识的解释 [M]. 北京：中国经济出版社，2006.

[28] 杨小凯等. 专业化与经济组织——一种新兴古典微观经济学框架 [M].

北京：经济科学出版社，1999.

[29] 杨小凯，张永生. 新兴古典经济学和超边际分析 [M]. 北京：中国人民大学出版社，2000.

[30] 陈守明. 现代企业网络 [M]. 上海：上海人民出版社，2002.

[31] [英] 科鲁夫等. 知识创新——价值的源泉 [M]. 北乔译. 北京：经济管理出版社，2003.

[32] [德] 马克思. 资本论（第1卷）[M]. 郭大力、王亚南译. 北京：人民出版社，1975.

[33] 李钢. 基于企业基因视角的企业演化机制研究 [M]. 上海：复旦大学出版社，2007.

[34] [荷] 奥瑞克，琼克·威伦. 企业基因重组 [M]. 高远洋等译. 电子工业出版社，2003.

[35] 罗珉等. 组织新论：网络经济条件下的组织管理新范式 [M]. 成都：西南财经大学出版社，2005.

[36] 张余华. 面向客户需求的大规模定制策略 [M]. 北京：清华大学出版社，2010.

[37] 李殿伟. 基于价值网理论的电信企业商业模式研究 [D]. 天津：天津大学博士学位论文，2007.

[38] 马帅. 价值网价值创造的数量分析 [D]. 北京：中国石油大学硕士学位论文，2007.

[39] 张继林. 价值网络下企业开放式技术创新过程模式及运营条件研究 [D]. 天津：天津财经大学博士学位论文，2009.

[40] 艾上钢. 供应链嵌入性结构及合作关系研究 [D]. 武汉：武汉理工大学博士学位论文，2005.

[41] 程巧莲. 从供应链到价值网的企业制造能力演化研究 [D]. 哈尔滨：哈尔滨工业大学博士学位论文，2009.

[42] 吴海平. 基于动态竞争优势的价值网理论研究——"入世"后我国企业的价值链调整 [D]. 上海：上海交通大学硕士学位论文，2003.

[43] 迟晓英. 价值网及节点价值链的研究 [D]. 上海：上海交通大学博士学位论文，2003.

[44] 戴晓天. 价值网络的价值创造、锁定效应及竞争优势的关系研究 [D]. 成都：电子科技大学硕士学位论文，2006.

[45] 刘俊. 价值网络型企业获取竞争优势的路径及机理研究 [D]. 西安：西北大学硕士学位论文，2009.

[46] 胡银花. 基于顾客价值的营销战略研究 [D]. 湘潭：湘潭大学硕士学位论文，2006.

[47] 李元. 基于技术创新的产业国际竞争力研究 [D]. 哈尔滨：哈尔滨工程大学硕士学位论文，2003.

[48] 王庆喜. 企业资源与竞争优势——基于浙江民营制造企业的理论与经验研究 [D]. 杭州：浙江大学博士学位论文，2004.

[49] 吴海平，宣国良. 价值网络的本质及其竞争优势 [J]. 经济管理·新管理，2004 (24)：11-17.

[50] 胡大立. 基于价值网模型的企业竞争战略 [J]. 中国工业经济，2006 (9)：87-93.

[51] 苟昂，廖飞. 基于组织模块化的价值网研究 [J]. 中国工业经济，2005 (2)：66-72.

[52] 毛蕴诗，王华. 基于行业边界模糊的价值网分析模式——与价值链模式的比较 [J]. 中山大学学报（社会科学版），2008 (1)：151-161.

[53] 胡斌，邵汝军. 集群、价值网和企业生态系统的特征比较研究 [J]. 科技管理研究，2006 (11)：52-55.

[54] 刘健辉. 商业生态系统与种群和价值网络的比较分析 [J]. 黑龙江对外经贸，2006 (12)：63-64.

[55] 蒋琰. 基于关系的资源配置：企业价值网络 [J]. 预测，2005 (2)：25-28.

[56] 李海舰，聂辉华. 论企业与市场的相互融合 [J]. 中国工业经济，2004 (8)：26-35.

[57] 王伟. 基于企业基因重组理论的价值网络构建研究 [J]. 中国工业经济，2005 (2)：58-65.

[58] 张亚娜. 价值网络型企业竞争优势来源研究 [J]. 新西部（下旬）（理论版），2011 (Z1)：74.

[59] 周煊. 企业价值网络竞争优势的内生性阐释: 知识管理 [J]. 商业经济与管理, 2006 (2): 28-31.

[60] 周煊. 企业价值网络竞争优势研究 [J]. 中国工业经济, 2005 (5): 112-118.

[61] 李鹏. 企业智力资本价值网络的分析 [J]. 价值工程, 2007 (11): 32-35.

[62] 张弘. 基于价值网络的企业竞争优势来源与构建 [J]. 湖南社会科学, 2007 (5): 111-113.

[63] 余东华, 芮明杰. 基于模块化的企业价值网络及其竞争优势研究 [J]. 中央财经大学学报, 2007 (7): 52-57.

[64] 江积海, 龙勇. 基于模块化和动态能力的价值网结网机理研究 [J]. 科技管理研究, 2009 (1): 135-138.

[65] 李平, 狄辉. 产业价值链模块化重构的价值决定研究 [J]. 中国工业经济, 2006 (9): 71-77.

[66] 卢福财, 胡平波. 全球价值网络下中国企业低端锁定的博弈分析 [J]. 中国工业经济, 2008 (10): 23-32.

[67] 向永胜. 国外企业竞争优势理论评述与思考 [J]. 重庆工商大学学报 (西部经济论坛), 2006 (5): 33-36.

[68] 余光胜. 企业竞争优势根源的理论演进 [J]. 外国经济与管理, 2002 (10): 2-18.

[69] 王国顺, 尹华. 论企业竞争优势理论的演化 [J]. 求索, 2004 (2): 9-11.

[70] 黄宽勇. 西方企业竞争优势理论述评 [J]. 农场经济管理, 2006 (2): 21-23.

[71] 陈劲, 王毅, 许庆瑞. 国外核心能力研究述评 [J]. 科研管理, 1999 (5): 13-21.

[72] 王毅, 陈劲, 许庆瑞. 企业核心能力: 理论溯源与逻辑结构剖析 [J]. 管理科学学报, 2000 (3): 24-33.

[73] 罗珉. 价值星系: 理论解释与价值创造机制的构建 [J]. 中国工业经济, 2006 (1): 80-89.

[74] 凌晓东. 企业价值网的形成与模型分析 [J]. 世界科学, 2007 (8): 37-40.

[75] 宋波, 徐飞, 伍青生. 企业战略管理理论研究的若干前沿问题 [J]. 上海管理科学, 2011 (3): 43-51.

[76] 王蔷. 基于价值链的企业竞争优势研究 [J]. 现代经济探讨, 2005 (3): 61-64.

[77] 王积俭, 庞卓. 成本驱动因素的管理及运用 [J]. 经济论坛, 1999 (23): 28-29.

[78] 胡大立. 基于价值网模型的企业竞争战略研究 [J]. 中国工业经济, 2006 (9): 87-93.

[79] 阿林, 杨格. 报酬递增与经济进步 [J]. 经济社会体制比较, 1996 (2): 52-58.

[80] 胡晓鹏. 从分工到模块化: 经济系统演进的思考 [J]. 中国工业经济, 2004 (9): 5-11.

[81] 谢恩, 李垣. 基于资源观点的联盟中价值创造研究综述 [J]. 管理科学学报, 2003, 6 (1): 81-86.

[82] 方润生, 李垣. 基于关系的资源与企业资源获取行为的创租机制 [J]. 预测, 2003, 22 (2): 33-37.

[83] 王晓光. 信息资源共享效率初探 [J]. 情报科学, 2003 (11): 1125-1128.

[84] 叶南平, 叶恒一. 论有效信息的聚合 [J]. 南通师范学院学报 (哲学社会科学版), 2000 (4): 131-133.

[85] 李伟, 刘军, 董瑞华. 关系网络在技术创新知识流动过程中的作用: 基于信息空间理论的视角 [J]. 科学管理研究, 2009 (2): 68-71.

[86] 白瑛, 蔡建峰, 骞永博. 基于运作优化向可持续竞争优势演化的知识流动路径研究 [J]. 科学学与科学技术管理, 2007 (12): 80-83.

[87] 宋春红, 苏敬勤. 企业核心能力评价系统研究 [J]. 价值工程, 1999 (S1): 180-185.

[88] 周应堂, 狄小丽. 网络组织结构与企业竞争力分析研究 [J]. 科技管理研究, 2010 (4): 154-159.

[89] 罗珉, 赵亚蕊. 组织间关系形成的内在动因: 基于帕累托改进的视角 [J]. 中国工业经济, 2012 (4): 76-78.

[90] 范黎波. 企业知识共享网络的创建和管理——以日本丰田公司的实践作为案例 [J]. 当代财经, 2003 (5): 70-73.

[91] 芮明杰, 刘明宇. 模块化网络状产业链的知识分工与创新 [J]. 当代财经, 2006 (4): 83-86.

[92] 党兴华, 张首魁. 模块化技术创新网络结点间耦合关系研究 [J]. 中国工业经济, 2005 (12): 85.

[93] 郭庆然. 基于技术自主创新的企业竞争力研究 [J]. 科技经济市场, 2006 (2): 60-62.

[94] 许庆瑞, 谢章澍, 杨志蓉. 企业技术与制度创新协同的动态分析 [J]. 科研管理, 2006 (4): 116-121.

[95] 刘刚. 利益相关者价值状态、合作关系与价值网络绩效 [J]. 系统工程学报, 2012 (6): 847-853.

[96] 刘铁明. 关系营销与传统营销观念之比较 [J]. 税务与经济, 1998 (3): 56-58.

[97] 卢东斌, 李文彬. 基于网络关系的公司治理 [J]. 中国工业经济, 2005 (11): 95-102.

[98] 吴应宇, 丁胜红. 企业关系资本: 价值引擎及其价值管理研究: 基于利益相关者理论视角 [J]. 东南大学学报 (哲学社会科学版), 2011 (5): 43-51.

[99] 梁远芳, 聂会星, 徐枞巍. 引入推荐行为的顾客忠诚三维分类模型 [J]. 改革与战略, 2011 (2): 17-18.

[100] 张辉, 邹长城. 顾客认知忠诚的规范解释与模型 [J]. 南华大学学报 (社会科学版), 2007 (1): 46-49.

[101] 刘湃, 陈淑青. 如何赢得顾客忠诚 [J]. 商场现代化杂志, 2008 (32): 31.

[102] 张燕. 价值网——一种新的战略思维组合 [J]. 价值工程, 2002 (2): 14-17.

[103] 董大海, 权小妍. 顾客价值动态性及其对竞争优势的影响 [J]. 预测, 2004 (1): 11-15.

[104] 杨淑君,李娜. 企业战略联盟复杂性及其分析 [J]. 河北经贸大学学报,2002(5):73-76.

[105] 卜华白. 基于耗散结构理论的战略性新兴企业价值网演化控制研究——以新创战略性新兴智能物流企业价值网为例 [J]. 控制工程期刊(中英文版),2013(3):224-230.

[106] 张坚. 自组织与企业技术联盟 [J]. 工业技术经济,2005(7):15-18.

[107] 李柏洲,刘建波. 企业进化系统的序参量探讨 [J]. 管理世界,2005(9):162-163.

[108] 苗东升. 系统科学原理 [M]. 北京:中国人民大学出版社,1990.

[109] 赵湘莲. 商业生态系统的序参量探讨 [J]. 经济与管理研究,2006(11):70-74.

[110] [德] 哈肯. 协同学:理论与应用 [M]. 上海:上海人民出版社,1987.

[111] 郭治安,沈小峰. 协同论 [M]. 山西:山西经济出版社,1991.

[112] 郭莉,苏敬勤. 基于哈肯模型的产业生态系统演化机制研究 [J]. 中国软科学杂志,2005(11):161-165.

[113] 高超. 企业集团战略协同的关联因素分析 [J]. 全国商情(经济理论研究),2006(9):5-7.

[114] 朱亚涛. 价值网的构建、实施与运行机制研究 [J]. 大连理工大学学报,2005(2):79-81.

[115] 孟琦. 战略联盟竞争优势获取的协同机制研究 [D]. 哈尔滨:哈尔滨工程大学博士学位论文,2007:80-81.

[116] 彭正银,何晓峥. 企业网络组织协同竞争的理论与效应解析 [J]. 现代财经(天津财经学院学报),2007(1):41-45.

[117] 陈继祥,张源. 企业竞争优势中的合作协同作用 [J]. 企业经济,2000(7):36-38.

[118] 周寄中. 科学技术创新管理 [M]. 北京:经济科学出版社,2002.

二、外文文献

[1] Woodruff Robert B., Sarah Fisher Gardial. Know Your Customer: New Approaches to Customer Value and Satisfaction [M]. Blackwell Publishers, Cambridge, MA, 1996.

[2] Gale B.T.. Managing Customer Value [M]. New York: Free Press, 1994: 22-25.

[3] Douglas M. Lambert, Terrance L.Pohlen. Supply Chain Metries [M]. International Journal of Logistics Management, Vol.12, Issue 2001.

[4] Sriniras S., Wu Z., Chen C. M., et al.. Dominant Effects of RET Receptor Misexpression and Ligand-independent RET Signaling on Ureteric Bud Development [M]. Cambridge: Development, 1996.

[5] Philip P. Andrews, J. Hahn. Transform Supply Chains into Value Webs [J]. Strategy & Leadership, Jul./Aug.1998.

[6] Willian Davidow, Michael S.Malone.Virtual Enterprise [J]. Forbes, 1992 (7).

[7] Tulluri S., Baker R.C.. A Quantitative Framework for Designing Efficient Business Process Alliance [J]. International Conference on Engineering Management and Control, IEMC, 1996.

[8] Grainer R., Metes G.. Has Outsourcing Gone too Far [J]. Business Week, 1996, April.

[9] Suzanne Berger, Ronald Dore. National Diversity and Global Capitalism [M]. Ithaca: Cornell University Press, 1996: 61-88.

[10] S. S. Dani, J. A. Harding. Managing Reuse in Manufacturing System Modeling and Design: A Value Net Approach [J]. Computer Integrated Manufacturing, April-May, 2004, Vol.17, No.3.

[11] Jeffrey F. Rayport, John J.Sviokla. Exploiting the Virtual Value Chain [J].

Harvard Business Review, Sep.-Dec, 1995.

[12] Gereffi G.. International Trade and Industrial Upgrading in the Apparel Commodity Chains [J]. Journal of International Economics, 1999.

[13] Humphrey J.. Sturgeon. The Governance of Global Value Chain: An Analytic Framework [EB/OL]. http://www.ids.ac.uk/globalvaluechain/.

[14] Stevens G. C.. Integrating the Supply Chain [J]. International Journal of Physical Distribution and Materials Management, 1989 (8): 26.

[15] Turner J.R..Integrated Supply Chain Management: What's Wrong with This Picture? [J]. Journal of Industrial Engineering, 1993 (12): 52.

[16] Lee H. L., Billington C.. Material Management in Decentralized Supply Chains [J]. Operations Research, 1993, 41 (5).

[17] Bain J.S..Industrial Organization. 2nd ed. (1st ed., in 1959) [M]. New York: John Wiley & Sons, 1968.

[18] Porter M. E.. Competitive Strategy [M]. New York: The Free Press, 1980.

[19] Cool K., D.Schendel.Performance Differences among Strategic Group Members [J]. Strategic Management Journal, 1998, 9 (3): 207-223.

[20] Penrose E.T.. The Theory of the Growth of the Firm [J]. New York: John Wiley & Sons, 1959.

[21] Wernerfelt B..A Resource-Based View of the Firm [J]. Strategic Management Journal, 1984 (5): 171-180.

[22] Barney J.B.. Firm Resources and Sustainable Competitive Advantage [J]. Journal of Management, 1991, 17 (1): 99-120.

[23] Grant Robert M.. The Resource-Based Theory of Competitive Advantage: Implications for Strategy Formation [J]. California Management Review, 1991, Spring.

[24] Collis D.J., C.A. Montgomery. Competing on Resources: Strategy in 1990s [J]. Harvard Business Review, July-August, 1995.

[25] Sleznick P.. Leadership in Administration [M]. NewYork: Harper&Row, 1957.

[26] Prahalad C.K.. The Core Competence of the Corporation [J]. Harvard Business Review, May–June, 1990.

[27] Meyer M. H., Utterback J. M.. The Product Family and the Dynamics of Core Capability [J]. Sloan Management Review, 1993: 29–47.

[28] Klein J., Gee D., Jones H.. Analysing Clusters of Skills in R&D Core Competencies, Metaphors, Visualization, and the Role of IT [J]. R&D Management, 1998, 28 (1).

[29] Sanchez R., Heene A., Thomas H.. Dynamics of Competence–Based Competition: Theory and Practice in the New Strategic Management [M]. Oxford: Pergamon, 1996.

[30] Durand T.. Strategizing for Innovation: Competence Analysising Assessing Strategic Change [C]. In Aime Heene and Ron Sanchez, (eds.). Competence–Based Strategic Management [A]. Chichester: John & Wiley, 1997: 127–150.

[31] Henderson R., Cockburn L.. Measuring Competence? Exploring Firm Effects in Pharmaceutical Research [J]. Strategic Management Journal, 1994 (15).

[32] Leonard–Barton, Dorothy. Core Capability and Core Rigidities: A Paradox in Managing New Product Development [J]. Strategic Management Journal, 1992 (13): 111–125.

[33] Patel P., Pavitt K.. The Technological Competencies of the World's Largest Firms: Complex and Path–Dependent, but not Much Variety [J]. Research Policy, 1997, 26 (2): 141–156.

[34] Teece D. J., Pisano G.. The Dynamic Capabilities of Firms: An Introduction [J]. Industrial and Corporate Change, 1994 (3).

[35] Winter S. G.. Understanding Dynamic Capabilities [J]. Strategic Management Journal, 2003 (24): 991–995.

[36] Eisenhardt K., Martin J.A.. Dynamic Capabilities: What are They? [J]. Strategic Management Journal, 2000, 21 (10/11): 1105–1121.

[37] Blyler M., Coff R.. Dynamic Capabilities, Social Capital, and Rent Appropriation: Ties that Split Pies [J]. Strategic Management Journal, 2003 (24): 677–686.

[38] Collis D.J.. Research Note: How Valuable are Organizational Capabilities? [J]. Strategic Management Journal, Winter Special Issue, 1994 (15): 143-152.

[39] Gereffi G.. International Trade and Industrial Upgrading in the Apparel Commodity Chains [J]. Journal of International Economics, 1999.

[40] John K. Shank, Vijay Govindarajan. Stategic Cost Management: The New Tool for Competitive Advantage [M]. The Free Press, 1993: 60.

[41] Prahalad C. K., Hamel G.. The Core Competence of the Corporation [J]. Harvard Business Review, 1990 (3): 81-84.

[42] Ranjay Gulati. Network Location and Learning: The Influence of Network Resources and Firm Capabilities on Alliance Formation [J]. Strategic Management Journal, 1999 (20): 397-420.

[43] Ye Ke-lin. Development and Creation of Enterprises Competitive Strategy Theory: Summarize Three Major Theory Schools Since 1980s [J]. Jianghai Periodical, 1998 (6): 28-32 (in Chinese).

[44] Edward H. Chamberlin.The Theory of Monopolistic Competition [M]. Cambridge: Harvard University Press, 1933.

[45] Charles W. Hofer, Dan Schendel. Strategy Formulation: Analytical Concepts [M]. Minnesota: West Publishing, 1978.

[46] Vaidya O.S., Kumar S.. Analytic Hierarchy Process: An Overview of Applications [J]. European Journal of Operational Research, 2006, 169 (1): 1-29.

[47] Xu Z.S.. Goal Programming Models for Obtaining the Priority Vector of Incomplete Fuzzy Preference Relation [J]. International Journal of Approximate Reasoning, 2004, 36 (3): 261-270.

[48] Leijonhufvud Axel. Capitalism and the Factory System [A]. In Richard N.Langlois. Economia as a Process: Essays in the New Institutional Economics [C]. New York: Cambridge University Press, 1986: 203-223.

[49] Saaty T. L.. Decision Making For Leaders: The Analytical Hierarchy Process for Decision in A Complex World [M]. Wadsworth, Belmont, C. A, 1986.

[50] Gary S. Becker, Kevin Murphy. The Division of Labor, Coordination Costs, and Knowledge [J]. The Quarterly Journal of Economics, 1992, Vol.107,

No.4: 1137-1160.

[51] E.T.Penrose. The Theory of the Growth of the Firm [M]. New York: John Wiley & Sons, 1959.

[52] Madhok A., Tallman B.. Resources, Transactions and Rents: Managing Value Through Interfirm Collaborative Relationships [J]. Organization Science, 1998 (9): 326-329.

[53] Makadok R.. Toward a Synthesis of the Resource–based and Dynamic–capability Views of Rent Creation [J]. Strategic Management Journal, 2001 (22): 387- 401.

[54] Dyer J., Singh H.. The Relational View: Cooperative Strategy and Sources of Inter-Organizational Competitive Advantage [J]. Academy of Management Review, 1998, 23 (4): 660- 679.

[55] Dyer J. H., Ouchi W. G.. Japanese Style Business Partnerships: Giving Companies a Competitive Edge [J]. Sloan Management Review, 1993, 35 (1): 51-63.

[56] Powell W. W.. Neither Market nor Hierarchy: Network Forms of Organizational [J]. Research in Organizational Behavior, 1990 (12): 295- 336.

[57] Cook Karen S., Richard M. Emerson. Power, Equity and Commitment in Exchange Networks [J]. American Sociological Review, 1978 (43): 721-739.

[58] Magretta J.. Why Business Model Matter [J]. Harvard Business Review, 2002, 80 (5): 86-92.

[59] Greg Hearn, Cassandra Pace. Value–creating Ecologies: Understanding Next Generation Business Systems [J]. Foresight: The Journal of Future Studies, Strategic Thinking and Policy, 2006, 8 (1): 55-65.

[60] Robin Cooper, Robert Steven Kaplan. The Design of Cost Management Systems: Texts, Cases and Readings [M]. Prentice-Hall International, 1999: 221-225.

[61] A. Barlow, F. Li. Online Value Network Linkages: Integration, Information Sharing and Flexibility [J]. Electronic Commerce Research and Applications, 2005, 4 (2): 100-112.

[62] Ikujiro Nonaka, Hirotaka Takeuchi. The Knowledge Creating Company [M]. Harvard Business Reviw, 2006 (6): 96-105.

[63] G. Szulanski. The Process of Knowledge Transfer: A Diachronic Analysis of Stickiness [J]. Organizational Behavior and Human Decision Processes, 2000, 82 (1): 9-27.

[64] P. Hendriks. Why Share Knowledge? The Influence of ICT on the Motivation for Knowledge Sharing [J]. Knowledge and Process Management, 1999, 6 (2): 91-100.

[65] S. L. Jarvenpaa, D. S. Staples. The Use of Collaborative Electronic Media for Information Sharing: An Exploratory Study of Determinants [J]. The Journal of Strategic Information Systems, 2000 (9): 129-154.

[66] T. H. Davenport. Putting the Enterprise into the Enterprise System [J]. Harvard Business Review, 1998, 76 (4): 121-131.

[67] C. K. Prahalad, V. Ramaswamy. The Future of Competition: Co-Creating Unique Value with Customers [J]. Academy of Management Executive, 2004, 18 (2): 1-8.

[68] Feng Lia, Jason Whalley. Deconstruction of the Telecommunications Industry: From Value Chains to Value Networks [J]. Telecommunications Policy, 2002, 26 (9): 451-472.

[69] Berman Brown R., Woodland M. J.. Managing Knowledge Wisely: A Case Study in Organisational Behaviour [J]. Journal of Applied Management Studies, 1999, 8 (2): 175-198.

[70] Nonaka I., Takeuchi H.. The Knowledge Creating Company [M]. Oxford: Oxford University Press, Inc., 1991 (6): 91-105.

[71] Robin Cowan, Nicolas Jonard. Network Structure and Diffusion of Knowledge [J]. Journal of Economic Dynamics and Control, 2004 (28): 1557-1575.

[72] Guanfeng Lin, Caihong Sun. An Agent-based Knowledge Diffusion Model on Mentor-protégé Network [J]. International Conference on Information Engineering and Computer Science, 2009: 1-5.

[73] Wiig K.. Knowledge Management Foundations [M]. Arlington: Schema

Press, 1993.

[74] Dorothy Leonard - Barton. Core Capabilities and Core Rigidities-A Paradox in Managing New Product Development [J]. Strategic Management Journal, 1992 (13): 111-125.

[75] Nonaka I., Toyama R., Konnon N.. SECI, Ba and Leadership, A Unified Model of Dynamic Knowledge Creation [J]. Long Range Planning, 2000 (33): 1 - 31.

[76] Dougherty D.. Interpretive Barriers to Successful Product Innovation in Lager Firms [J]. Organization Science, 1992 (3): 179-202.

[77] Polanyi. The Tacit Dimension [M]. London: Routlege & Kegan Paul, 1966.

[78] Rumelt R.. Competitive Strategic Management [J]. Competitive Strategic Management, R. Lamb. Prentice Hall, Englewood Cliffs, MD, 1984: 556-570.

[79] Prahalad C. K., Hamel G.. The Core Competence of the Corporation [J]. Resources, Firms, and Strategies: A Reader in the Resource-based Perspective, 1990: 235-256.

[80] Stuart T. E.. Interorganizational Alliances and the Performance of Firms: A Study of Growth and Innovation Rates in a High-technology Industry [J]. Strategic Management Journal, 2000, 21 (8): 791-811.

[81] Amit R. and Schoemaker P.. Strategic Assets and Organizational Rent [J]. Strategic Management Journal, 1993, 14 (1): 33-46.

[82] Lewis R. C., Booms B. H.. The Marketing Aspects of Service Quality [C]. In Berry L.L., Shostack G.L., Upah G. D.. Emerging Perspectives on Services Marketing [A]. Chicago: American Marketing Association, 1983: 99-107.

[83] R. M. Morgan, S. D. Hunt. The Commitment-trust Theory of Relationship Marketing [J]. The Journal of Marketing, 1994, 58 (3): 20-22.

[84] Freeman R. E.. Strategic Management: A Stakeholder Approach [M]. Pitman Publishing Inc., 1984: 111-115.

[85] Clarkson M. E.. A Stakeholder Framework for Analyzing and Evaluating Corporate Social Performance [J]. Academy of Management Review, 1995, 20 (1):

92-117.

[86] Berman S.L., Wicks A.C., Kotha S. and T.M. Jones. Does Stakeholder Orientation Matter? The Relationship between Stakeholder Management Models and Firm Performance [J]. Academy of Management Journal, 1999 (42): 488-506.

[87] Ravald A., Grönroos C.. The Value Concept and Relationship Marketing [J]. European Journal of Marketing, 1996, 30 (2): 19-30.

[88] Richins M. L.. Valuing Things: The Public and Private Meanings of Possessions [J]. Journal of Consumer Research, 1994, 21 (12): 504-521.

[89] Levitt T.. Marketing Myopia (with Retrospective Commentary) [J]. Harvard Business Review, 1975 (9): 55-64.

[90] Prabakar Kathandaraman, David T. Wilson. The Future of Competition~Value~Creating Networks [J]. Industrial Marketing Management, 2001 (30).

[91] T.H. Davenport, L. Prusak. Working Knowledge: How Organizations Manage What They Know [M]. Harvard Business Review Press, 1998.

[92] Michael Jay Polonsky, Des. Stefam W.Shuppisser, Srikanth Beldona. A Stakeholder Perspective for Analyzing Marketing Relationships [J]. Journal of Market-Focused Management, 2002 (5): 109-126.

[93] Ballantyne D., Christopher M. and Payne A.. Relationship Marketing: Looking Back, Looking Forward [J]. Marketing Theory, 2003, 3 (1): 159-166.

后　记

本书是在笔者博士论文的基础上修改而成的，在此，我要感谢我的导师、朋友、亲人和所有帮助过我的人。

在江西财经大学攻读博士学位期间，我得到了导师胡大立教授的悉心指导和热忱关怀。在博士论文的写作过程中，在选题确定和篇章布局等方面均得到了胡老师的悉心指导。胡老师严谨的治学态度、坚持不懈的精神、宽厚的为人，令人敬仰。

感谢江西财经大学吴照云教授、李良智教授、卢福财教授、胡宇辰教授等著名学者在开题答辩、中期考核、论文答辩等多个场合给予我诸多点石成金的中肯建议，使我的研究工作得以深化。

本书的出版还要特别感谢余来文教授的大力支持和帮助。余来文教授是一位学识渊博、思维敏捷的学者，每次和他交流，总可以使我收获很多，受益匪浅。

在本书的写作过程中，我还参考和吸收了众多专家和学者的研究成果，并尽可能地在参考文献中一一列出，在此，对这些成果的作者表示深深谢意，没有你们前期的研究，就不可能成就我今天的成果。

在此，我还要感谢我的亲人。在读博士期间，我可爱的女儿诞生了，她的出生给我的家庭带来了喜悦，也让我感受到了做母亲的责任，是我前进的动力。感谢我丈夫柳宜先生多年来对我的宽容、理解和支持，感谢大哥柳键博士给予我学习和工作上的帮助，感谢父母的养育之恩，感谢哥哥姐姐们的无私帮助和从小到大的宠爱。

最后，我还要感谢我自己，从读研到现在的十年期间，是我奋斗的十年，也是我人生最为积淀的十年，虽然这十年来，物质的东西上并没有增加什么，但我内心的境界却变得成熟起来，特别是读博阶段对我的磨砺，让我成长、成熟，这是我人生的财富，磨砺才能成长！

袁青燕
2015 年 3 月